SECRETOS DE SANTERÍA AFROCUBANA

Ramón Andrés Quesada Suárez

Secretos de santería afrocubana

EDICIONES OBELISCO

Si este libro le ha interesado y desea que le mantengamos informado de nuestras publicaciones, escríbanos indicándonos qué temas son de su interés (Astrología, Autoayuda, Ciencias Ocultas, Artes Marciales, Naturismo, Espiritualidad, Tradición...) y gustosamente le complaceremos.

Puede consultar nuestro catálogo en www.edicionesobelisco.com

Los editores no han comprobado ni la eficacia ni el resultado de las recetas, productos, fórmulas técnicas, ejercicios o similares contenidos en este libro. No asumen, por lo tanto, responsabilidad alguna en cuanto a su utilización ni realizan asesoramiento al respecto.

Magia y Ocultismo
SECRETOS DE SANTERÍA AFROCUBANA
Andrés Quesada Suárez

1.ª edición: mayo de 2007
2.ª edición: abril de 2011

Maquetación y diseño de cubierta: *Imelda Hernández Simón*
Corrección: *Anna Ubach*

Edita: Ediciones Obelisco, S.L.
Pere IV, 78 (Edif. Pedro IV) 3.ª planta 5.ª puerta.
08005 Barcelona - España
Tel. 93 309 85 25 - Fax 93 309 85 23
E-mail: info@edicionesobelisco.com

Paracas 59, Buenos Aires
C1275AFA República Argentina
Tel. (541-14) 305 06 33
Fax: (541-14) 304 78 20

ISBN: 978-84-9777-344-7
Depósito Legal: B-15.230-2011

Printed in Spain

Impreso en España en los talleres gráficos de Romanyà/Valls, S.A.
Verdaguer, 1 - 08786 Capellades (Barcelona)

Agradecimientos

A mi amigo Enrique Hernández Armenteros (Enriquito), fundador de la Asociación Religiosa Afrocubana, en junio de 1957, en Guanabacoa, que tuvo la extrema amabilidad de permitirnos hacer fotos en su casa.

A mi buen amigo y hermano Pedro Lezcano Díaz, fotógrafo aficionado y gran colaborador en mi investigación por los museos y casas de religiosos.

A mis colaboradores y amigos Manuel García, especialista en fotografía, y su hermano Julio, persona dedicada a los ritos afrocubanos, que participaron profusamente en la obtención de los materiales de estudio.

A mis hijos Andrés, Mariela y Madeleine, que tanto me ayudaron en la realización de esta tarea.

A mi esposa Zoila, quien siempre me estimuló a continuar a pesar de las dificultades que se presentaron en el camino.

Sabadell, Barcelona
junio de 2005

Introducción

Desde muy pequeño, me encantaba ir a los lugares donde vivían negros macheteros, cosechadores de la caña de azúcar en el batey donde pasé mi corta infancia, relacionándome y jugando con los hijos de estas personas, a pesar de ser «blanco» por raza y de la posición social que ocupaban mis padres en aquella época. Recuerdo con claridad algunos barracones, donde se celebraban ciertas ceremonias a deidades que ellos adoraban y comentábamos: el «brujo está trabajando», para quitar un espíritu malo que se ha encarnado en «fulano de tal». Junto a otros niños me apasionaba observar por pequeñas grietas en esas chozas lo que ahí se hacía y recuerdo cómo salíamos corriendo cuando nos pillaban husmeando.

Esas aventuras infantiles fueron dejando una pequeña llama de curiosidad a través de los años que no se ha apagado y siempre que hemos tenido la ocasión y posibilidad de asistir a algún ritual verdaderamente serio, lo hemos hecho, y digo serio, porque en esta actividad existen muchas personas que se aprovechan de la predisposición y credulidad de los asistentes. He sido testigo de un lejano episodio que marcó mi vida cuando rondaba casi mis 40 años de edad, al ser objeto de una gran injusticia y del desarrollo que tuvieron los acontecimientos posteriores al consultar a un babalawo que me recomendaron. Los «remedios» que me dijo que hiciera para remitir esa situación, sumado a sus actuaciones espirituales, produjeron casi de inmediato, en el transcurso de apenas unos meses, unos resultados espectaculares.

Cuando pienso en los detalles de todo lo ocurrido posteriormente, me vienen a la mente de forma cronológica, los hechos que fueron sucediéndose según mis deseos. Asimismo el asombro y los comentarios de amigos de esa época, que vivieron junto a mí, ambos acontecimientos.

La obra es una recopilación de notas y apuntes, cuyos orígenes se remontan a los últimos siglos del pasado milenio. La esencia de lo que mostramos, se corresponde con algunos rituales afrocubanos que nos ayudarán a comprender el modo de pensar y de trasmitir los conocimientos que fueron utilizados por los ancestros de estas religiones, así como algunos temas estudiados, analizados e interpretados.

Como se podrá observar a través de su lectura, comprende una serie de aspectos que le irán adentrando en el conocimiento de las historias que aquí se narran, de las recomendaciones que hacen los babalawos cuando un creyente se mira en el Tablero de Ifa, cuando se tiran los caracoles para saber lo que «dice» la letra que sale y oír por fin los consejos finales a sus preocupaciones. Creemos que, además de una lectura interesante para los no crédulos, sus inquietudes y deseos serán satisfechos y recompensados al conocer modestamente algo relacionado con la temática expuesta.

También ofrezco al lector una compilación de trabajos de santería que han podido ser agrupados de acuerdo a los objetivos que ellos persiguen y que podrían aparecer con otros matices, puesto que las fuentes de consulta se remontan a un pasado no muy lejano y contexto universal reducido. El capítulo sobre plantas curativas y espirituales, su interrelación con el santero y su manipulación en esta religión será interesante para los más escépticos cuando nos adentremos en la lectura.

La expresión oral fue la forma más antigua de trasmisión de los conocimientos de estos mitos y leyendas. Por eso, estas narraciones sobre la Santería y otras religiones afrocubanas no poseen una sustentación escrita desde sus inicios. Con posterioridad, algunas de estas expresiones fueron escritas en dialecto lucumí, o sea, dialecto hablado por generaciones de africanos llegados a Cuba traídos como esclavos y que se ha mantenido y escrito sin una base sólida. Tan difícil es lo relacionado con esta fonética y sus palabras que, hasta en los propios nombres de los santos y deidades, existen diferentes formas en su escritura, según se ha podido corroborar.

De igual modo, en la narrativa de la obra, y a lo largo de la misma, hemos tratado de transcribir, dentro de lo posible, la mayoría de los pasajes en esa forma sencilla del lenguaje de pueblo, tan llana como nos fue referida, tal vez pecando un poco contra el idioma de Cervantes, pero que le da un toque peculiar que creemos merece la pena respetar.

Al mismo tiempo, pretendemos llevar al lector de la mano hacia lo desconocido, entrando en temas tan apasionantes que, cuando uno comienza a leer, siente que no puede dejar de hacerlo, como si algo lo empujara a seguir leyendo con avidez.

Por otro lado, podemos decir que actualmente existe confusión en cuanto al origen e interpretación de estas tradiciones. Se evidencia cuando oímos a muchos practicantes de esta fe, manifestar que el caracol es el Santo, afirmación que está en contra de su consagración en orisha, puesto que el caracol o diloggún se considera un portavoz del Santo.

Esta actividad se realizó en condiciones difíciles, consultando los pocos materiales que teníamos disponibles, así como otros que se obtuvieron a través de amigos que, con gran celo y cariño, nos los facilitaron cuando conocieron la existencia de nuestro proyecto.

Fue un arduo trabajo de entrevistas con vendedores de plantas medicinales y espirituales, babalawos y santeros, algunos de los cuales nos permitieron fotografiar sus cuartos de ceremonias, de consulta y altares de las deidades que veneran. De igual forma, nos aconsejaron usar toda información con respeto para que los santos nos ayudaran hasta la consumación de nuestro empeño.

Por último, estamos seguros de que nuestro esfuerzo no será en vano, contribuyendo al desarrollo espiritual de muchos lectores al tratar de comprender cómo ha tenido lugar la evolución de estas creencias en los seres humanos, en el transcurso de la historia.

Agradecemos asimismo la colaboración de las personas que intervinieron en la confección de gran parte de estos temas, que ayudaron a confeccionar el pequeño vocabulario condensado como ellos lo entendían e interpretaban y que nos facilitaron, como hemos dicho, el acceso a sus barracones, a sus prendas y a sus informaciones.

Otros, que ya no están presentes entre nosotros, podrán apreciar desde otras formas de vida y comunicación, el esfuerzo realizado, y se sentirán satisfechos, de forma que la verdad y la luz llegue a todos.

A mis amigos, que tanto me entusiasmaron para que este trabajo despierte nuevamente en mi despacho tras más de veinte años; tantos años como borradores y notas estuvieron guardados por inercia, ayudándome a olvidar la desagradable experiencia de la pérdida del mismo cuando fue llevado a los Estados Unidos, a finales de la década de 1980, por una amiga para su posible publicación.

RAMÓN A. QUESADA SUÁREZ
Autor

Capítulo 1

El santo y sus rituales

El santo Lucumí que se venera en Cuba en la actualidad, fue traído por los africanos introducidos en la isla en calidad de esclavos en la época colonial española, después del exterminio de los indios nativos, que fueron los primeros esclavos.

Conocedores de sus secretos y de las distintas ceremonias que se celebran en los Asientos de Santos, y viendo que la flora y la fauna les era propicia, no encontraron obstáculos para realizar preparaciones y confecciones de santos, siendo así como se iniciaron en Cuba.

La mayoría de los esclavos provenían de tierra Lucumí, otros de tierra Carabalí, de tierra Arará, de tierra del Congo, etc. Los lucumíes eran gentes de distintas costumbres y religiones. Cada tribu africana, por lo general, practicaba su propio rito o religión. Es por eso que mencionamos un conglomerado o «popurrí» de varias clases de religiones africanas, entre las que destacan la lucumí, ganga, congo-arara, mandinga, carabalí, quimbaza, etc.

La religión lucumí, como todas las religiones de origen africano que se profesaban, empleaban para sus curas y remedios de santos, las hierbas de nuestros campos, que los lucumíes llamaban ewe de Ocha, que quiere decir Hierba de Santo. Al conjunto de hierbas le llamaban Osain.

Los africanos conocían mucho de botánica de una forma autodidacta, y se ha comprobado que uno de los factores principales del Santo son las hierbas. Por eso realizaban curas maravillosas. Los africanos, especialmente los lucumíes, eran personas muy reservadas, no decían, ni trasmitían sus secretos a nadie. Muchos morían y los secretos que poseían del Santo los llevaban consigo a la tumba.

Los hijos de los descendientes de lucumíes, que nacieron en Cuba, representaban a la raza afrocubana. Éstos eran los que conocían algo sobre la religión de sus padres, veían todos los movimientos y ceremonias que se les hacían a los Santos, porque vivían en el mismo lugar que ellos y fueron los que propagaron la religión de sus antepasados entre los –negros y mulatos– nacidos en Cuba, a través del tiempo.

Con el transcurso de los años, los blancos, religiosos e investigadores, comenzaron a conocer esta religión. Esta introducción de las personas de raza blanca en el Santo ha motivado que, hoy por hoy, existan muchos blancos que tienen Santos africanos como los propios negros lucumíes.

Puede decirse que, en la actualidad, los blancos adoran el Santo africano con tanto fervor como los antiguos lucumíes, pero con una pequeña modificación. Antiguamente los lucumíes ponían los Santos dentro de recipientes hechos de barro y puestos sobre un suelo de tierra, en algún rincón apartado de la casa. Hoy eso ha sido modificado. Se ponen en soperas finas de porcelana, ribeteadas en oro y plata, situados en hermosos canastilleros con divisiones de maderas preciosas y con diversos adornos.

Todo el que hace Santo y lo adora de corazón –okakan– dentro de la moralidad, sin pensar en la maldad para con el prójimo, es protegido y ayudado por los Santos. Dicen los descendientes de lucumíes que, a los que hacen Santo y lo adoran con fervor, el Santo les da salud, larga vida. Que el tener Santo no es un medio de obtener riquezas materiales sino espirituales; ahora bien, si en su camino está el ser rico, lo será y hará de esa riqueza bien a sus semejantes. Según los lucumíes, el Santo se adora por el mero hecho de aliviarnos la vida en este mundo y de protegernos de los malos instintos de la gente perversa. También dicen que todas las personas tienen que pasar sus vidas según el signo que les salió en el momento de hacer Santo.

Hay algunas personas que hacen Santo y el signo que los parió, en el día de Ita, indica que tienen que pasar penurias. Otros hacen Santo por enfermedad y tienen que adorarlo obligatoriamente, por el mero hecho de qué hizo el Santo para evitar la muerte; en este caso, el Santo les alarga la vida.

Otros hacen Santo y se encuentran bien después. Todo según el signo que cada cual traiga consigo dentro y fuera del Santo. También explican los lucumíes que, el que tenga Santo asentado, sueña durante su reposo lo que el Santo necesita que le pongan o le hagan. Esto se conoce con el nombre de la revelación del Santo.

Existen otras religiones incomprensibles y realizan ciertos sacrificios y ceremonias tan terribles, que llenan de terror y espanto a los curiosos. Estas religiones, practicadas por personas que toman la venganza por su cuenta y para tal fin, preparan ciertos brebajes cuyos resultados son convertidos en daños tan raros y extraños que ocasionan la muerte a las personas, cuyos misterios aún hoy son un verdadero enigma para la ciencia médica. A estos brebajes se les llama hechicerías y brujerías.

Ceremonias al pie del Santo

Todas las ceremonias que se realizan dentro del Santo son nobles, puras y respetuosas, causan la admiración de aquellas personas que observan detenidamente; todas son bellas, emocionantes y son extraordinariamente curiosos los adornos que se utilizan para la confección del Santo.

Son tantas y variadas las ceremonias que se hacen dentro del Santo que, por mucho que se expliquen, no inspiran tanto interés como cuando se está dentro de ellas, observándolas detenidamente en todos sus detalles. Son bellísimas en todos sus aspectos, llenando de entusiasmo al creyente que las observa.

El resultado del trabajo que se realiza al pie del Santo depende exclusivamente de la fe con que se hace y del amor profundo a la religión que se profesa. Es de extrema necesidad la constancia, la paciencia y la fe. Debemos tener buenos sentimientos para que ellos nos acompañen siempre y nos ayuden a vencer todos los obstáculos que se nos presenten en la vida.

Todo esto era predicado por los lucumíes que conocían a fondo el proceder de los Santos. Decían ellos que, los malvados, tarde o temprano recibían su castigo pagando con sufrimiento las malas acciones hechas.

Categorías de los santeros dentro de sus deberes en el Santo

Los santeros tienen sus categorías: unos son «mayores» en el Santo y son respetados y considerados por su mayoría de edad dentro del Santo que profesan. Se consideran «mayores» de edad dentro del Santo a aquellos santeros que hace diez años o más que practican Santo; otros son «menores», y se corresponden con aquellas personas que hace pocos años que practican Santo (menos de diez años).

Clases de santeros

- Iyalochas y babaloches, o sea, santeras y santeros.

- Los awos, que son los santeros que, después de hacer Santo, reciben más tarde a san Francisco, convirtiéndose en Oluos, ya que éstos no pueden mirar más con caracol o diloggún, sino con el Tablero de Ifa.

- Los llamados babalawos son los que han asentado a Orula solamente, no tienen el mismo derecho que los awos. A ellos se les permite entrar en el cuarto donde están haciendo Santo, guardándole las consideraciones de que fue santero asentado, mientras que los que no tienen asentado a Orula, no pueden entrar en el cuarto de hacer Santo. Los babalawos, cuando están haciendo sus ceremonias al pie de Orula, no dejan que las santeras o iyalochas los vean. El que asienta a Orula, tiene asiento con los santeros. Debido a esto, el awo es el más completo de todos los babalawos. Si el babalawo recibe cuchillo, será más completo aún.

Atribuciones de las iyalochas y babaloches

Al cumplir un año una iyalocha o un babaloche necesita varios requisitos:

- Estar «presentado» al «Tambor».
- Haber hecho el ebbó a los tres meses.
- Haber hecho el ebbó de un año.
- Si su casa o rama de donde procede es de recibir cuchillo, se recibe para tener derecho a todo, por lo que el cuchillo es la confirmación del Santo.

Toda iyalocha o babaloche que esté completo y haya cumplido un año, tiene el derecho a entrar en el cuarto donde se esté celebrando Santo. Puede asimismo hacer Santo a un ahijado que tenga y debe conocer las hierbas que se utilizan para hacer cierto y determinado Santo, igual que para lavar cabezas, collares o santos.

Todo santero puede entregar cuchillo, siempre y cuando lo tenga. Cuando un santero recibe cuchillo, puede decirse que está en posesión absoluta de todo lo suyo, porque ese día le entregan todo lo que le pertenece que está en poder de su madrina, tal como la sillita, el traje de asiento, la tijera, el peine, la navaja y el pelo.

Cuando el santero está en posesión de todo esto, puede decirse que se ha independizado de su madrina y/o padrino. Pero, a pesar de todas las circunstancias, ellos siguen siendo su madrina y/o padrino de Santo. Debemos guardarle todas las consideraciones y respeto, aun cuando seamos independientes. Debemos llevarle sus «derechos» cuando hagamos algo de fundamento, para que, con su presencia, nos sirva de placer el verle presenciar nuestros hechos.

Asimismo, debemos llamarle también para que ella o él sea quien oyubbonee el primer Santo que hagamos nosotros; cumpliendo estos requisitos, evitamos la crítica o censura de los demás santeros. La madrina y el padrino de Santo son sus padres espirituales. Los ahijados y los padrinos deben tener entre sí un estrecho lazo de aprecio, de cariño, de sinceridad, fuera de toda hipocresía, para que los santos extiendan sobre ellos su eterna bendición.

Sincretismo religioso

La similitud que existe entre los santos lucumíes y los santos de la religión católica se denomina sincretismo religioso. Fue producto del culto de los esclavos africanos y su asociación con los santos católicos en los primeros tiempos de la colonia; entre todos ellos, podemos hacer referencia a los siguientes:

SANTO LUCUMÍ	SANTO CATÓLICO
Aggayú	San Cristóbal y san Miguel Arcángel
Babalú Ayé	San Lázaro
Changó	Santa Bárbara
Daddá	San Ramón Nonato
Eleggua	Niño de Atocha, San Antonio de Papúa
Inle	Arcángel Rafael
Iroko	Purísima Concepción
Ibeyis	San Cosme y san Damián
Nana Buruku	Santa Ana, Nuestra Señora del Carmen
Obba	Santa Rita de Casia, santa Catalina de Siena, Nuestra Señora de la Candelaria
Obamoro	Jesús Nazareno
Obatalá	Nuestra Señora de las Mercedes
Ochosi	San Norberto, san Alberto, Santiago Arcángel
Oddua	Nombre de Jesús y el Santísimo Sacramento
Oggún	San Pedro y san Pablo
Oke	San Roberto
Orisaoko	San Isidro Labrador
Orula	San Francisco de Asís, san José de la Montaña
Osaín	San José, san Benito, san Antonio Abad
Ochún	Nuestra Señora de la Caridad del Cobre
Osun	San Dimas, Bastón de san Francisco, san Juan Bautista
Oyá	Santa Teresa
Yemayá	Virgen de Regla
Yewá	Santa Clara

Güiros y tambores usados en toques de Santo

Los güiros lucumíes son tres, siendo el más pequeño y primero el Salidor; el segundo o mediano se llama Dos Golpes; y el tercero, Caja. Los tambores son tres, el mayor denominado Iya, le sigue el mediano denominado Itolele, y por último el más pequeño, Okonkolo u Omele. En este grupo de instrumentos se añade uno para formar orquestación completa, llamado Agogo, que es un instrumento metálico, confeccionado con hierro de un azadón o guataca.

Campanillas y maracas

Para llamar a los orishas o santos lucumíes se utilizan estos instrumentos llamados Acheres y Agogos, como el descrito anteriormente. Cada toque o llamada que se debe dar en el cuarto o recinto de santos, llamado Igbodu, define a un Santo en particular, por eso el santero debe conocer bien el Santo a llamar y los campanillazos a dar para no confundir el Santo.

Toque y Santo que responde

Existen 23 toques o campanillazos que el santero debe dominar:

TOQUE	SANTO
1	Elegguá, se llama Lacota
2	Oggún
3	Ochosi, se llama Ajare
4	Obakole
5	Inle
6	Babalú Ayé, se llama Iyankota
7	Osain, se llama Kurukuru bete
8	Osun
9	Obatalá
10	Dadda
11	Oggue
12	Aggayú
13	Ifa
14	Ibeyis
15	Orisaoko
16	Changó, se llama Didilaro
17	Yewa
18	Oyá

19	Ochún, se llama Chinche
20	Buruku
21	Yemayá
22	Obba
23	Oddua

Categorías y formas de adivinación de los babalawos

En Cuba existen tres categorías de babalawos y éstos tienen tres formas de adivinación:

- **Categoría primera**
  Iniciación en Ifa. A su conclusión, el iniciado se convierte en awo o en babalawo y adivina con cuatro pedazos de coco.

- **Categoría segunda**
  Es la correspondiente a recibir cuchillo (guanadui), o sea, el awo puede realizar sacrificios de animales de cuatro patas. La denominación que se le aplica al awo que ha recibido cuchillo es la de Oluo. Puede adivinar con coco y con el Ekuele o Cadena de Ifa.

- **Categoría tercera**
  Es la ceremonia de los que han recibido a Olofin, en virtud de ceremonias especiales. Puede adivinar con el coco, con la Cadena y Tablero de Ifa (Opon Ifa) y sus dieciséis ikinis o nueces de kola. Es el babalawo de mayor categoría.

Atribuciones de los babalawos

Entre las principales atribuciones de los babalawos, podemos mencionar las siguientes:

1. Asentar a Orula, entrega de media mano de san Francisco, entrega también del idde de Orula.
2. Pueden hacer Ita de babalawo cuando se trata de una ceremonia al pie de san Francisco.
3. Entrega a Oddua si ellos lo tienen, siempre y cuando lo hayan lavado las santeras primero, porque las ceremonias de este Santo las hace el babalawo, ya que Oddua habla por Ifa.
4. Pueden entregar a los Ibeyis y los Guerreros (Elegguá, Oggún, Ochosi y Ochún).

5. Pueden hacer toda clase de Osain.
6. Pueden hacer toda clase de «peticiones».
7. Pueden «proteger» cabezas.
8. Pueden realizar ebbós de entrada a los ahijados que van a ser Santo.
9. Pueden entregar yefa de Orula y hierba para lavar o hacer Santo.
10. El babalawo puede rapar también al ahijado en el momento de hacer Ocha y, si no quiere, puede cederle el turno a otro. Esto lo hará cuando la iyalocha lo llame porque el babalawo no puede entrar en el cuarto de hacer Ocha.
11. El babalawo puede matar y pedir los ingredientes que sean necesarios para la matanza. Todo lo demás son atribuciones de los santeros y santeras.
12. El babalawo es también el que tiene que celebrar las ceremonias cuando se está asentando a los Guerreros.
13. Cada babalawo deberá saber en el puesto que tiene que ponerse para no ser criticado y no perder reputación cuando se celebren las ceremonias de Oddua, las de Olokun, bailarle a Olokun y las grandes ceremonias de los Muertos cuando son de cuatro patas, las de los Ibeyis (jimaguas) y otras ceremonias más.

Atribuciones de las oyubbonas o segundas madrinas

En el momento de hacer Santo, la madrina de Iyawo elige una iyalocha de su confianza que servirá de segunda madrina. Esta oyubbona deberá conocer todos los pormenores del Santo, puesto que sobre ella pesa la responsabilidad de todas las ceremonias que se hacen y de todo lo que haya que hacerle a Iyawo. Ella representa en el Santo a la partera, o sea, la que ayuda a parir, valga la redundancia.

1. Es la que tiene que «rogar» la cabeza a Iyawo.
2. Es la que baña, viste y adorna a Iyawo.
3. Es la que limpia los santos a Iyawo.
4. Es la que tiene que darle coco a los santos.
5. Es la que lleva a Iyawo a la casa de los santeros que se levantan antes y después de hacerse el Santo.
6. La oyubbona distribuye los «derechos» de Achidi y los demás «derechos» relacionados con el Santo, hasta la repartición del Derecho de Pilón.
7. Es la encargada de llevar a Iyawo a la plaza a los 7 o 16 días.
8. Representa los santos de Iyawo, a falta de su madrina.
9. La oyubbona es la que lleva a Iyawo a hacer visitas, es la que lo presenta al «Tambor».
10. La oyubbona, al ser llevada para hacer Santo, lleva a éste con su derecho de 2,47 € y los 2 animales de pluma.

11. En caso de muerte de la madrina, la oyubbona tiene tantos derechos como ésta; es la que se queda con todos los utensilios de la madrina de Iyawo cuando éste cumpla con todos los requisitos que requiera el fundamento del Santo.

Todo ahijado de cualquier casa de Santo necesita conocer muchas cosas dentro del Santo, para no ser engañado por falsos santeros y evitar caer en manos de explotadores o comerciantes que no tienen hecho el Santo por religión sino que, simplemente se basan en sus conocimientos para explotar la buena fe de los creyentes. Por tal razón, se han de conocer muchos pequeños detalles, porque lo que no se aprende dentro del Santo, jamás se podrá aprender. Es verdaderamente muy difícil encontrar un padrino o una madrina consciente que tenga verdadero empeño de enseñar todo lo que conoce a su ahijado, por el temor de que éstos los superen, porque a veces surgen ahijados de cabezas privilegiadas y las madrinas o padrinos no tienen todo el corazón abierto a ellos. Eso, desgraciadamente, ocurre en esta religión y entorpecen y enredan sus caminos de progreso.

Sin embargo, no siempre se tropieza un ahijado con un padrino o una madrina de mal corazón; a veces los encontramos de buena alma y conscientes y que cuidan de sus ahijados como si fueran sus verdaderos hijos. Se les nota que no tratan de explotar, al contrario, les enseñan todos los secretos y ceremonias del Santo para que inspiren amor y más fe a los Santos que se adoran. También enseñan a trabajar al pie de ellos y los preparan convenientemente para la vida, que aprendan y busquen su desarrollo y porvenir.

Estas madrinas y padrinos dan buenos consejos a sus ahijados para que no sean caprichosos. En muchas ocasiones, el capricho es mal consejero, es un mal hábito y puede comportarles malos resultados.

El consejo que les pueden dar los «mayores» en el Santo a sus ahijados será para ellos una experiencia más en el ejercicio de sus funciones como santeros.

Artículos que se necesitan para hacer Santo

Para Obatalá: una sopera blanca con sus seis platos principales y sus principales piezas, un collar blanco de mazo y sus cuentas ensartadas, una «mano» de caracol. También hay que tener una soperita blanca para meter a Oke de Obatalá con tarritos de venado. Este Oke es el de Obatalá de la Loma.

La sopera de Yemayá con todas sus piezas, su achere, su collar de mazo, su diloggún y los 2 tarros de novillo se utilizan para Oggue.

Otros Santos que comen y viven con Changó, si el que se va a asentar es hijo de Aggayú, se preparan de antemano, pero el Santo que se asienta es Changó, con todas sus piezas, su collar de mazo, achere y diloggún.

También hay que tener preparados los cuatro Guerreros dados por el padrino de Orula, sin diloggún, pues éste lo lavarán las santeras, porque el babalawo no puede entregar el diloggún. Además de estas cosas imprescindibles, se necesitan otras tan necesarias como las primeras.

PARA EL ARREGLO DEL TRONO

6 metros de tela blanca, 6 metros de tela azul, 6 metros de tela amarilla, 3 sábanas blancas, 3 paquetes de papel crepé del color del Santo que se va a hacer, 1 estera grande y 1 tinaja grande para ir al río

PARA EL TRAJE DE LUJO DEL ASIENTO

6 mudas de ropa interior blanca, 3 toallas blancas, 6 mudas de ropa blanca exterior, 1 par de zapatos blancos, 1 sombrero con cinta blanca y 4 pañuelos de color de cada Santo si es hombre

PARA LA CEREMONIA

1 sillita, 1 pilón de asiento, 3 manos de caracol, 1 tijera, 1 navaja, 1 peine blanco, 1 batea, 1 cubo, 1 orinal, 6 jícaras grandes, 5 cazuelas grandes, 2 cestos (uno para la ropa y otro para ir a la plaza), 1/2 kg de manteca de corojo, 2 jarros (uno grande y uno pequeño esmaltado), 1 plato hondo, 1 plato llano, 1 cuchara, 1 chal (para ir a la plaza), 1 pañuelo blanco para la cabeza de Iyawo, 6 jícaras medianas, 4 jícaras pequeñas con 4 pinceles para pintar a Iyawo, 2 paquetes de velas, 1/2 kg de manteca de cacao, 1/2 kg de algodón, 1 botella de aguardiente, 1 botella de jarabe de caña, 1 recipiente de miel de abeja, 5 céntimos de pimienta de Guinea

Además, la madrina deberá comprar una cantidad suficiente de víveres para los días reglamentarios durante los cuales Iyawo permanezca en la estera.

El número de plumas de Iyawo (de loro) en su corona dependerá del Santo que se vaya a hacer. Si se va a asentar a Obatalá, se necesitan ocho para la corona; si es Yemayá, se necesitan siete; si es Ochún, se necesitan cinco; si es Oyá, se necesitan nueve y así sucesivamente.

Animales de cuatro patas que se necesitan

1 chivo negro para los Guerreros, 1 cabra blanca para Obatalá, 1 carnero para Changó, 1 chivo capón amarillo para Ochún, 1 jicotea para Changó

Si el Iyawo es hijo de Obatalá, Oyá comerá de Obatalá. La sopera de Oyá estará también preparada con todas sus piezas y collares de antemano.

Animales de pluma que se necesitan

6 gallinas, 6 gallos, 6 guineas, 5 pares de palomas, 1 pato

Siempre es de imperiosa necesidad reservar algunos animales para el día de Itá. Con todo esto se puede hacer un Santo bien desahogado sin que falte ningún detalle. Después de tenerlo en la mano, la madrina u oyubbona puede empezar a preparar la casa donde se va a hacer el Santo.

Actividades preliminares para hacer Santo

Después de pintar las cazuelas, de preparar todas las cosas y de arreglar el trono de Iyawo, saldrá con éste a repartir los achidis que, como sabemos, representan el «derecho» de los santeros «mayores», que la madrina eleva para ser testigos presenciales del asiento.

Posteriormente, la madrina y la oyubbona irán con Iyawo al pie de san Francisco para saber qué letra sale para efectuar el ebbó al pie de la entrada. Esta «rogación» se realiza para que Iyawo entre completamente limpio para hacer Santo.

Después de esto, Iyawo volverá a su casa y no saldrá de ella hasta que llegue la hora de su prendición. La madrina irá a levantar al mayor de todos los santeros (oriate) para que sea el director de la obra y para que haga Ita al tercer día.

También aprovechará esta visita para que este oriate mire con el diloggún para saber cómo viene ese Santo: si hay algo que hacer o darle de comer a cualquier otro Santo, puesto que puede ser que haya que hacer Changó y este Santo pida un par de gallos para que todo sea correcto. Hay que tener en cuenta que la oyubbona cogerá esas cabezas de gallo y, después de tostarlas al fuego, las pondrá al sol y servirán para machacarlas más tarde junto con el emplasto, que contiene además erun, obi, kola, etc. Lo mismo sucedería con un par de gallinas que se le dieran a Obatalá o a Ochún.

Después de todos los trámites fundamentales, la madrina prepara un ochinchin, una muda de ropa completa de Iyawo, una toalla, jabón y estropajo. Al llegar al río, Iyawo, una vez desnudado por sus acompañantes, hace allí la primera ceremonia de la colocación del ochinchin dentro del río; acto seguido, el principal de los acompañantes mandará a Iyawo que se meta dentro del río y, al coger un poco de agua, «elevará» un rezo donde moyugbara a todos los matadores y a todos los muertos para que Olofi extienda su bendición. Este acto representa el «bautizo de Iyawo al entrar a hacer Santo».

Una vez celebrada esta ceremonia, Iyawo es bañado y enjuagado; seguidamente se le ordena que coja un poco de agua con la tinaja para entregarla a uno de sus acompañantes al salir del río. Lo hará con la tinaja sobre la cabeza.

Más tarde se ordena a Iyawo que se zambulla y atrape algo sólido del fondo del río y que, sin verlo, lo deposite dentro de la tinaja. Después de esto, es secado y vestido. Acto seguido, Iyawo traerá consigo la tinaja, siendo acompañado hasta la casa de la madrina. Entran y, al cerrar la puerta, coloca la tinaja y, descalzo, irá acompañado hasta el cuarto de los Santos, donde se encuentra la madrina.

Iyawo se arrodillará frente a ella y ésta, después de tocar el instrumento del Santo que se va a hacer, cogerá la tinaja y la pondrá al pie de Ocha, mientras Iyawo se tirará al suelo saludando a su madrina. Después de abrazarla, será conducido a otro cuarto, donde habrá una estera; allí comerá, reposará y, por la noche, la oyubbona le rogará la cabeza. Si es el primer Santo que hace esta madrina, ella tendrá que rogarse la cabeza también y dormirá junto a Iyawo en la estera.

La oyubbona preparará el emplasto o ache de la cabeza, en el suelo del Trono; lo machacará con un ota, preparará la sábana, la ropa de Iyawo, su toalla, trapos de colores y todos los utensilios que él necesita.

Al día siguiente, después de desayunar en la estera, se sienta girado hacia la pared hasta que llegue la hora de su segunda prendición con la sábana.

Es necesario aclarar el siguiente detalle: Si la madrina tiene Santos asentados, Iyawo dormirá con la última persona que hizo Santo la noche de su regreso al río. En este caso, decimos que Iyawo levantó a «fulano de tal». Mientras Iyawo está girado hacia la pared, las demás santeras están en la preparación de las cazuelas y las palanganas para comenzar a lavar a los santos con todas sus piezas.

Cuando acaban, se prepara todo para comenzar el Santo. Acto seguido, el santero mayor, Oriate, se mete dentro del cuarto del Santo con todos los preparativos, mientras que la oyubbona viene con una sábana. Le dan conversación a Iyawo para distraerlo, viene ella, y de pronto, le tira la sábana por encima para taparle la cabeza, de forma que no sepa por dónde lo llevarán. Al llegar a la puerta del cuarto de Ocha, ésta se encuentra cerrada y obliga a Iyawo a tocar la puerta y que conteste a las preguntas que se le hacen.

EJEMPLO:

Tun tun
¿Quién es?
Iyawo
¿Qué buscas?
Santos
¿Qué Santo?
Elegguá

Se sigue tocando y respondiendo, nombrando todos los santos, hasta que llegue a mencionar el Santo que se va a hacer y decir en casa de quién va a buscar a ese Santo.

El Iyawo responderá: «En casa de Efun Yemi».

Cantos de las ceremonias al hacer Santo.

Canto de entrada de Iyawo al cuarto de hacer Ocha, cuando introduce el pie:

SOLO: Esi elefun, esi eufocun
CORO: Esi elefun, esi eufocun
SOLO: Esi elefun, esi eufocun
CORO: Esi elefun, esi eufocun

Cuarto de lavatorio de la cabeza de Iyawo arrodillado y puestas las manos dentro de la batea:

SOLO: Dideo, dideo ocuo loma
CORO: Oriquiti, guide, Eshu odara
Dideo ocuo loma
Oriquiti guide
SOLO: Dideo, dideo ocuo loma
CORO: Oriquiti guide, Eshu odara
Dideo ocuo loma
Oriquite guide

Este canto se repite hasta que acabe el último y menor de todos los santeros visitantes.

Con el siguiente canto, la madrina comienza a restregar la cabeza con ambas manos, mientras se le va echando Omiero de todas las palanganas.

SOLO: Oguefe, mireo, ori abode
Oguefe, mireo, ori abode
CORO: Oguefe, mireo, ori abode
Oguefe, mireo, ori abode

Canto que sigue cuando le toca a la oyubbona finalizar el lavatorio de la cabeza:

SOLO: Oriquiti, ori aguada
Ori aguada, ori aguada
CORO: Oriquiti, ori aguada

SOLO:	Ori aguada, ori aguada
CORO:	Ori aguada, ori aguada

Al finalizar el lavatorio de la cabeza, Iyawo es bañado. Acto seguido, se le hace la «ceremonia del pollito» y se le pide que salga de la batea.

Después se viste al Iyawo con ropa limpia, se le ponen los collares y se vuelve hacia la pared donde se colocará el derecho, precedido del trozo de la cenefa, debajo del Pilón envuelto en una hoja de malanga. Se tapa con la estera y se coloca el Pilón encima; la oyubbona hace tejer y amarra la trenza al centro de la cabeza del Iyawo con la cinta color del Santo que se está haciendo. Se corta la trenza; después, todos los santeros presentes cortarán el pelo y lo echaran en el paño que sostiene otro santero.

Esta ceremonia se comienza con el mayor de todos los santeros presentes hasta el más joven. Después, se unta agua y jabón en la cabeza del Iyawo y se le comienza a afeitar con la navaja.

Canto de rapar o afeitar la cabeza al Iyawo

El primo, o el que hace de Solo, va mencionando a todos los santos.

SOLO: Aboni ei, ei, ache bo nipona
Elefun alabeo, ache nipona
CORO: Aboni ei, ei, ache bo nipona
Elefun alabeo, ache nipona

Se repite hasta que finalice el afeitado de la cabeza con la navaja. Seguidamente se unta manteca de cacao en toda la cabeza del Iyawo y se paga 0,82 € como «derecho». La oyubbona procede a la protección de la cabeza con obi, ori, efun, etc. Terminada la «rogación», se limpia con algodón.

Canastillero de Iyawo

Todo el que hace Santo ha de tener un armario o entrepaños[1] en su casa para colocar los santos de su asiento, exceptuando a Changó y a otros Santos que no pueden estar dentro de canastilleros cerrados.

Changó ha de estar encima de Pilón o en una banqueta que tenga cuatro patas. Los Guerreros tendrán que estar colocados dentro de una columna,

1. Nota de la correctora: Parte de la pared comprendida entre dos pilastras, dos columnas o dos huecos.

detrás de la puerta. Después de que Iyawo vuelva a su casa y le hayan traído sus santos, habiendo levantado su «derecho», la madrina dará cocos a estos Santos, cuyo «derecho» es de 0,82 €. Estas ceremonias se celebrarán con todo respeto y mucha solemnidad. Cada vez que la madrina ponga un Santo en las manos de su Iyawo, éste lo recibirá arrodillado y los irá colocando uno a uno en el canastillero, en sus respectivos lugares.

En el momento de cada entrega, la madrina explica a Iyawo el misterio de cada Santo, lo que come, las ceremonias que hay que hacerles, etc. y, al finalizar la entrega, Iyawo, como muestra de respeto, saludará a sus «mayores» estirándose en el suelo.

Los demás adornos de los santos se los pondrá Iyawo poco a poco, según vaya pudiendo; las piezas que el Santo le vaya pidiendo en sueños se las irá poniendo para completar el Santo. Cada Santo tiene sus caminos y cada camino de ese mismo Santo tiene sus piezas especiales.

Lo que debe conocer Iyawo después de haber hecho Santo

El Iyawo debe conocer que la consagración, o sea, el asentar Santo en la religión de los orishas, es equivalente al «acto de nacimiento» en Ocha, por lo cual, los primeros pasos en su nueva vida mística recién iniciada, han de ser orientados y dirigidos por sus respectivos «padres de Santo»: padrino, madrina, oyubbona o segunda madrina de asiento, a los cuales, por tales circunstancias, estará obligado a respetar, obedecer, atender, ayudar y servir por siempre con verdadera lealtad y afecto. Preferentemente, deberá hacerlo en los actos de la religión, en los cuales pasará a ser su asistente para todo.

Al mismo tiempo, no se mostrará facultado para dictar ni establecer opiniones relativas a sus conocimientos de la religión en presencia de sus «mayores». Tampoco se le verá con la capacidad para atender a sus santos durante un año, por lo que los mismos serán atendidos durante ese tiempo por sus padrinos. Asimismo, en caso de enfermedad u otra circunstancia que acredite su mejor orientación, lo comunicará de inmediato a sus «mayores», los cuales son sus responsables.

Resumiendo, Iyawo deberá ser cumplidor con Olofi, los orishas, la religión y con los dictados y tradiciones de sus antepasados. Respetará a sus hermanos «mayores» y «menores» y a sus semejantes, para que también lo respeten él.

El Iyawo no profanará la religión, cumplirá sus deberes sin perder facultades y será justo, honrado, limpio de conciencia y procedimiento. Así será bendecido por Dios, por los Santos y por sus antepasados.

Cuando el Iyawo levanta Santo, o sea, transcurridos los siete días de su aislamiento en el Igbodu –cuarto sagrado–, trasladará de dicho templo a su casa los santos, las piedras que le han sido sacramentadas para que las adore y lo protejan: Elegguá, Oggún, Ochosi, Changó, Obatalá, Ochún, Osun y Yemayá. Diariamente, al levantarse, y antes de hablar con nadie, saludará a sus santos y lo realizará provisto de una jícara con agua; situándose frente a ellos, echará tres chorritos en el suelo y pedirá la bendición a Olofi y al Ángel de la Guarda, lanzándose al suelo sobre la estera delante de los mismos y dirá: omi tutu, ana tutu, tutu ano, tutu Laroye, tutu ilei».

Este mismo saludo lo ofrecerá Iyawo al ir a las casas de los santos y ante sus «mayores». Pero de encontrarse en la calle, el saludo consistirá en cruzarse de brazos. En el acto social del saludo, el Iyawo no deberá dar la mano a nadie durante el año de su período como tal, a excepción de aquellos que, por la condición de su trabajo, tenga que saludar de esa forma.

Durante los tres primeros meses de su «nacimiento en Ocha», el Iyawo no descubrirá la cabeza, no deberá lloviznarse, no se bañará en ducha, sino en agua estancada. No se bañará en las playas, solamente cuando hayan transcurridos los tres primeros meses podrá ir a ellas, pero no se bañará en las mismas, hasta que no cumpla un año de su consagración.

Procurará mantenerse pulcramente limpio y, durante los tres primeros meses, deberá usar continuamente la misma cantidad de ropas que le fue impuesta en su consagración. No irá sin calcetines, no dormirá sin ropa, no se mirará en el espejo, no se pondrá perfume, polvo ni maquillaje alguno. Los polvos de Iyawo serán siempre la cascarilla (efun) y, como grasa de la cabeza, usará manteca de cacao. Se exceptuarán los artistas que, por las características propias de sus trabajos, necesitan maquillarse, pero una vez concluido el espectáculo, deberán quitarse todo el maquillaje utilizado.

En el acto de comer, el Iyawo no deberá usar cuchillo, ni tenedor; solamente cuchara. No comerá en la mesa con otras personas y, de hacerlo, lo hará con el plato en la mano; en cambio, podrá comer allí si lo hace en la estera. No visitará a enfermos, ni ingerirá bebidas alcohólicas, ni acudirá a espectáculos, ni a fiestas profanas. Irá solamente a las de su religión.

No asistirá a mortuorios, ni a cementerios, evitará que le den las doce del día y de la noche en la calle y evitará situarse en las cuatro esquinas.

Después de haber hecho Santo, todo santero deberá tener dos esteras; debe hacer lo posible para que nunca le falte pescado, ni hutía ahumados, ni otros ingredientes por si le visitan otros santos y Obatalá. Debe tener siempre manteca de cacao y cascarilla, no dejar que nadie le toque los santos a no ser que sea su madrina o la oyubbona, pues siempre abunda la maldad.

A Changó y a Ochún no le deben faltar las calabazas; si algún Santo necesita plumas de loro, deberá procurar ponérselas. Debe aprender de memoria todos los rezos de todos los santos y el diloggún.

Debe aprender a hacer rogaciones, saber sacrificar animales para los Santos y, si es macho (hombre), Iyawo, saber presentar la carne cuando coja el cuchillo, conocer la lengua lucumí y saber trabajar cosas particulares al pie del Santo. Todas estas cosas, así como preparar los enseres, las aprenderá asistiendo y trabajando en los ebbós.

El Iyawo deberá saludar a los «mayores» mientras no haya cumplido el año. Después del año, puede entrar en el cuarto de hacer Santo. La experiencia del Santo se adquiere cuando se codean y relacionan con los «mayores». Tienen que adquirir la experiencia de aquellos que conocen el fundamento y la raíz del Santo.

Ceremonias que se realizan en el ebbó de los tres meses

Toda persona que hace Santo, al cumplir los tres meses de haberlo hecho, tiene que dar de comer a los santos, cuya comida es conocida entre los santeros como ebbó de los tres meses.

En esta comida se le da a los santos solamente lo que se marcó en el día de Ita, cuyo Iyawo hizo Santo. En muchas ocasiones, Ita marca el ebbó de plumas y a veces sale que tiene que darle animales de cuatro patas a tal o cual Santo.

Lo que se necesita para hacer ebbó de los tres meses cuando es animal de cuatro patas

1. Se compran todos los utensilios que se necesiten y que sean de utilidad práctica.

2. Se compran todos los avituallamientos para la comida de los tres días y sus correspondientes sazones (especias):

2,5 kg de harina de maíz, 1/2 kg de ñame, 1,5 kg de frijoles carita, 1/2 kg de ajo, 1/2 kg de ají dulce, 1/2 kg de acelga, 1/2 kg de manteca de cacao, 5 cocos secos 2 calabazas, 1/2 botella de miel de abeja, 1/2 botella de aguardiente, 5 hojas de malanga, 6 gallinas (2 blancas), 4 pares de palomas, 2,5 kg de quimbombó, 1/2 kg de camaroncitos, 1,5 kg de frijoles negros, 1/2 kg de cebolla, 15 kg de arroz, 1 kg de tomates, 1/4 kg de especias, 1/2 kg de almendras con cáscara, 2 paquetes de velas, 5 céntimos de pimienta de Guinea, 5 gallos (1 blanco), 4 gallinas de Guinea, 1 hicotea por si Changó lo pide

Siempre es recomendable tener guardado pescado y hutía ahumados y haber comprado los animales de plumas y de cuatro patas (tener en cuenta algunos animales de pluma para el día de Ita).

Después de tenerlo todo comprado y preparado, Iyawo avisará con anticipación a su madrina, llevándole 0,82 € de «derechos» y 2 cocos, para que ésta dé cuenta a sus santos de lo que va a hacer su ahijado. La madrina, por su parte, elegirá o convidará a las iyawalochas de su confianza, que vendrán a trabajar en el ebbó, y también ha de elegir al caracolero que ha de sentarse en la estera el día de Ita.

Las iyawalochas elegidas por la madrina del Iyawo no solamente vienen a trabajar, sino también como testigos presenciales del ebbó; y se avisará al Matador de cuatro patas. Éste podrá ser un oluo, un achegun o un santero que haya recibido cuchillo.

Primer día del ebbó de los tres meses

1. Primeramente, se prepara el omiero y con él se refrescan los santos. «Derecho» 0,43 €.
2. Se le da coco a los santos. Se pasa a los servicios para preguntarle a los ikus (muertos), para darles lo que pidan y se les da en el acto para continuar la marcha del ebbó. «Derecho» 0,82 €.
3. Después de dar cocos a los santos, se explica lo que se va a hacer. «Derecho» 0,82 €.
4. Acto seguido, se pasa a la matanza a los Guerreros, el chivo de Elegguá, un gallo y un par de palomas a Ochosi. Después que se hayan matado, se pelan los animales de pluma. El chivo se desolla, se descuartiza en pedazos y se van colocando encima del cuero para presentar su carne a los santos. Terminado este trabajo, se entrega al Matador el «derecho» de 2,47 €.
5. Después de matarle a los Guerreros, se pasa a la matanza a los santos del canastillero. Esto se realiza igual que se ha hecho con los Guerreros, desde el principal hasta el último.
6. El último trabajo de este día consiste en la preparación de los acheses y la comida. Otros se dedican a la limpieza de las tripas de los animales de cuatro patas.

Segundo día del ebbó de los tres meses o de Santo medio

Este día se llama «el día del medio». En este día, los santeros se levantan temprano para limpiar los Santos. Preparan la correspondiente comida de los santos, en la que estarán presentes los acheses con sus correspondientes ingredientes principales y después lo presentan a los santeros «mayores» para que, con las dos manos, toquen respetuosamente los platos que contienen la comida de los santos.

Después de esto, se ponen ante los Santos y se les pide salud y progreso. A continuación, se prepara la mesa para que coman todos los santeros y visitantes. Cada vez que se ponga una mesa, se sentarán primero los «mayores», después los aleyos y, cuando se termine de comer, no se puede levantar nadie hasta que no acabe el mayor, que dará dos toques en la mesa y, a continuación, los demás tocarán también. Acto seguido, se levantarán todos. Ese día podrán tocarse los tambores para alegrar el ebbó.

Tercer día del ebbó de los tres meses o Ita

En este día, los santeros se levantan temprano, antes de que el sol salga, y limpian a los Santos. Las comidas se llevan a sus destinos, se preparan los acheses para los santos que han comido animales de cuatro patas para hacer Ita, se atan con hilos de color según el Santo que sea y esto se pone junto con los caracoles o diloggunes en dos platos, con sus correspondientes «derechos». Si, por casualidad, los santos han comido animales de cuatro patas, tiene que haber tres platos tapados con sus «derechos» y los acheses cada uno, para hacer Ita de los tres santos que comieron animales de cuatro patas.

Ceremonia de Nangare

Acto seguido, se realiza la ceremonia del Nangare en el patio donde haya sol. Esta ceremonia la realizan los santeros para recibir la bendición de Olofi y Olorun. El Nangare se hace del siguiente modo:

Viene el oriate que va a hacer Ita, coge un plato con coco y pregunta si esto está bien, si falta algo, etc. Después se coge una jícara grande y se desbarata un eko en un poco de agua; se coloca en el centro del patio con una jícara dentro. Todos los santeros se colocarán alrededor de la jícara: comienza el mayor levantando la jícara y saluda al día, a Olofi, al sol, echando un poco del contenido alrededor de la jícara grande y cantan:

SOLO: Nangareo, nangareo
CORO: Nangareo
SOLO: Nangareo, nangareo
CORO: Nangareo (este grupo se repite 3 veces)

Al levantar la jícara y presentarla al sol, se canta:

SOLO: Orisa, saguale yo
CORO: Nangareo, nangareo
SOLO: Nangareo, nangareo mi, Olofi
CORO: Nangareo, nangareo

Se preparan los «mayores» para hacer Ita, se coloca una estera en un lugar apropiado, en orden. En los platos se preparan los diloggunes o caracoles, los acheses y el «derecho» de cada Santo. El «derecho» del Santo principal es de 0,82 €. Los demás Santos pondrán lo que les pertenece a cada uno, por ejemplo:

«derecho» de Aggayú	0,70 €
«derecho» de Changó	0,47 €

«derecho» de Elegguá	0,27 €
«derecho» de Inlé	0,55 €
«derecho» de Obatalá	0,82 €
«derecho» de Ochún	0,53 €
«derecho» de Orisaoko	0,47 €
«derecho» de Oyá	0,70 €
«derecho» de Yemayá	0,55 €

La letra que sale el día de Ita se anota. El caracolero va diciendo al dueño del ebbó lo que marca la letra que ha salido; si marca ebbó, se hace en el acto; si sale lo mismo que salió en Ita, hay que hacerlo después. A los siete días, se ponen frutas a los santos.

Rituales que se hacen a los santos cuando comen animales de pluma

Se preparan los santos, se colocan en un lugar apropiado y, si se trata de los Guerreros, se les unta de manteca de corojo. Luego, se parte un coco y se coloca en un plato; se le da coco y agua al Santo, se le explica el porqué y para qué se le da ese animal de pluma, luego se le pregunta si falta algo; si fuese así, se busca y se le da para que el Santo esté contento.

Si se trata de un gallo a Elegguá, se le lavan las patas, se le presenta a todo el mundo y el último en presentarlo es el que lo da, que se arrodillará al pie del Santo y le pedirá en el pico del animal lo que desea; acto seguido, el ayudante del matador sujeta las patas del animal y las alas en una mano y, con la otra, el cuello. El matador coge la cabeza y, con el cuchillo, corta plumas que luego echa encima del Santo.

MATADOR:	Elegguá, choro, choro
CORO:	Elegguá, decaro (se repite 3 veces)
MATADOR:	Elegguá, decun
CORO:	Eradon, couyen (se repite 3 veces)
MATADOR:	Yellesi, moyure alli ama
CORO:	Yellesi, moyue alli ama
MATADOR:	Yellesi, moyure alli ama
CORO:	Yellesi, moyure alli ama
MATADOR:	Olodumare, elle
CORO:	Elle, Olodumare, elle
MATADOR:	Olodumare elli, Olodumare elli
CORO:	Elle, Olodumare, elle
MATADOR:	Ero, eroco, isolo ero
CORO:	Ero, eroco, isolo ero

MATADOR: Ero, iso ma
CORO: Ero, eroco, isolo ero
MATADOR: Eroco, iso, gue
CORO: Ero, eroco, isolo ero

El matador manda a poner el animal en el suelo y, antes de comenzar a cortarle la cabeza, dice: «Obe, opta Oggún ecuta Olori capre», para quitarse las maldiciones del animal. El matador eleva este otro canto, que dice:

MATADOR: Oguegue, nireo, etori abode
CORO: Oguegue, nireo, etori abode
MATADOR: Amambo cuta
CORO: Acura cuta
MATADOR: Amambo erio
CORO: Acura cuta

Luego coge al gallo, le lava las patas, le da vueltas por encima de los presentes y dice: «Ita, oto; Ita, oguo, Ita, ile, Ita aricu, Babaggua». Una vez cortada la cabeza del animal, se coloca boca arriba, al pie del Santo. El gallo se mata como se hace con los animales de cuatro patas y no sólo se les da sangre a los santos, sino también a la cabeza y al cuello del animal decapitado. Después se coloca en el suelo y se le arrancan las plumas; seguidamente, se coloca este gallo dentro de las patas del animal de cuatro patas sacrificado anteriormente.

Existe otra versión de estos ritos que se plantea una vez seccionada la cabeza del animal: se hace una cruz con el cuello del animal en el suelo y se le da miel levantando un canto que dice:

MATADOR: Guaragua, ori inio
Guaragua, ori inio
Odumara inio
Guaragua ori inio, Elegguá
CORO: Guaragua, ori inio
Guaragua ori inio
Odumara inio
Guaragua ori inio, Elegguá

El matador da vueltas al animal por encima de todos los santos que comen y sigue con el canto:

MATADOR: Olodumare ello, Olodumare ello

CORO: Ello, Olodumare ello *(se repite 3 veces)*
MATADOR: Ero, eroco isolo ero
CORO: Ero, eroco isolo ero
MATADOR: Eroco, ise guo
CORO: Ero, eroco isolo ero
MATADOR: Erese asoma
CORO: Ero, eroco isolo ero

Rituales que se hacen a los santos cuando comen animales de cuatro patas

Toda la preparación es la misma que la de los rituales que se hacen cuando los santos comen animales de pluma, hasta el momento de cortada la cabeza. A partir de ahí, se procede con una serie de cantos hasta llegar a la presentación de la carne al Santo. El procedimiento es el siguiente:

Se coge la cabeza del animal de cuatro patas que se mató y se elevan los siguientes cantos:

CANTO DE ECHAR SAL A LA CABEZA
MATADOR: Illo malero, illo malero
CORO: Araba, illo malero

CANTO DE ECHAR MANTECA DE COROJO
MATADOR: Epo malero, epo malero
CORO: Araba, epo malero

CANTO DE ECHAR MIEL DE ABEJAS
MATADOR: Guaragua, ori inio
CORO: Guaragua, ori inio
MATADOR: Odumana o inio, ori inio, Elegguá
CORO: Guaragua, ori inio
MATADOR: Guaragua, ori inio
CORO: Odumana o inio,
ori inio, Elegguá

La cabeza se le da a probar a la persona dueña del ebbó, después se le entrega para realizar el canto y el baile de la cabeza al pie del Santo que comió de ese animal de cuatro patas:

Atori atorigue afarima torisoaguao afarima
Adecoremo ori adecoremo
Oduma oma, adecoremo

Tonte oma, ama ofo mio
Tonte oma, ama ofo mio
Tonte oma, oma ofo mio, tonte

Al levantar el animal del suelo, se dice:

MATADOR: Nocome
CORO: Mo *(se repite 3 veces)*

Después se procede al desollado y descuartizamiento del animal, y se colocan los pedazos en el suelo, frente al Santo que comió. El matador irá mencionando cada uno de los trozos de carne del animal en lengua lucumí y los demás, a coro, responden el canto de esta forma:

MATADOR:	Itana melli	patas delanteras
CORO:	Odache gui inio	
MATADOR:	Aduana melli	patas traseras
CORO:	Odache gui inio	
MATADOR:	Igane igalle yata	las costillas
CORO:	Odache gui inio	
MATADOR:	Odofo odoque acocan	las entrañas
CORO:	Odache gui inio	
MATADOR:	Guengue alla	el pecho
CORO:	Odache gui inio	
MATADOR:	Onugu oruga ache	trozos del cuello
CORO:	Odache gui inio	
MATADOR:	Guengue ini	partes del rabo
CORO:	Odache gui inio	
MATADOR:	Ifadotun ifadosun aboma	las tetas
CORO:	Odache gui inio	
MATADOR:	Oco melli	los testículos
CORO:	Odache gui inio	
MATADOR:	Allagua ano, ello ofo	las ruedas del vientre
CORO:	Odache gui inio	
MATADOR:	Ogloreo junco o abo	cueros de chivo o carnero
CORO:	Odache gui inio	

Este cuero es el que se utiliza para tapar la carne. Al cabo de un rato, se coge toda esa carne y se cocina. Los acheses se cocinan al Santo y las demás carnes se cocinan para las personas que se encuentran presentes. Al día siguiente se *limpian* los santos.

Operaciones para dar de comer animales de pluma y cuatro patas a los muertos

Se hace un pequeño círculo en el cuarto donde haya una salida de agua o caño con un trozo de cascarilla, se encienden dos velas, se llena un vaso con agua y se entizan ramas finas de álamo con una cinta para dar tres golpes en el suelo.

Se parte un coco, se lavan los pedazos y se ponen en un plato cerca del círculo. Cuando todo esté listo, se pregunta con cuatro pedazos de coco, pero, al tirar, es preciso ponerse de espaldas. En ese momento se llama a los muertos por sus legítimos nombres y apellidos. Cuando un muerto habla, se le pregunta lo que desea, porque puede pedir flores, bollitos de frijoles, 2 gallinas prietas, carnera o alguna cosa de comida cocinada que el muerto haya comido en vida y que le guste mucho.

Después de complacido el muerto, el santero puede comenzar a hacer lo que desee con los santos, pero debe terminar primero con los muertos, porque ellos son lo primero cuando piden plumas. Se limpia a la persona que lo da y luego se dan tres latigazos en el suelo, llamándose al muerto, después se le da el animal de plumas haciendo que la sangre corra por el caño, luego se le echa bastante agua para que se limpie y no haya malos olores.

Terminada esta ceremonia, se le pide al Dios Todopoderoso luz y progreso para este Ser y que le sirva para proteger a la persona que lo da. Acto seguido, se nombra tres veces al muerto dando en el suelo tres golpes. Todo santero debe saber que hay que contar con el muerto antes de realizar cualquier operación con los santos, como hemos dicho anteriormente.

Cuando la comida que hay que dar a los muertos es un animal de cuatro patas, el matador y el ayudante deben remangarse los pantalones y tener puestos en los brazos retazos entizados de nueve colores distintos y las caras pintadas con cascarilla, así como pintar o rayar la puerta de la calle y la puerta del cuarto de matanza.

Ceremonias que hay que realizar para colocar los collares a un ahijado

Cuando un santero o una santera va a colocar los collares a un ahijado, pondrá primeramente el «derecho» encima de la sopera del Ángel de la Guarda y le explicará al Santo para qué se va a utilizar ese dinero. Más tarde, el santero que va a hacer la ceremonia irá al pie de su madrina con dos cocos y 1,64 € como pago del «derecho» para que ésta le dé cuenta a sus santos de lo que va a hacer su hija o su hijo.

La madrina del santero indicará a los babaloches e iyalochas de confianza que tomarán parte en la entrega de esos collares. Esas iyalochas y babaloches serán «mayores» en el Santo. Los testigos presenciales de toda la ceremonia, esas iyalochas, sus Ángeles de la Guarda, derramarán su bendición sobre los collares y sobre la cabeza del que la recibe.

Esta ceremonia para collares se celebra en un solo día, y la comida que se compre será la suficiente para un solo día. También se comprarán camaroncitos, huevos, acelgas, ñames, almendras, ajos, cebollas, tomates, manteca de cacao y especias, cocos secos, manteca, velas, jabones prietos y blancos. En la colocación de los collares, se necesita:

1 muda de ropa blanca completa y nueva, 4 collares ensartados, 1 batea, 5 palanganas (1 grande y 4 medianas), 1 estera para extender y colocar las hierbas, 8 palomas (2 de ellas para protegerle la cabeza a Iyawo el día anterior) 4 gallinas, 4 gallos, 1 jicotea, 3 gallinas de Guinea (2 para el Ángel principal dueño de la cabeza de Iyawo y 1 para Sijutun), 5 cazuelas grandes y una barrita de jabón de Castilla

«Derecho» para la madrina del santero que pone collares

2 cocos más 1,64 € de «derecho», yefa de Oluo más 0,82 € de «derecho», omiero de hierbas, más 0,82 € de «derecho», «rogación» de la cabeza del ahijado, más 0,82 €, de «derecho», Osaín ,más 0,43 €, de «derecho», matanza más 1,64 € de «derecho», más los «derechos» de las cazuelas que serán según el Santo que ha sido relacionado en la ceremonia de Nangare.

Inicio de la ceremonia de poner collares

Teniendo preparado todo lo antes mencionado, la ceremonia se comienza de la siguiente manera: la madrina de collares se rogará su cabeza el día antes y después rogará la de su ahijado de collares. Al día siguiente, se colocan los santos en el suelo y se les da coco. Esta obra la hace la oyubbona de la santera que pone collares.

Se preparan y ordenan las hierbas en la estera, al frente de la otra estera se colocan las cazuelas. Este ripio de hierbas (romper en pedacitos con las manos) se comienza desde el mayor de los santeros hasta el santero menor. Por último, lo hace la madrina que va a poner los collares. Mientras se van desmenuzando hierbas, se va pidiendo salud, bienestar y progreso, tanto para la madrina como para el que recibe los collares, así como para todos los presentes.

Después de despedazadas las hierbas, se guardan las sobrantes, se marcan todas las cazuelas con cascarilla, poniendo a cada una el número que corresponda a cada Santo con su insignia; acto seguido, se echan en cada cazuela los ingredientes que corresponden a cada uno de los santos, además de agua suficiente.

Cada iyalocha se coloca frente a la cazuela que le pertenece. Se comienza otro despedazamiento de hierbas y despalillo de tallos, cantándose por lo menos siete cantos a Osaín que le corresponde a cada cazuela. Cada santera que lava collar está en posesión de un pedazo de jabón de Castilla. Al pie de cada iyalocha se colocará una palangana para que caiga en ella el jabón, además de todos los ingredientes que se le echan a cada una de ellas; se le añade el yefa de Orula y agua bendita. Esto es imprescindible, sin estos ingredientes el trabajo no estará completo.

Ingredientes de la cazuela de Obatalá

Hierba troceada y agua suficiente, 4 babosas, 8 trozos de cascarilla, 8 pellizcos de manteca de cacao, 8 granos de pimienta de Guinea, pescado y hutia ahumados suficiente, yefa, agua bendita, miel de abejas, etc.

Ingredientes de la cazuela de Changó

Hierba troceada y agua suficiente, miel de abejas, 6 granos de pimienta de Guinea, pescados y hutia ahumados suficientes, manteca de corojo, aguardiente, yefa de Orula y agua bendita

Después de terminado el Orun, se prepara en las palanganas un omiero con las hierbas principales del Santo dueño de esa cabeza; se le canta o reza al Ángel de la Guarda del que recibe collares. Después de lavada la cabeza, se coge un poco de omiero de cada palangana donde previamente se han lavados los collares y, con ese omiero, se baña el cuerpo de Iyawo.

Una vez bañado y secado el cuerpo, se le pone la ropa blanca y nueva y se sienta en la estera. Se preparan los santos y se les da de comer los animales de pluma a los Guerreros; después se comienza la matanza a los santos del canastillero. En cada uno de los santos que comen, se encuentran los collares que va a recibir Iyawo.

Ahora es el momento en que se prepara la cocina para abrir los animales y sacar los acheses y cocinarlos. También se prepara la comida y el almuerzo de todos los concurrentes. Al poco rato, se limpian todos los santos.

Por la noche, cuando se termine la comida y se repose, se lleva a Iyawo al pie de los santos, se arrodilla y se pone collar por collar, según el orden que le corresponde a cada Santo en la santería. Al colocarse el primer collar, se moyugba a todos los «mayores» y a todos los muertos, siendo el primer collar el de Obatalá, se toca mucho agogo y el rezo de Obatalá; se le pide salud para todos, principalmente para el que lo recibe. Después se colocan todos los demás, pero cada santero le pondrá una mano en el hombro a Iyawo y con la otra sostendrá el collar.

Después de colocados todos los collares y haber rezado a todos los santos, se manda a Iyawo a saludar a su madrina y a todos los santeros presentes. Cada santero, al ser saludado, le dirá a Iyawo: «Hijo, que sea con salud». En algunas casas, el día en que se entregan collares, se toca un poco a los santos y se juega un poco para alegrar la fiesta.

Presentación de Iyawo al «Tambor de Fundamento»

La presentación de Iyawo al «Tambor de Fundamento» es obra de la oyubbona. Un santero que va a dar un «Tambor», cede el «derecho» de presentación a otros santeros; éstos, a su vez, pueden presentar los iyawos que deseen al presentarse la oportunidad de darse un «Tambor» a un Santo determinado.

La oyubbona le dice a Iyawo que prepare una muda de ropa blanca nueva con zapatos y todo, un plato blanco, dos cocos, dos velas y 0,82 € de «derecho». El día anterior, la oyubbona le debe haber rogado la cabeza a Iyawo con los ingredientes que pida esa cabeza. Iyawo dormirá ese día en la estera al pie de los santos, y la oyubbona por su parte, también se rogará la cabeza. Al llegar el día de la presentación, la oyubbona llevará el traje del asiento del Iyawo por si acaso éste llegase a subirse con el Ángel de la Guarda. Llegado el día deseado, todos los iyawos saludarán a sus «mayores» y se sentarán en el cuarto destinado a los iyawos; allí esperarán su turno.

En un cuarto apartado se colocarán los trajes de asiento de cada Iyawo con objeto de exhibición; en otro cuarto de mayor capacidad se colocarán los tambores y allí harán el orun a todos los santos y a todos los muertos. Después se comienza la presentación del primer Iyawo con el canto:

Oro mayoco eku abo o
Oro mayoco eku abo o
Iyawo eku abo
Oro mayoco eku abo o
Iyawo aquí me bo
Equina quifa boro
Iyawo aquí me bo
Equina quifa boro

Se entona el canto de Oro mayoco cuando se trata de un Iyawo que despide un ebbó y regresa; si se quiere extender el canto, se continúa haciendo ciertos cambios.

Todas las santeras acompañan al Iyawo a cantar Oro mayoco, eku abo o. La oyubbona lleva el plato blanco con sus dos cocos y dos velas hasta el pie del «Tambor» mayor, saludando al «Tambor» que llega; después se canta para el Ángel de la Guarda de la persona. Si se sube, se le pone el traje de asiento y, al cabo de dos horas, se le despide el Santo; así se hace con todos los Iyawos restantes.

Cuando se termina con el último Iyawo, entonces se gira el «Tambor» y se procede al toque con cantos diversos y variados que los tamboreros conocen con el nombre de jugar Bata. En este juego de Bata se suben muchas santeras y santeros con el Ángel de la Guarda. La presentación al «Tambor» es muy bella.

Cosas que se necesitan para ofrecer un «Tambor de fundamento»

Para ofrecer un «Tambor de Fundamento», el santero avisa con anticipación a su madrina o padrino y le llevará el «derecho» y el animal de plumas para levantar a su madrina. Ésta, a su vez, les cuenta a sus santos lo que va a hacer su ahijado. Después, el santero que va a dar el «Tambor» irá junto con el tamborero y dará:

1 «derecho» del «Tambor» 10,97 €, 1 gallo, 1 botella de aguardiente, 2 cocos grandes, 1 ñame, 1 paquete de velas, 1 paquete de rositas de maíz, 1/2 kg de frijoles de carita

Una vez obtenido todo lo anterior, se buscará una casa o un lugar apropiado para dar el «Tambor». El día antes de dar el «Tambor», el santero tendrá que dar de comer al Ángel de la Guarda lo que éste le pida y, por la noche, vendrá su oyubbona a rogarle la cabeza con los ingredientes que pida. También, durante la víspera, se ponen en remojo bastantes frijoles carita, para hacer al día siguiente los bollitos, los ekrus, ekru aro, olele, etc., que serán repartidos durante el «Tambor». Al acto están invitados todos los santeros amigos suyos y a los que podrá ceder este «Tambor».

Llegado el día del «Tambor», los tamboreros comenzarán por hacer orun a todos los santos y a los muertos. Durante este orun las santeras saludarán al «Tambor» cuando éste toque para el Ángel de la Guarda de algunas de las presentes; ésta obsequiará algo a los tamboreros con algo que los pueda halagar. Después, comenzarán por presentar al «Tambor» a todos los Iyawos con su plato, sus dos cocos y sus dos velas, y 0,82 € de «derecho».

La oyubbona es la que dirige todo esto y es la que acompaña al Iyawo hasta llegar al pie del «Tambor» mayor, donde se cantará el Oro mayoco, eku abo o.

Después de presentados todos los iyawos, se comienza el toque para los demás santos, pero siempre tocando mucho más para el Santo que es el dueño de ese «Tambor». Durante el «Tambor» se reparten bollitos, cocos, rositas de maíz, ekru, aro, olele... a todos los concurrentes.

Cuando ya se ha tocado para todos los santos, se finaliza tocando para Elegguá y a los muertos. De esta forma se ha cumplido con el Santo a quien Iyawo le ofreció el «Tambor».

Ceremonia para recibir a Aggayú

El ahijado o ahijada que quiera recibir a Aggayú, llevará a su madrina el Lebrillo con sus piezas, su mano de diloggún y el «derecho» que ella y su madrina hayan estipulado, además de sus animales: 6 palomas y 3 gallinas de Guinea.

Si lo va a recibir con animales de cuatro patas, el «derecho» será mayor. Hay que darle un chivo capón con sus correspondientes animales de pluma y el chivito de Elegguá. En este caso, el asunto varía, porque hay que hacer el Ita de ese chivito de Aggayú; la comida y los demás gastos van por cuenta del santero que lo reciba. Este gasto es aparte del «derecho» marcado para recibir a este Santo.

La madrina o padrino que va a entregar a Aggayú, tiene que enviar a este Santo al río nueve días antes y hacer la ceremonia del río. El día antes del lavatorio de este Santo, el santero que lo vaya a recibir se rogará la cabeza para recibirlo fresco. Después de lavado y hechas las ceremonias del ritual, se procede a otra ceremonia que sólo pueden presenciar aquellos santeros que tengan Aggayú.

Esta ceremonia consiste en hacer la cenefa con las pinturas y después colocar encima, una cazuela que tenga 16 mechas al lado de Aggayú. Todos los presentes que tienen Aggayú se arrodillaran alrededor con un puño sobre otro, se encienden las velas o mechas y el mayor de los santeros levanta el siguiente canto a Aggayú (se toca el achere).

SOLO: Ibo, ibo, ibo, hace maribolle, bobo solo, Aggayú sola he
CORO: Ibo, ibo, ibo, hace maribolle, bobo solo, Aggayú sola he
SOLO: Aggayú sola, ibo, ibo, ibo hace maribolle, he, bobo solo Aggayú sola, he.
CORO: Maribolle, maribolle, bobo solo Aggayú, sola he.
SOLO: Maribolle, llelle he, maribolle he bobo solo, Aggayú sola he.
CORO: Bialla.
SOLO: Bialla.
CORO: Bialla.

Después del canto, se tiene preparada una jícara con harina de quimbombó cuajado y espeso, se echa encima de las mechas encendidas hasta que éstas se apaguen; luego se tapan con esa jícara y un paño rojo y se coloca en el techo durante 16 días. Al cumplirse ese tiempo, se baja, se lavan los utensilios y se guardan. Las mechas de Aggayú se hacen con manteca de corojo y algodón.

Este Santo se entrega a los 16 días en presencia de todos los santeros. Cuando se recibe a un Santo, al entrar en la casa se le da coco y, si se puede, se le da un pollo a la entrada de Elegguá y el animal que pida Aggayú.

Aggayú come una paloma todos los días primeros de cada mes. Además, cuando quiere, pide un chivo capón y se lo come en compañía de Ochún. Otras veces come 9 animales de plumas (4 palomas, 2 codornices y 3 gallinas de Guinea). También come novillo, pero fuera de casa y, como caso especial, come manteca de corojo.

Su recipiente puede ser un lebrillo de porcelana de tres colores: azul, rojo y blanco. También se le agrega amarillo. Sin embargo, lo más apropiado para él es un caldero. Su collar es patipo y cuentas blancas y sucias con 16 cuentas azules repartidas.

El que no sea hijo legítimo de Aggayú, no recibe más que tres piezas; si es legítimo, recibe 9 piezas, así como su ota y su diloggún.

Principales emplastos para la cabeza del Iyawo

Cuando la cabeza del Iyawo está rapada y éste sentado sobre el pilón, la oyubbona prepara un emplasto que se le pone al Iyawo en la cabeza para que pueda venir el Ángel de la Guarda a su cabeza, pues este emplaste representa el secreto de Ocha y está confeccionado con las principales hierbas del Ángel de la Guarda. Este emplasto se machaca con una ota (piedra) en el suelo del trono del Iyawo, con todos los ingredientes, para que el Santo responda en el instante de hacer orun a todos los santos.

1. Emplasto a Obatalá

Este emplasto se coloca en el plato de cada santera presente, desde la mayor hasta, la menor de las santeras o santeros, que cogerá el emplasto y lo colocará en la cabeza del Iyawo. Los ingredientes que lleva este emplasto son:

Las principales hierbas del Santo (entre 8 y 16);
las cabezas tostadas y machacadas de aquellos animales de pluma
que cogió el Iyawo antes de entrar a hacer Santo, obi, kola, erun de África, osun,
manteca de cacao, cascarilla, 8 babosas, 2 huevos de paloma, pescado
y hutia ahumado, yefa de Orula, agua bendita, 8 granos de pimienta
de Guinea, ñame de maravilla blanca, ñame volador y guabina.
Se machaca todo en el suelo del trono con una ota.

2. **Emplasto de Changó**
   Se junta manteca de cacao, se le «ruega» la cabeza, se echa sangre de jicotea y de codorniz, las principales hierbas de Changó, cascarilla, cogollo de palma real o maribo, obi, kola, erun de África, manteca de corojo y de cacao, 2 huevos de paloma, pescado y hutia ahumados, yefa de Orula, agua bendita, 6 granos de pimienta de Guinea, las cabezas tostadas y machacadas de los animales de plumas que cogió el Santo de la madrina el día antes de prenderse al Iyawo, antes de entrar a hacer Santo.
3. **Emplasto de Yemayá**
   Lleva todo lo que se usó en el emplasto de Changó menos la sangre de jicotea; lleva 7 pimientas y una hierba que se llama osuni, además de las siete principales hierbas de Yemayá y agua de mar.
4. **Emplasto de Ochún**
   Lleva todo lo que se usa en el emplasto de Yemayá, así como: obi, coka, erun de África, 5 pimientas de Guinea, manteca de corojo y de cacao, cascarilla, 2 huevos de canario, pescado y hutia ahumados, yefa de Orula, agua bendita, agua de río, guabina y otros ingredientes secretos que no se pueden escribir y que sólo conocen las madrinas y se transmiten de boca a boca, cuando se hace el emplasto de Ochún.

Pasos que hay que seguir para «rogar» cabezas

Se le pregunta al Santo cuáles son los animales y cosas que coge su cabeza, ya que puede suceder que la cabeza de esa persona coja «rogación» de obi, «rogación» de paloma, de guabina, de pargo, de gallinas comunes o de Guinea, de frutas, de desperdicios de la plaza, de babosas con pescado ahumado y hutia, etc. Según lo que pida la cabeza del que se le «ruega», así serán los ingredientes que se utilizarán; si faltase algo, se iría preguntando uno a uno hasta que los Santos estén satisfechos.

En toda «rogación» se utilizan 2 platos blancos, 2 velas, 2 cocos, algodón, cascarilla, manteca de cacao, pescado y hutia ahumados, y yefa de Orula. Si hay pimientas, serán contadas según el Ángel de la Guarda del que se «ruega». Los demás ingredientes los indicará el Santo según se vaya preguntando.

Lo que se debe conocer y hacer para «rogar» una cabeza

1. Sentar a la apersona en una sillita frente a los santos, sin zapatos ni calcetines.
2. La persona tiene que dormir en la estera y no salir de la casa donde rogó la cabeza, es decir, no puede salir a la calle hasta el día siguiente, ni puede hablar mucho ni acomodarse después de que se haya rogado la cabeza.

3. Al día siguiente, antes de salir el sol, el padrino le quitará el emplasto de la cabeza, lo une todo con lo que hay en el plato y lo llevará al destino que le indicó el Santo.

Es fácil aprender a «rogar» cabezas porque, viendo muchas ceremonias, se aprende más. Se necesita conocer todos los rezos de los santos y saber nombrar todos los ingredientes que se van a utilizar, además de pedir salud y bienestar para sus ahijados .

Cómo se «ruega» una cabeza.

Conocidos de antemano los ingredientes que ha escogido su cabeza, la persona lo coloca todo al pie del Santo. Hecho esto, se parten los dos cocos, se lavan y depositan ya pelados en dos platos blancos. Acto seguido se le dice a la persona que se siente frente a los santos, en la sillita, con los zapatos y medias quitados; entonces el santero levanta los platos, se los pone en la cabeza y moyugba a todos los «mayores», a los «menores» y a los muertos, a todos los vivos, a la madrina, al padrino y a la oyubbona.

Después el santero empieza a decir lo que va a hacer. Cuando todos los ingredientes que lleva esa «rogación» han sido dichos, se rezan todos los rezos a todos los santos, desde Elegguá hasta Obatalá. Terminado esto, se bajan los platos a los hombros, después a las manos, a las rodillas, a los pies y se ponen en el suelo.

Seguidamente, se hacen las cruces en los pies, en las manos, en la garganta, en el cuello y en la cabeza con manteca de cacao. Se van colocando los ingredientes de la misma forma hasta finalizar con el último plato.

Después se pregunta con coco si está bien, o si falta algo, y se procede hasta que esté completo. En este instante, se coloca el paño blanco en la cabeza y se sujeta; se le pregunta a los muertos. Todo lo que tiene en la mano en depósito y en los pies, se echa en el plato de la «rogación» y se tapa con el otro plato, se le encienden 2 velas y se coloca cerca de la cabecera de la cama del que se la «ruega».

Al día siguiente, antes de que salga el sol, se le quita todo lo que tiene en la cabeza y se deposita dentro de los platos de «rogación». Se echan después los ingredientes de los platos en un cartucho y se le da camino a esa «rogación», es decir, se expulsa.

Cuando la «rogación» de la cabeza es de un animal de plumas, se deja caer un poco de sangre en de cabeza a la persona, se le hacen cruces en la garganta, en la frente, en las manos, en los pies, se le canta como si fuera a darle de comer al Santo. A cada animal se le arrancan unas cuantas plumas y se van colocando en los mismos lugares que hemos indicado. De esta manera, la «rogación» será perfecta y sus resultados serán satisfactorios.

Existe una «rogación» especial, donde se baña la cabeza y todo el cuerpo con la sangre de un chivo. Bañado en sangre el cuerpo de la persona, se le restriega con 10 pelotas de cenizas de manteca de cacao y cascarilla, con 10 pelotas de ñame, de verdolaga. Otro de los requisitos fundamentales de una «rogación» como ésta («rogación» de ofun), es que el individuo es bañado al final con 10 hierbas de Obatalá.

El cuchillo del Santo. Su ceremonia

El cuchillo representa la confirmación del Santo. Existen ramas de Santo que no son cuchillos y el santero puede hacer de todo al pie del Santo; pero existen otras ramas que son de cuchillo y los «mayores» obligan a cogerlo por el mero hecho de que pueden tener «derecho» a hacer un Santo.

Sin este requisito, se privarán de hacerlo; de lo contrario, pueden actuar con libertad de acción. Ya puede decirse que se obligan solos, con entera independencia, sin que nadie los gobierne, ni la propia madrina; no obstante, pueden invitar a su madrina a cualquier obra que realice por respeto y consideración.

Un santero se independiza cuando tiene cuchillo. Para coger cuchillo se debe realizar el mismo gasto que se llevó a cabo para hacerse Santo. Todo tiene que ser nuevo, hay que comprar todo como si fuera para hacer Santo, además de dos cuchillos, uno para la madrina que lo entrega y otro para el santero que lo recibe.

El «derecho» del cuchillo es casi siempre de 12,53 € para algunas ramas de Santo y de 25,07 € para otras, o sea, 12,53 € en cada mano, esto sin contar los animales de plumas y un animal de cuatro patas, sin olvidarse además la comida de los tres días. Los «derechos» por cada cosa y el Ita corren por cuenta del que lo recibe; por tal motivo, hay que tener reservados alrededor de 78,33 € para coger chuchillo. Dentro de esa cuenta, se incluye todo: ropa, comida, animales y los «derechos» y utensilios que se van a utilizar.

Dentro de ese dinero también se incluyen los «derechos» de levantamiento de santeras y santeros que tienen cuchillos. Hay quienes cogen cuchillo dándoles animales de cuatro patas a todos los santos, pero también puede cogerse cuchillo dándole solamente animales de cuatro patas al Ángel de la Guarda y a Elegguá. Los demás santos comerán animales de plumas en cantidades suficientes.

El cuchillo tiene Ita, por eso también le corresponden sus tres días reglamentarios.

Cuestiones que se han de resolver para coger cuchillo

En esta actividad hay que plantearse al menos doce tareas que hay que resolver. Son las siguientes:

Animales de plumas y de 4 patas: 5 gallinas, 6 gallos o gallinas de Guinea, 5 pares de palomas; una o más mudas de ropa blanca nueva, 6 platos hondos y llanos para cada Santo, 2 fuentes, 2 tapas de cazuelas, 2 jícaras grandes, 2 cucharas de jícara, 3 varas de telas de colores, cazuelas y palanganas nuevas, 2 cuchillos nuevos sin usar, hierbas suficientes, 2 paquetes de velas y el yefa de Orula, al menos 4 trozos de coco, aguardiente, miel, manteca de corojo y de cacao, cascarilla, agua bendita, agua de río.

Los ingredientes para las comidas deben ser suficientes para el número de santeros y aleyos presentes, sin que falten condimentos, ñames, camaroncitos, berro, almendras, mucha manteca de cerdo, harina, huevos, un saco de carbón, etc.

Cómo refrescar un cuchillo

Todo santero que ha recibido cuchillo necesita refrescarlo a los tres meses. Si no lo hiciera, correría el riesgo de que le vaya mal y tenga que expresar la siguiente oración: «Desde que cogí cuchillo estoy peor». Por eso debe hacer urgentemente un omiero para refrescarlo y dar sangre de animales de plumas al cuchillo y a todos los santos. Esto debe de hacerlo a los tres meses de haber recibido el cuchillo. Si el Santo representa el bautizo, el cuchillo representa la «confirmación del Santo» y ambos deben hacerlo a los tres meses.

Ceremonia del Etuto o Ituto

Como todas las cosas, parece que hay más de una versión en la explicación y desarrollo de estos ritos en las religiones afrocubanas, como se ha podido comprobar. Por eso, en distintas bibliografías consultadas, cada santero da una versión particular con más o menos detalles, llegando a una solución de compromiso entre todas las versiones. Es más, hasta existen distintas versiones del nombre de la ceremonia, ya que unos la llaman Ituto y, otros, Etuto. Para nosotros, la esencia es lo que prima.

Se llama así a la ceremonia que se les hacen a los santeros cuando fallecen. Ese día se coge y se viste al muerto con la misma ropa que él utilizó cuando hizo su Santo, que es la misma que se presenta al «Tambor» cuando vivía. Se le ponen los collares, el idde; si es mujer, se le pone un pañuelo de seda, hay casas de Ocha que antiguamente ponían al muerto la corona de plumas de loro que utilizó cuando se hizo Santo.

Si es hombre, se procede de igual forma. Después de vestido el muerto, se coloca en una estera en el suelo y se le bajan todos los Santos. Se cogen siete platos y en ellos se colocan los ingredientes que se citan a continuación:

Plato 1	Un coco partido para preguntar
Plato 2	Pecado y hutia ahumados
Plato 3	Guano bendito
Plato 4	Hojas de maíz troceadas
Plato 5	Estropajo picado
Plato 6	Un puñado de quimbombó
Plato 7	Un cáñamo

Además de lo antes mencionado, se necesita:

una jícara grande, ceniza, cascarilla, polvo de carbón vegetal, un pedazo de tela blanca y otra negra, un pollito joven, 2 velas, jabón, hojas de álamo secas caídas de la mata y vueltas del revés.

Posteriormente, se manda a llamar al mayor de los santeros para que haga la ceremonia. Todos los hermanos del Santo y los ahijados de la casa deberán estar presentes para que observen la despedida del muerto y de sus Santos. Si algún Santo quiere quedarse, se pregunta que con quién de los presentes, y se pagará el «derecho» convenido.

Se moyugbará al santero que se despide de este planeta Tierra, mencionando su nombre en castellano y el que tenía de Ocha. Después se comienza con los Guerreros, se llama a Elegguá y se le pregunta con el coco primero y después con su propio diloggún.

Estas preguntas son para saber si se van con el muerto o si no quieren irse. Se preguntará en este último caso con quién se queda. Si se va, se coge y se destruye la sopera con todas sus piezas, se tira todo a la basura.

El diloggún de ese Santo que se va se aparta para depositarlo en la casa del santero que murió. Los Santos restantes harán lo mismo. Se colocará en el suelo un paño blanco y encima uno negro, encima de éste la jícara y se echará dentro la cascarilla, polvo de carbón vegetal, cenizas y otras cosas, como el peine que utilizó en el Santo, la trenza que le cortó la madrina y el cuchillo dividido en dos partes, si lo tiene.

A continuación se limpian todos los presentes con los ingredientes que hay dentro de los siete platos, posteriormente se van echando dentro de la jícara. Acto seguido se cogerán los collares del muerto y, entre varios santeros, los romperán, después se procede a romper los platos de Ocha: algunos pedazos se echarán dentro de la jícara, los otros se irán con la basura. Durante esta operación, todos los presentes se girarán hacia la pared, de modo que quedarán de espaldas al que hace la ceremonia.

Se procederá a la limpieza de los presentes con un pollo prieto (negro): se vuelven a poner de espaldas y, después, se mata el pollo contra el suelo y se coloca, como todo lo anterior, dentro de la jícara, que se cierra con las telas blanca y negra.

El cubo de basura con la loza rota y sus piezas se manda echar al mar. Se coge el plato de los cocos y se va al pie del santero muerto y se le pregunta si necesita realizar alguna ceremonia para descansar en paz. Lo que pide se le hace para cumplir su última voluntad.

Al día siguiente, antes de que salga el entierro, se llevará el Etuto que está en la jícara y se deja en el camino del cementerio. El santero que hace el Etuto necesita hacerse limpieza, rogaciones y baños, para quitarse las malas influencias del muerto.

Capítulo 2

Rezos exclusivos a los santos lucumíes

1. Rezo a Aggayú

Aggayú solar, jerijeri cacajeri Impaoro poroso poroponio Nioyo quioroino Aggayú Solar adifafun. Olofi adifafun Oddúa adifafun. Olokun adifafun Elecucuantolokun. Aggayú chola iye kini oba akara chola oyina oba ni na oke gbina misisiyi awa omo nile gbogbo teriba awa ofe oki ko de ma gbina, ati na buruku baba mi obalomi.

Y dice así:

«Se dice que Aggayú es el Santo, pero no es así; es la sala del trono más grande del rey que cuida con fervor, el mundo en nuestros días. Nosotros, hijos de la Tierra, obedecemos. Nosotros queremos que no llegue la candela y lo malo. Padre mío, acompáñame a mí».

2. Rezo a Babalú Ayé

Solli asoano quellebe cunto coyuno malfi aundo Leyo quicibo solli yota no marru yotano afirnaye Pese, tute, bluco, bosiso, ani oglo guaguaiguao. Seno guidasa, joso, cala, oglo, oli pliccu. Babalú Ayé agoró ni Kan ojin ati fumi afi edeno, awa na oni gbogbo ati omo iwo imo ki oricha bawo iwo kosi kan ologo no owodowo agbabe tasa chocuono aya, odukue.

Y dice así:

«Padre del pueblo y mundo, pido permiso con tiempo para expresarme y pedirle misericordia. Nosotros los creyentes e hijos suyos sabemos que Santo como usted no hay otro. Gloriosa es la tradición mayor que nace, trafica con el viento, cuida abundancia de enfermedad, perro de la enfermedad, gracias.»

3. Rezo a Changó

Alafia cabio cabiosile luboco isosain Changó, Alafia, cabio cabiosile, ala Cacajeri jeri edubeara Olufine Con que ebbó siero. Baba mi

> Changó ikawo ilemu fumi alaya tilanchani nitosi ki ko gbamu mi re oro niglati wa ibinu ki kigbe ni na orin ati gbogbo ikawo kawe ile mi iwo bagbe baba mi ki awa na kue ni okan nitosi kunle ni iwayu ni re elese ati wi Changó alamu oba layo ni na ile ogbeomi.

Y dice así:

«Padre mío, Dios del Trueno, controle mi casa, déme la salvación radiante para que no me coja su palabra cuando esté enfadado, que grita en el cielo y todos hijos aquí abajo decimos con mucho respeto, para controlarlo, vigile usted mi casa. Recuerde, Padre mío, que nosotros lo llamamos de corazón para arrodillarnos delante de sus pies y decirle: "Dios del Trueno, misericordioso rey, alégrese en la Tierra, ampáreme a mí"».

4. *Rezo a Elegguá*

> Elegguá oga gbogbo na mirin Ita alagbana baba mi mulo na buruku nitosi le choncho kuele kuikuo oki ofo, kosi eo kosi ku kosi ano ni eruko mi gbogbo omonile fu kuikuo odukue baba mi Elegguá.

Y dice así:

«Dueño de las cuatro esquinas, mayor del camino, Padre mío, llévese lo malo para poder caminar con mucha salud, que no haya enfermos, que no haya pérdidas, que no haya revolución, que no haya muerte; en el nombre de todos los hijos de la casa, le doy muchas gracias, Padre mío, Elegguá».

5. *Rezo a Inlé*

> Inlé omocuco, cabo ara aguanille Inlé omocuco, cabo ara aguanille. Inlé fumi alaya iwo bawe onichegun atire eya bagbe ki chebe nitosi leya na om o mi ano cuelu re ella ki iwo gba mi ma atewo na ku osalo na ilu ki iwo otiwa nitosi che gbogbo odara dara odurue baba mi onichegun Inlé ikawo mi.

Y dice así:

«Déme la salvación como médico y borre nuestro pecado, recuerde que hizo el sacrificio para salvar a los hijos de la enfermedad con su pecado que recibió en la palma de la mano. La muerte huyó de los pueblos en los que usted estuvo para ponernos a todos buenos y sanos; gracias Padre mío, médico, contróleme».

6. Rezo a los Ibeyis

Ebeyi oro omocueo Orula. Apetebi oguedo mata. Ibeyi oro awa keke sugbon agba nitoriti otan kuele na choro tiembelaiye yifa Oggún si na ebita kilo yiofe ri mayi kueyo sugbon ba si kaide ati ibawo meyi na keke ati agba naibeyi wa ologo afefe Ibeyi kowaile elewe wile alakisa, mabe ayo nijin labi gbogbo chire odukue si Ibeyi.

Y dice así:

«Los jimaguas expresan, nosotros pequeños pero mayor porque acabamos con la dificultad que estaba en el mundo, ganamos la guerra al diablo que no quería que dos se reunieran, pero encontró al más pequeño y al mayor de los jimaguas, donde los jimaguas son gloriosos, viendo cómo los jimaguas no van a casa de los ricos, van a casa de los pobres, encuentran alegría primero aquí: nace en todos los juegos, gracias a los jimaguas.»

7. Rezo a Oba

Oba obinrin ni na oyu ewa ati ara ni Changó kue fume abekun a ya ba mi.

Y dice así:

«Oba, mujer de los ojos y cuerpo lindos, esposa de Changó, la llamé para pedirle la bendición, Reina mía».

8. Rezo a Obatalá

Baba birinigua, oniguan lano, Obatalá obatosi Obatalá baba mera lleocu baba ocuala ache aricu baba awa. Obiro, omeobiro, oguo acheotan aconda Recua baba, recua Olofi, recua Oddúa, recua Osaguirinan, recua Allaguna, recua Ochalufun Recua Obamoro, recua baba, Obatalá alellibo Ediaba. Orichania okanrin ati obinrini laiye eleda ni gbogbo na daradara ati buruku oba ati ayaba afin oga ni na tala ati gbogbo na cheche babalaiye alabo mi ati migbogbo na jun daradara, baba wa afin alanakekua badami Oduke.

Y dice así:

«Santo grande, hombre y mujer, mundo creador de todos los buenos, sanos y malos, rey y reina, alvino dueño de la pureza y de todos los justicieros, Padre, cumbre grande del mundo, protector mío y de todas las cosas buenas, sanas, Padre nuestro, alvino misericordioso, viva Padre mío, gracias».

9. Rezo a Ochosi

Ochosi laquesa, agueredun leculanen. Ochosi ademada atamutasi duro Yoduro mata atatamatasi. Ochosi olugba ni gbogbo nao de ati oricha cheche ode mata mi ate gbogbo omo nile fumu okan ire ati cuelure ofa dure gbogbo buruku kiwa nitosi mi odukue baba mi.

Y dice así:

«Dueño de todos los cazadores y Santo justiciero, cazador que no vende ni a mí y a todos hijos de la tierra, déme un camino bueno y, con su flecha para todo mal que venga hacia mí. Gracias, Padre mío».

10. Rezo a Oggún

Oggún chichiviriquen coben, ala olua coben, Coben oque, baba mi chivirique ocuabo nibua Camaricu, camerano, camara illamoro Oggunda, oseda, paora, jatin, mi lodo ofo camara. Ello, bun bone, camari la man Oke, Orimi bor. Oggún agbaniye baba alagbede cuelure le che na kife, lai lai toni kivi nitosi gbogbo ni laiye nitosi le unye Olodumare ni na agbara ati ni gbogbo na kiche bawo chiche odara ati buruku baba Oggún mola balomi.

Y dice así:

«Guerrero mayor de la sangre, Padre guerrero, con su poder haga lo que desee por siempre. Tenemos que decir para matar al guerrero que devora la llama para todo el mundo, para poder comer, Dios omnipotente, de la fuerza y de todo lo que se hace como trabajo bueno y malo. Padre guerrero, Dios de la muerte, acompáñame a mi».

11. Rezo a Orisaoko

Orisaoko afefe iku ofe eye uwe okorin ki chiche fun oworo kutukutu cuelu na nile nibo gbogbo na wa, orichaoko alabobo ile nitosi fu agbara nitosi rigba si gbogbo awa bawo choncho nitosi chi remu unye aleya baba orichaoko odukue.

Y dice así:

«Santo del campo y de la tierra, viento de los muertos que quieren bañarse con sangre, hombre que trabaja por la mañana temprano con la tierra, donde todos los hijos tienen que ir a dormir para toda la vida, santo del campo y la tierra, protector de la tierra para darle fuerza y para que nos reciba como caminamos para abrirle su boca y comérnoslo, déme la salvación, Padre santo del campo y la tierra, gracias".

12. Rezo a Orunmila

Oluo maiboru, oluo maibolla, oluo maibuchiche apetebi buru apetebi boll, apetebi buchiche arenilupir maiboru maibolla, maibuchiche odVduare, inbelecun becun illa, inllenllequiere. Orunmila. iran lowo kuele re titancha nitosi le ri mati oreyi omo tiwa ile me iwo tobi gbogbo ma laiye odukue aiku baba wa.

Y dice así:

«Orunmila, ayúdeme con su radiación para poder ver lo que presenta este hijo que vino a mi casa. Usted es grande en todo el mundo, gracias, inmortalidad, Padre nuestro».

13. Rezo a Ochún

Ori llello, Ochún abereli, moro, igua, illa, mio illa, mio illa, mio illa mi, guasi illa, mi mo o, illa mi titileco, illami adoferemo, illami maganire, anigua caro, omo corufan, llelleo. Ochún Yeye mi oga mi gbogbo ibu laiye ni gbogbo omo oricha lo uwa nitosi gba ma abusen ni omi didun nitosi oni alafia ati ayo obinrin kuele re ache wiwo ati re maru achogele nitosi yo ayaba ewa kuele rereri ati ayo sugbon betoni cho nitosi k omo nigbati wa ibinu obinrin iku iko Olofin, odukue.

Y dice así:

«Madre mía, dueña de todos los ríos del mundo, donde todo hijo de santo va a bañarse para recibir la bendición de agua dulce, para tener felicidad y alegría, mujer con su saya y sus cinco pañuelos para bailar, reina linda con sonrisa y alegría. Pero hay que tener cuidado, porque no sabemos cuándo está enojada, mujer (muertera), mensajera de Olofin, gracias».

14. Rezo a Osún

Osún duro ganga la bosi. Osún duro ganga la bosi. Osún ni oduro ma dubule agogoro mata adena mi nitosi ki cuelure ichaworo cuemi nitosi ki nigbati wa na ku ko ko gbamu mi ati titilona cuelu gbogbo na buruku, odukue.

Y dice así:

«Osún tiene que estar de pie, quieto, no puede acostarse, el reloj suena, no se vende, centinela mío, para que, con su cascabel, me llame, para que, cuando venga la muerte, no me coja a mí y continúe su camino con todo lo malo, gracias».

15. Rezo a Oyá

Oyá alliloda, alli momomu, como cue, Oyá iguari , ache Orunmila. Orula miota, abebenillo, jecuajey, Yanza, aricu jeri jeri obini dodo. Oyá yegbe iya mesa oyo orun afefe iku Selebi oke ayaba gbogbo leya obinrin oga mi ano oga mi gbogbo egun oricha ni abaya oyu ewa oyansan oye gekua iya mi obinrin ni kiukuo le fun olugba ni Olofi nitosi wa ayaba nikua odukue.

Y dice así:

«Tienda de comer al lado, madre de día en el cielo, viento de la muerte, remolino de lo alto, reina de todo mercado, mujer dueña de todos los espíritus, dueña de la enfermedad, santa de la raya en la cara bonita, el mercado del viento, atiende viva, madre mía, mujer de mucho poder, por mandato de Dios para ser reina de la muerte, gracias».

16. Rezo a Yemayá

Illa mio, Yemayá ataramaguao, Olokun asallabio Olokun illa mio, Yemayá ocuniquin arubo eti Yemayá illa, omi tuto, Yemayá oricha obinrin dudu kuele re maye abaya ni re oyu ayaba ano rigba oki mi iya mayale, oga ni gbogbo okun, Yeye omo lejun oyina ni re ta gbogbo okun nibe iwo ni re olowo nitosi re omo teriba odukue iye mi.

Y dice así:

«Santa, mujer negra con sus siete rayas en su cara, reina adivina, recíbanos, la saludamos, madre dueña de todo mar, madre hijo de pescado, allá lejos tiene su trono bajo el mar, donde usted tiene su riqueza, para su Padre obediente, gracias, Madre mía».

17. Rezo a Yewá

Yewá primazo, ala chancaca, becu aba, llecoda, iba baba illelle ogrimordo, ogu, nodo, ileaquere, afocollari, Inle, tuto o tuto orda, Olofi orima agua. Yewá ri omase si mi omo iwo teribe nitosi le oni ache ni iwo nitosi gba yokoda kosi ano kosi ofo kosi eyo kosi ku fumi aiku alade mi odukue.

Y dice así:

«Mire con lástima a mi hijo, de usted obediente, para poder tener mandato de usted para recibir asiento bueno, que no haya enfermo, que no haya pérdida, que no haya revolución, que no haya muerte, déme la inmortalidad Princesa mía, gracias».

Capítulo 3

El dominio del caracol o diloggún

Para conocer su historia, las personas que practican estos ritos o ceremonias se remontan a los orígenes de los lucumíes, donde asociaban los «caminos» a los distintos patrones que tenían estas deidades en cada pueblo o región de África. También explicaban los lucumíes que cada patrón tenia sus «marcas o números».

Elegguá tenía las marcas 1 y 11; Oggún las marcas 3 y 7; Orula la marca 4; Ochún la marca 5; Yemayá las marcas 7 y 14; Obatalá las marcas 8, 10 y 16; Oyá, Aggayú y los muertos tenían la marca 9; Babalú Ayé tenía las marcas 9 y 13 y así sucesivamente, hasta que llegaron a la conclusión de que estas «marcas o caminos» revelaban la verdadera historia de los seres en la tierra.

Con todos estos números o marcas de santos, confeccionaron los caminos del caracol o diloggún.

Existen 18 potencias principales en los santos, pero los lucumíes estipularon 16 para el uso de los santeros y los otros dos para que sean leídos por los babalawos.

Según como caiga el caracol o diloggún cuando se tire, así hablará el Santo que lo representa, ya que el caracol es el portavoz del Santo.

Esquema de tirada del caracol o diloggún y Santo que habla

En la siguiente tabla mostramos el resultado del tiro de los Caracoles. Los caracoles se compran completamente cerrados, pero se les quita un trocito en la parte inferior.

Entidades/Tiradas	1	2	3	4	5	6	7	8	9	10	11	12	13	14	15	16
Okana	X	X	X	X	X	X	X	X	X	X	X	X	X	X	X	O
Eyioko	X	X	X	X	X	X	X	X	X	X	X	X	X	X	O	O
Oggunda	X	X	X	X	X	X	X	X	X	X	X	X	X	O	O	O
Irosun	X	X	X	X	X	X	X	X	X	X	X	X	O	O	O	O
Oche	X	X	X	X	X	X	X	X	X	X	X	O	O	O	O	O
Obbara	X	X	X	X	X	X	X	X	X	X	O	O	O	O	O	O
Oddi	X	X	X	X	X	X	X	X	X	O	O	O	O	O	O	O

Entidades/Tiradas	1	2	3	4	5	6	7	8	9	10	11	12	13	14	15	16
Eyionle	X	X	X	X	X	X	X	X	O	O	O	O	O	O	O	O
Ossa	X	X	X	X	X	X	X	O	O	O	O	O	O	O	O	O
Ofun	X	X	X	X	X	X	O	O	O	O	O	O	O	O	O	O
Ojuani	X	X	X	X	X	O	O	O	O	O	O	O	O	O	O	O
Eyila	X	X	X	X	O	O	O	O	O	O	O	O	O	O	O	O
Metanla	X	X	X	O	O	O	O	O	O	O	O	O	O	O	O	O
Merinla	X	X	O	O	O	O	O	O	O	O	O	O	O	O	O	O
Marunla	X	O	O	O	O	O	O	O	O	O	O	O	O	O	O	O
Mediloggún	O	O	O	O	O	O	O	O	O	O	O	O	O	O	O	O
Eyeku	X	X	X	X	X	X	X	X	X	X	X	X	X	X	X	X

Leyenda: X, boca abajo; O, boca arriba.

El 17 es el inverso del 16, es la fase del 16 que se llama Ocha Kuarabo

Lo que dicen las «letras» cuando hablan los santos

1. Ocannasodde u Okana

Cuando sale la entidad Okana, se toca uno las orejas y enseguida se echan los caracoles en el agua. Se sacan al poco tiempo y se pisan con el pie izquierdo. Si no hay una muchacha doncella, se manda que los recoja quien los tiró. Luego se pregunta a las deidades a qué viene ese Ocannasodde. Si es por algún muerto, por enfermedad, por algún preso o por algún hijo. Hay que averiguar el origen de esa letra. Enseguida se busca un trozo de carne de vaca, se le unta manteca de corojo y se tira a la calle para que se la coma cualquier perro.

Las deidades Eshu, Elegguá, Orula, Oggún y Aggayú responden a la entidad Okana u Okannasodde y cantan:

> Elewa mokue nile nitosi ki orbe
> mi ati sagbose gbogbo na buruku ni ona.

Esta letra dice:

«Siga lo que dice, porque anda haciendo malas cosas y se descubrirán; en su casa hay un enfermo de la familia o de su amistad, un Santo irá a curarlo, tenga cuidado con el fuego no vaya a caer dentro de ella, no siga maldiciendo más».

«Tiene que darle de comer a su cabeza, carece de comida y tranquilidad; tenga cuidado, que en su casa puede darse la pérdida de un niño, está muy atrasada y atravesando un mal tiempo, cuídese de que un perro no la vaya a morder; en su casa habrá una novedad, con seguridad. Si está pensando en embarcarse, tenga cuidado, que bien puede peligrar o pasar un gran susto. Usted es algo incrédula, no cree en santos, no le gusta que le digan la verdad, sufrirá un susto muy grande; en la puerta de su casa está la justicia, no podrá porfiar en estos días.»

«Oirá decir algo malo, no es desconfiada ni temeraria, le gustan las discusiones y no le gusta perder, porque se incomoda, no puede llevar armas encima ni gastar bromas pesadas a otras personas, en porfiar está su desgracia, no ande tarde por la noche porque está predestinada a que le den un golpe, la rapten o la hieran por equivocación y a lo mejor ve cosas malas del otro mundo; ya no tiene que ponerse la ropa que lleva puesta, se le cae del cuerpo, y todas las cosas, proyectos o empresas que tiende a realizar se le caen al suelo y, por ende, donde trata de meter la cabeza todo le sale mal.»

«Todas aquellas personas a quien ha servido, hoy no le dan la mano, ni siquiera la saludan. Esto sucede también incluso dentro de su propia familia, hay veces que desea la muerte, tenga cuidado, que alguien le está haciendo daño. Hay una persona que, con su lengua, le perjudica. Su enemigo de hoy es uno que en su tiempo fue su mejor amigo, no puede comer ni beber en ninguna parte, cumpla con lo que le debe a las ánimas, en su casa le falta algo que le han robado; no maltrate al perro».

«Usted tiene que mandarle a decir una misa a un muerto. A veces camina hasta el cansancio y, otras veces, le vienen deseos de estar completamente sola porque todo le molesta, no tiene a nadie que la ayude.»

EBBÓ (1): 3 eyá frescos (pescado ahumado), 3 bobinas de hilo de distintos colores, 3 ñames, aguardó, ceniza de la puerta de la casa, 3 puros, 3 obi (cocos), 1 tijera y 2,47 €.

EBBÓ (2): 1 akuko (gallo) negro, tela roja, 1 cabra, 3 cujes, 1 navaja, 1 pito, eku, 1 puro, 3 trozos de cisco que se le apague detrás y 2,47 €.

EBBÓ (3): 1 cabra, 1 gallina, 1 freidora con bastante manteca de corojo, 1 calabaza, eku, eyá, obi, 3 palomas y 2,47 €.

HISTORIA DE OCANNASODDE (1):

«Había una persona que creía en brujos y no en santos. Cada vez que veía a alguien con Santo, iba a burlarse y a porfiar. Un día vio a una persona con Santo y el Santo que tenía hecho era Changó. Éste le dijo a uno que estaba allí que no fuera a donde pensaba ir y el incrédulo que escuchaba esa conversación le dijo que no fuera bobo y que se dirigiera a ese lugar. Así, el incrédulo y esta persona, para desafiar al Santo, le pidieron que adivinara cuántas personas había discutiendo en la casa donde él quería ir, creyendo que lo iban a engañar o que la persona con Santo se equivocaría. El incrédulo sabía de antemano cuántas personas había en la casa señalada por él, y el Santo le dijo: dieciocho, pero hablaban y veían dieciséis nada más. Entonces, el incrédulo le dijo que no era verdad y el Santo mandó tirar 18 monedas y salieron 18 personas, pero sólo 16 recogieron monedas; el incrédulo, al ver esto, se postró ante el Santo».

HISTORIA DE OCANNASODDE (2):
«Arosillen fue a un pueblo y le pidió a su amigo Eliore que cuidase a tres mujeres diciendo que volvería al cabo de 3 meses. Pasó el tiempo y, como Arosillen no regresaba, Eliore se escondió y se llevó a las mujeres, pensando que el otro no lo encontraría jamás. Era tanto el maltrato que propinaba a las tres mujeres que un día se escaparon y se fueron a otro pueblo. Dio la casualidad de que se encontraron con Arosillen y le contaron todo. Arosillen, como era comerciante, tenía muchos amigos, y dijo a los vecinos del pueblo que Eloire iba a quemarlos vivos a todos. Entonces, estas gentes fueron a averiguar si era verdad y, como Eloire tenía la lengua muy suelta y le gustaba hablar por gusto, dijo que era cierto y allí mismo lo mataron».

HISTORIA DE OCANNASODDE (3):
«Había una vez una persona cuya manera de vivir era insoportable para quienes le trataban, era amigo de la discusión y se buscaba la enemistad y la apatía de los demás. No tenía malos sentimientos, pero lo parecía por sus modales y llegó a tal extremo que se vio solo y tuvo que irse del pueblo en el que vivía. A la salida se encontró con un comerciante que venía con un perro en la mano y la cadena en la otra. Al verlo, le preguntó cómo iba la cosa y él le contestó que como siempre, "bien para unos y mal para otros". El comerciante le dijo que tuviera cuidado, porque el rey decía que al que no hiciera "rogación" al identificarse lo mandaría a matar, y éste le contestó que no iba a hacer ninguna "rogación" y que, si tenía que volver a marcharse de otro pueblo, lo haría. Siguió andando y a tres leguas, se encontró una guerra y los amigos del rey lo prendieron y lo llevaron al rey diciendo que era un cabecilla y que venía de lejos a pelear; el rey lo mandó a encerrar en una jaula con los tigres».

2. *Ellioco o Eyioco*

Cuando sale la entidad Ellioco, hablan las deidades Orisaoko, Elegguá, los Ibeyis, Ochosi, Oggún, Eshu, Orunmila, Ochún y Orula, y cantan:

Ellioco temi ten temiche moniguoloco telaroso temarun temitiche moniguoloco.

Entonces se levanta uno del asiento, da una vuelta y se vuelve a sentar.

Esta letra dice:

«Que tiene mal carácter y le gusta echar maldiciones, por eso está tan atrasada, no le haga mal a nadie, tenga cuidado con la justicia porque puede caer presa. En su casa hay un niño que llora en la noche o una persona que ve a una virgen que se le acerca. Usted es maldiciente y le gusta tirar las cosas cuando se enfada. No amenace a nadie, tiene en su mente darle o levantarle la mano a otra persona, se cree muy fuerte y su enemigo lo puede vencer, tenga cuidado con una enfermedad, es como una parálisis o una dislocación de la cintura o del pie, por lo cual puede quedarse postrado. Usted ha de hacer Santo muy pronto, tiene que rogarse la cabeza y ponerle frutas a los jimaguas; tiene que darle un gallo a Elegguá para que se abran los caminos, pues los tiene muy cerrados. Usted todavía no ha pagado su casa, carece de comida y le duele la cabeza: le sale como fuego. En su casa hay un corte de vestido que no está acabado, tiene que traerlo para hacerle "rogación", alguien de su casa está malo de una pierna o se queja de ella, qué piedra de Santo o de imán hay en su casa, que usted tiene prestada o empeñada, que no puede perderla o sacarla del empeño.

»No puede contar sus sueños ni tener nada que sea de yeso, siempre procure echar de lo que coma para la calle, tiene que darle calor a su casa porque no todas las veces la felicidad se encuentra en la calle, nunca diga que sabe, porque tiene muchos enemigos, no tenga tanto genio porque un día se va a tropezar con su misma cabeza.

»Si tiene puestos los collares, tendrá que refrescarlos o, de lo contrario, recibirlos y dar de comer a los santos para que le venga la suerte y le evite un mal que le pueda sobrevenir. Hágale una misa a un familiar ya difunto para que lo acompañe; tarde o temprano tendrá que hacer Santo. Tenga cuidado con la envidia, tiene familiares en el campo, mándele a decir que tengan cuidado con una calumnia, que le imputan un hecho que no ha realizado y es inocente. La persona hija de este signo está mal y, según pasa el tiempo y va haciendo ebbó, se pondrá bien y llegará a tener casa propia. Tenga cuidado no se le presente una tragedia y sea dentro de su misma casa con su misma familia.

»Si esta letra sale mucho o le sigue OSA, esa persona está enferma y no hay seguridad de salvación, hay que hacerle "rogación" o Santo y ver qué santo se encargará de salvarla, porque su mal está de la cintura para abajo, o haber cogido una corriente que lo trabaja interiormente».

Ebbó (1): 2 pájaros cazados, 2 obi, eku, eyá, oni, aguardo, 1 palo, 4 palomas y 4,20 €.

HISTORIA DE ELLIOCO (1):

«Había una persona que tenía muy mala suerte. Un día salió al campo en busca de suerte y fortuna y allí encontró a un hombre muy rico y muy avaricioso. El hombre le pidió trabajo y el rico se lo dio. El hombre inició su trabajo y, al poco tiempo, por fin encontró su suerte de dinero y de todo cogió y dio de comer a su cabeza dos cocos y a todos los santos.

»Al día siguiente mandó a buscar unos músicos y salió a la calle cantando *Etero seco temi temitiche mollegueloco.* El dueño lo oyó y, al ver tanta gente, mandó a buscar a la justicia y lo acusó que le había robado. El trabajador dijo que todo era una calumnia, le preguntaron dónde tenía el dinero guardado y el dueño dijo que lo tenía enterrado, pero, al no encontrar nada, quedó en libertad y el dueño tuvo que pagarle daños donde el negro se hizo rico».

HISTORIA DE ELLIOCO (2):

«Ellioco era amigo de Ire y siempre estaban juntos. Un día Ellioco fue donde estaba Orula a decirle lo que había soñado y Orula le mandó a hacer "rogación" pero él no hizo caso, no porque no quisiera, sino porque le aconsejaban otra cosa, a pesar de que Ire no sabía lo que él sabía; y esto era porque sus amistades le hacían creer que sabía mucho de todo.

»Ellioco siguió porfiando y desobedeciendo los consejos, y un día Ire fue a casa de Orula para quejarse y para que aconsejara a Ellioco; tampoco oyó consejos.

»Un día Orula mandó a decir a Ellioco con Ire que, cuando fuera caminando y lo llamaran, no fuera por el mismo lugar, pero él hizo lo que le dio la gana y por poco lo matan si no es por los jimaguas que le sacaron fuera de la trampa».

HISTORIA DE ELLIOCO (3):

«Había una persona que estaba mal de salud y de situación, y fue a buscar fortuna al campo. Cuando llegó, se dirigió al dueño de la hacienda para pedirle trabajo. Éste se lo dio pensando que podía explotarlo. Una noche, el trabajador se hizo "rogación" con dos cocos, dos velas y dos huevos y lo enterró en medio del terreno, pero el dueño, que siempre desconfiaba de sus obreros, vio al otro día que el trabajador estaba contento y que había mandado a buscar a los músicos y se puso a cantar: *Ellioco temi tentemi chi che molli mocun.*

El dueño lo vio tan contento que pensó que le había robado y lo mandó a prender; cuando el dueño mandó a desenterrar lo que éste creía que era su dinero enterrado, se encontró con la "rogación".
»Resultó que el dueño tuvo que dar explicaciones y pagar al obrero daños y perjuicios por haberlo acusado en falso».
Como puede apreciarse, esta historia es similar a la narrada en la número 1 y el canto es "algo similar"; esto confirma las distintas versiones que existen de una misma leyenda». (Nota del autor).

HISTORIA DE ELLIOCO (4):
«Ode era un cazador que vivía con su mujer, y todo lo que cazaba lo ponía al pie de un árbol y Olofi venía y se tomaba la sangre. Un día, su mujer le preguntó por qué traía los animales sin sangre y él le contestó que eso no le importaba y ella se quedó callada. Un día ella cogió el saco donde su marido echaba la cacería y lo llenó de cenizas, en el fondo le hizo tres agujeros muy pequeños para que regara la ceniza y así poder seguir el rastro de Ode porque quería averiguar por qué los animales venían sin sangre.
»Ode cogió el saco de caza y su arma, saliendo como de costumbre, sin darse cuenta que lo perseguían. Cuando llegó Olofi le preguntó que con quién había venido y él le contestó que con nadie y Olofi le preguntó quién era esa mujer que estaba escondida detrás de la mata y Ode dijo que no sabía. Entonces Olofi dijo: Oiga curiosa, si sangre quiere ver, la tendrá para siempre , y entonces nació el período de la mujer».

3. *Orgunda u Oggunda u Odgunda.*

Aquí hablan Oggún, Yemayá, Ochosi, Obatalá, Elegguá, Olokun y Aggayú y cantan:

Oriunda tetelli faralle afesulle lesi losun.

Esta letra dice:

«Que usted piensa darle con hierro a otra persona: tenga cuidado no se vaya a clavar un clavo y se le infecte la herida. Usted hizo una cosa donde intervino la justicia o ha de intervenir, no pelee con su mujer, no salga a la calle hasta después de siete días, ni viaje en tren; está también muy triste porque ve el hierro muy cerca de su cuerpo y pidiendo sangre, sus tripas están enfermas; está en líos de justicia o lo estará.

»Cuide su estómago, no se vaya a descomponer. Tiene tres enemigos, cual de los tres más fuerte. Ellos desean cazarlo y Obatalá está muy enfadado con Ud. porque es muy renegado. En su casa siempre tiene peleas con las demás personas, le gusta llevar un cuchillo encima.

»Déjese de líos con mujeres que no le convienen porque lo van a prender, si es mujer la que se mira, ella ha de romper con su marido por causa de unos celos y que se cuide no la sorprendan conversando con otro hombre y ocurra una tragedia.

»Si una mujer lo invita para alguna cosa, no lo acepte, porque puede traerle malos resultados. En su casa hay una persona a la que le duele la cintura, si es mujer la que se mira tenga cuidado que a su marido lo quieren poner de tal forma que la desatienda y se vuelva un grosero en donde todo le importe muy poco; hay una persona que vela todos sus movimientos para enterarse de su vida, esa persona no quiere que usted progrese. Le tiene hasta odio, todo se lo envidia; cuídese de esa persona, que quiere que no tenga buenos resultados. Ella es de color o trigueña, es lo más seguro. No salte hoyos, no cruce zanjas ni monte a caballo.

Usted quiere atrapar a su contrario; no lo haga, si alguna lo invita a viajar no lo acepte, no vaya a cerrar ningún negocio o contrato que tenga entre manos sin antes hacer "rogación" porque la pérdida que pudiera haber es muy grande; si hace lo contrario, cuide bien unos papeles o contrato que tiene con otra persona, que no es legal.

»Abra bien los ojos, hay una persona que habla mal de usted y quiere indisponerlo con otra persona de su amistad, donde puede haber derramamiento de sangre; camine donde haya líneas, tenga cuidado no se caiga, no se pelee con nadie ni se siente más en la puerta de su casa ni de espaldas a la calle; en su casa visita una persona de uniforme, tiene que ser reservada, porque dentro de su casa está metida la justicia; no se pare más en las esquinas, porque le puede causar una desgracia o ser herido. Lo van a invitar a una fiesta tres personas y, si a su corazón le da por no ir, no vaya. Tenga cuidado que lo quieren acusar de un robo, no beba en todas partes, cuide su ropa no lo vayan a atar con ella misma, está mal de su naturaleza, está muy asustada y le duelen los riñones y la cintura. No apoye la silla en la pared ni ande en grupos ni lleve armas encima».

EBBÓ (1): 1 acuco, 3 ella, tuto, era malu, 3 acomos, que es un martillo, 3 cadenas, aguardo, epo, 1 naranja, oni y 2,47 €.

EBBÓ (2): 3 allele, que una sea carmelita, 1 akuko (gallo) para oke, oti, aguardo, 1 flecha, 1 corneta, 1 cuchillo, cuero de venado, 1 caballito, 3 cargas de leña, 3 pañuelos con adormideras, cambia voz y amansa guapo y 5,76 €.

HISTORIA DE ORGUNDA (1):

«Eruru tenía que hacer "rogación" con un perro que tenía porque era muy déspota y maltrataba a los demás chicos, que un día se pusieron de acuerdo y le atacaron. Eruru tuvo que salir corriendo hacia el monte; cuando llegó al monte, vio un tinajón y se metió dentro, dejando fuera al perro. Pero el perro, viendo que su amo no lo metió dentro, se cansó de esperar y volvió al pueblo. Allí los enemigos de Eruru lo cogieron y le dieron de comer, después lo echaron al monte para seguirlo y, cuando el perro llegó al tinajón, los enemigos de Eruru lo sacaron, lo mataron y premiaron al perro».

HISTORIA DE ORGUNDA (2):
«Había una persona que no tenía nada que hacer, por lo que le gustaba estar ociosa, y como se aburría tanto, se decidió ir a otro pueblo porque en el suyo lo había probado todo. Llegó al otro pueblo y lo primero que vio fue a otra persona que llevaba un jamo en la mano y se dirigió a una laguna; movido por la curiosidad vio que intentaba atrapar un lindo pez que por fin pudo capturar. Éste, al ver eso, no le gustó, porque lo había intentado con anterioridad y no había podido conseguirlo, por tal motivo comenzaron a discutir por el pez, llegaron a las manos y en la disputa el pez se fue al agua y los dejó peleándose».

HISTORIA DE ORGUNDA (3):
«Laquin y Adofin eran buenos amigos. Un día Laquin le dijo a su amigo que le cuidara su bolsa porque iba a un lugar y no quería llevarla. Al otro día le dio a guardar una mercancía porque tenía tanta que temía que se le pudriera. Al tercer día le dio a guardar unas monedas porque confiaba en él.
»Adofin dio una fiesta, en la fiesta hubo bebidas y varios amigos se emborracharon; en la confusión le robaron las monedas que Laquin le había dado. Al otro día Laquin fue a pedirle que le entregara las monedas y Adofin le contó lo sucedido, pero Laquin no se convenció y se pelearon y esparció por todo el pueblo la calumnia de que Adofin le había robado en complicidad con los demás».

4. *Elliolosun, Irosun o Eyorosun*

Aquí hablan Orula, Orumila, Yewa, Changó, Olokun, Obatalá, Ochún, y Yemayá y cantan:

Apataruta ebebe quinquin emi enu acelaba enu lache inafo cusi moro aronife se cosi manlla loco esi misan inaunillo be inaun lloroso apandeure achegue oni deroso apan apale Cheng aguenin daguonide usura apembeni.

Esta letra dice:

«Tenga cuidado con la vista, no vaya a enfermarse de ella, no mire lo que no le importe, no vayan a hacerle una maldad, mucho ojo con lo que piensa hacer, hay veces que llora, abra bien los ojos porque vive ciega; no cruce por encima de ningún hoyo, tiene que ponerle frutas a los jimaguas, tenga cuidado, que se va a enfermar; usted tiene muchos enemigos, uno es colorado o de color que bien ha estado preso o lo va a estar, va a tener que sacar a uno de su familia de la prisión porque en sus manos está su salvación; si alguna persona lo convida por alguna cosa, no lo acepte, porque le puede traer malos resultados en donde le echarán la culpa si algo ocurriese.

»Tenga cuidado con la llama, no se vaya a quemar; en su casa hay una persona que, por causa de su charlatanería, siempre se enfada con las demás personas. Esa persona tarde o temprano tendrá que hacer Santo.

»Tiene que cuidar mucho a Elegguá, Yemayá y Yewa, es muy confiada con aquellas personas que la están tratando con falsedad y hasta con maldad; no se ha dado cuenta del engaño que le han hecho, es muy curiosa por naturaleza y por ese motivo ha de procurar no perder la vista, bien por enfermedad o por algún golpe.

»Usted sueña con un niño o la mar, no pase por donde haya un pantano; la visita una persona que aparenta una cosa y es otra; tiene una desgracia que le cuesta lágrimas con frecuencia, mire bien cómo anda. A su casa ha de llegar una persona para probarla; si es hombre, es babalawo y si es mujer es santera. Tenga cuidado, pues le quieren hacer daño para que no avance y tenga muchísimos contratiempos hasta se vea en manos de la justicia.

»A usted lo venden porque no quieren que tenga tranquilidad y todas esas cosas le pasan porque ha hablado un chisme de otra persona y esta persona se ha enterado, se calló y ya no es más legal con usted. Esa persona es amiga de sus enemigos, no confíe más en ella ni haga nada de lo que le mande; si es mujer la que se mira, puede ser que el adivino esté enamorado de ella, le vea sus movimientos. En su casa hay una mujer que es muy mentirosa, es hija de Changó, es poco variable, evite que ella vea sus movimientos porque tiene la lengua muy floja. También hay otra persona que es muy seria y sufre todo lo que a usted le pasa, ella es sumamente callada y no es capaz de contarle nada de lo que sabe.

»Usted tiene que dar de comer a la tierra y mandar a decir una misa a los desamparados y darle cuatro palomas a los jimaguas; tuvo un sueño en el que se veía ahogándose o quemándose, se sofoca en el suelo, vístase de blanco, tiene que hacer "rogación" con un jamo y después ponerlo detrás de la puerta para que así pueda coger a su enemigo.

»En su casa también hay otra persona que tiene malas intenciones con todos aquellos seres que están a su lado, ella no le hace nada a nadie con voluntad, es algo pendenciera, le gusta saberlo todo, tiene la lengua floja, nunca le haga caso, porque le puede comprometer; en su familia hay un enfermo que tiene que prestar atención a esa enfermedad porque la puede perder, ella está muy delicada, tiene una herencia entre manos, tiene mucho atraso.

»Cuando esta letra habla, si es mujer la que se mira, son tres hermanas y su padre ha tenido cargo o dinero y, cuando muere el padre, la más pequeña se quedará con la herencia; si es hombre el que se mira, ha de ir a un lugar para hacerse cargo de una herencia y llevará a su mujer, pero no podrá decir que es su mujer, porque lo pueden matar por el camino, y para que pueda disfrutar de esa herencia tendrá que hacer "rogación"; nunca hable de aquella persona que le proporcione alimentos, no coja nada de nadie, limpie su casa; a usted le gusta hacer siempre su voluntad».

Ebbó (1): Para la herencia, 1 chivo, para Oshún 1 gallo, 3 allele y 12,92 €.
Ebbó (2): 1 chivito, 1 flecha, 1 palo, 3 piedras, 1 pollo y 4,20 €.
Ebbó (3): 4 palomas, manteca de epo, 2 gallos, amala, 4 obi, 4 plumas de loro, tela morada y blanca, 1 collar colorado, guano bendito, 1 freidora, 1 canasta de plátanos y 3,29 €.

Historia de Elliolosun (1):
«Había una madre que estaba muy triste porque su hijo se iba de gobernador a otra tierra, pero el hijo le dijo que no temiera, que él iba con los mejores amigos, ya que los había escogido.
»Salieron rumbo a la tierra que los esperaba para que tomara el puesto de gobernador, pero llegaron a un lugar en que había que pasar unas cuevas cerca del mar, siendo el primero que entró. De pronto, los que iban con él le taparon la salida, porque le tenían mala voluntad, ya que iba a desempeñar un cargo que los otros no pudieron conseguir, pero no llegaron a matarlo porque el mar rugió y las olas destaparon la salida, escapó y llegó a su destino».

Historia de Elliolosun (2):
«Elliolosun celebró un convite e invitó a sus vecinos a la fiesta. Puso la comida y bebida más mala que encontró, pero así y todo los invitados comieron y bebieron hasta que se cansaron y, cuando se retiraron, surgió un descontento. Elliolosun descubrió quiénes no eran sus amigos a pesar de que algunos compartían con él».

Historia de Elliolosun (3):
«Era en el tiempo en que el dinero era caracol. Obi (coco seco) salía mal. Entonces fue donde estaba Orula y le preguntó si era hijo de Changó y que padecía del vientre y que estaba mal de salud. Orula le dijo que Iku estaba detrás de un amigo suyo, y que

no se vistiera igual porque podían confundirlo con ella, que tenía que hacer "rogación" con una lata de epo, 2 gallinas, 2 gallos y la ropa que tenía puesta. Después de hacer la "rogación , ponerla donde hubiera un palacio en ruinas o donde hubiera un árbol seco y, haciendo esto, encontraría suerte; también le dijo que tenía que pasar un susto y, cuando se asustara, averiguara por qué se asustó.

»Obi hizo ebbó y después se puso a buscar el palacio en ruinas; caminando y caminando lo encontró, miró y vio que detrás del palacio en ruinas había un árbol seco. Volvió con la lata de epo (manteca de corojo) al pie del árbol, pero, cuando estaba acabando, vio que el árbol se le venía encima, se asustó tanto que echó a correr, pero acordándose de lo que Orula le había dicho, fue a averiguar por qué se asustó y vio que en el hueco que se había abierto por la raíz había mucho dinero y lo cogió. Después se lo contó todo a los amigos que tenía para que fueran a buscar también y se hicieran ricos.

»Pasó el tiempo y, como Obi no se ocupaba de hacer "rogación", fue perdiendo lo que se encontró y volvió a verse como antes».

5. Oche

Aquí hablan Ochún, Babá, Oyá, Oggún, Obatalá, Changó y Elegguá y cantan:

Oche mulucu ollataba ache mulucu lordafun acatampo toa lori illumana ache iballe idegua codide sara uniere ebo iba oguo iba omo iba Llatorde abe.

CANTO: Aballe degua codide iballe degua codide.
RESPUESTA: Roboelle imague iballe degua codide.

Esta letra dice:

«Usted ha tenido mucha suerte, pero toda se le ha esfumado o evaporado, hay veces que está contenta y de pronto siente deseos de llorar, tarde o temprano tiene que hacer Santo.

»Ha ido a varios lugares donde le han hecho muchísimas cosas que no han quedado bien, y se ha creído que la han engañado y no ha sido así, no tenga disgustos con nadie, pues Ecun la va a sacar de todos sus apuros porque ella la ha probado; tenga cuidado, no vaya a enfermar, tendrá que recibir a Orula; realizará un viaje pero, antes de ir, tiene que hacer "rogación".

»Mándele a decir una misa que debe a un difunto familiar suyo, tenga cuidado no padezca de la cabeza o del oído, tiene que cambiarse tres veces y la última vez que se cambie tiene que hacer una fiesta grande para Llalorde. Dé las gracias a Yemayá, que la sacó de un gran apuro; si está enferma, tendrá que recibir a Osun.

»No puede hacer uso del matrimonio; si no tuvo una tragedia, la tendrá con otra persona colorada o de color. Esa tragedia parecerá que se ha terminado, pero seguirá bajo cuerdas, siente dolores en las piernas, es como calambre, también se le ha de descomponer la sangre o el estómago, si no lo tiene descompuesto ya. Si es hombre el que se mira, está enfermo de su persona y no puede vivir con ninguna mujer; si es mujer la que se mira, le sucede lo mismo. Cumpla con lo que le debe a Ochún, tenga cuidado con una cosa que le van a dar a guardar, porque le puede traer un gran compromiso, respétela.

»Tiene que lavarse la cabeza con hierbas, pero el que se la vaya a lavar tendrá que lavársela primero para que pueda adquirir dinero, tiene que tener un clavo o un cuchillo enterrado en la puerta de su casa. Tenga cuidado, que le están tendiendo una trampa para que caiga. Tiene una cosa tapada y teme que se la descubran, se enterará de un robo o será robada, también recibirá un regalo, saque una prenda empeñada, pensó recibir un dinero o pedirlo prestado, le persigue un dinero por la lotería, por eso siempre debe jugar billetes.

»Soñó con una muleta, ésa era la Caridad, está o estuvo mal de la barriga, siente dolores interiores, tenga cuidado con tumores, no vaya a tomar remedios contra esos dolores, vaya a un médico; tiene un familiar o amiga que está encinta y esa persona está tomando algo para no parir, cumpla con Ochún, pues ella dice que quien atrás la deja, delante no la tiene.

»Todo en esta vida tiene su tiempo, está mal del todo, no deje la llave de su escaparate puesta, limpie su casa y renuévelo todo, no guarde comida que se le caduque. Le gusta mortificar, tiene un hijo acostado. Siempre está encima de él. Usted tiene muchísimos enemigos gratuitos por causa de la envidia, ellos siempre le han estado mencionando; es una persona que a todo el mundo llama la atención por todo lo que se pone; tiene que dar de comer a Ochún. Usted es una cabeza loca y enamorada, y ese marido que tiene no es suyo, tuvo otro hombre antes que éste, tiene líos por causa de los amores. Ochún le reclama una cosa que ha olvidado; si es hombre el que se mira, su mujer ha tenido otro hombre antes que él; está pasando trabajo y el dinero que gana se le va entre las manos.

»Es dichosa, pero le han trastornado su camino, su cabeza es fresca, sueña con cosas muy claras, el dinero la está rondando; ha dicho que todavía no ha encontrado al hombre que va a ser su verdadero marido y éste es el motivo por el que usted está con este hombre que no le acaba de gustar.

»Va a dar una comida donde después saldrán desacreditándola, pero en ese descrédito será donde se enterará de una cosa que le ha de convenir. Los problemas que está pasando son causa de su cabeza, su marido es de un carácter muy raro, tenga cuidado con los negocios que haga. Evite ir a las fiestas porque se puede colar la justicia, hay una mujer que quiere hacerle daño para que acabe loca o borracha. Vístase de blanco, Babá y Ochún, que su marido la ha de poner en buenas condiciones».

A esta letra hay que ponerle una cabeza de jutía y de pescado ahumado con epo para Elegguá.

EBBÓ (1): 5 maravillas, 5 caracoles, 2 gallinas, 5 cocos, soga, 5 huevos y 4,11 €.
EBBÓ (2): 5 pescados, 5 guabinas, 5 olele, 5 plumas de loro, 5 calabacitas y 4,11 €.
Después se va sobre Ochún o hacia el río.
EBBÓ (3): 3 pescados frescos, 5 varas de género amarillo, 1 gallina de Guinea, 5 botellas de miel de abejas, 5 cascabeles, 5 tinajitas, 5 abanicos, 5 plumas de loro, eku, eyá, 5 cocos y 4,11 €.
EBBÓ (4): 5 pañuelos, 5 olele, 5 bollos, 5 calabacitas, 5 eku, 5 botellas de miel de abejas, 5 cocos, 5 gallinas, 5 varas de género amarillo, arena, 5 palomas, agua de río, trampa pequeña y 4,11 €.
EBBÓ (5): 5 canisteles, 5 cocos, 5 huevos, 5 pescados, 5 eku, 1 cazuela con ochinchin, 5 guacalotes, 5 velas y 4,11 €.

HISTORIA DE OCHE (1):
«Olofi iba ha hacer un concurso; dijo que todos los animales de plumas podían participar y al más bonito e inteligente le iba a dar un premio. Todos los animales de ese pueblo empezaron a prepararse para ese evento y el loro, que siempre fue un animal muy bonito y de tan bonitas y finas plumas, empezó jactarse de su belleza y a alardear de su importancia.
»Las demás aves le cogieron rabia porque pensaron que si Olofi lo veía, le iba a dar el premio y fueron a casa de un brujo que vivía en las montañas, donde el viejo les preparó polvo para que se lo soplaran al loro cuando fuera al concurso. Y así fue; ya venía el loro en camino sin darse cuenta de que algunas aves estaban escondidas en la maleza y, cuando el loro pasó cerca, le soplaron el polvo. Éste sintió que la cabeza le daba vueltas y empezó a girar como un trompo y, como había dado tantas vueltas, estaba mareado, lo que le hizo elegir un camino que no era el que lo conducía correctamente.
»Más adelante, sin embargo, se encontró con Elegguá y, al contarle lo sucedido, Elegguá se dio cuenta, lo guió por otro camino atravesando un río y en las aguas del río se limpiaron un poco las plumas de lo que le habían echado, pudo acortar el camino y llegaron donde estaba Olofi.
»Mientras tanto, Elegguá le había contado a Olofi todo lo sucedido

al loro, entonces éste le dijo que, como le habían hecho ese daño de echarle a perder sus plumas, esas plumas servirán de armas para contrarrestar ese mismo polvo que le habían echado al loro y el loro se ganó el premio y sus plumas quedaron como insignias para muchas cosas».

Historia de Oche (2):

«Un comerciante venía de lejos, cansado y fatigado por las caminatas, tenía tanta sed que hasta veía visiones. En el camino se encontró con un grupo de personas que estaban sentadas alrededor de un charco de agua infestada y fue a hablar con ellos. Éstos, por maldad, le dijeron que tomara de esa agua si tenía sed y, como no veía bien por el cansancio, después de tomar esa agua, conversar y charlar con ellos, prosiguió su camino.

»Cada uno de ellos se fue retirando y el comerciante prosiguió su camino, pero cuando había caminado un tramo, el agua infestada comenzó a revolverle la sangre y le salieron muchos granos y enfermó».

Historia de Oche (3):

«Había en un pueblo una muchacha que se llamaba Cosita que vivía cerca de un río que separaba ese pueblo de otro. En el otro pueblo vivía un agricultor que estaba enamorado y, un día que iba a verla, notó que el río estaba muy crecido y no lo podía pasar; entonces empezó a ofrecerle cosas al río diciéndole que iba a llevarle una cosita si lo dejaba pasar y se sorprendió cuando el río, al oír esto, bajó el agua de tal manera que pudo pasarlo a pie.

»Esto sucedió muchas veces, hasta que el agricultor convidó a su amiga a ver las siembras de hortalizas y, cuando llegaron al río, pronunció el nombre de ella, que era Cosita. El río, al oírlo, creyó que ésa era la cosita que él le había ofrecido y se la tragó. Después, él se tiró también y toda el agua pasaba y decía Cosita, Cosita y el río se lo tragó a él también».

6. *Obara u Obbara*

Aquí hablan Changó, Obatalá, Elegguá, Orula, Ochún y Ochosi y cantan:

Oni bara ola bara elle bara quincate efelluye quincate lodafun ofetun olota ichun.

Oni bara ola bara elle bara quincate lodafun orote tinche ololla elle afillai elle quincate.

Esta letra dice:

«Siempre está creyendo que lo van a engañar o lo están engañando, su pensamiento no está mucho con el Santo, hay veces que no cree ni en sí misma y por eso está sufriendo. Le gusta todo lo ajeno de las mujeres, no piensa en nada más que en el dinero, tiene que hacer Osun, su cabeza está trastornada, si es algo mañosa, tiene que darle de comer a Changó; piensa hacer un viaje que le irá bien, tiene una prenda de Santo, es una persona que, cuando se ve sin dinero, desea fabricarlo y lo mismo le da vivir que morir».

»Se siente un poco arruinada, ya que no tiene qué ponerse, siempre está llorando miseria, le gusta decir mentiras, tiene un familiar con calentura por dentro y le duele la ingle; usted tiene un lunar o una marca muy grande en su cuerpo; la sábana de la cama donde duerme es de color y tiene un agujero producido por una quemadura, tenga cuidado con la ropa de listas, no se vaya a quemar con ella puesta encima; no duerme bien de noche, ni se acuerda de lo que sueña.

»Le tiene miedo a la justicia, usted es una persona que a veces habla para atrás y otras para adelante; y no se le puede decir la verdad porque se enfada; tiene unos chismes entre manos, nunca se arrime mucho al lado del fogón o de la lámpara, quiere engañar a otra persona o al santero, tenga cuidado no vaya a ser usted la engañada; es algo revoltosa, tendrá que recibir icofa, no se ponga ropa de nadie ni tome bebidas, evite meterse en líos, es algo faltona y porfiada y no respeta a nadie; tiene un gran trastorno por causa de una trampa que le han hecho, tenga cuidado con amenazas, no diga nunca dónde va; tiene fuego debajo y no la siente, le está escaseando hasta la comida, debe la casa.

»Usted tiene una prenda empeñada o prestada, recupérela. Es algo enamoradiza y su corazón es bueno, pero también tiene un pronto muy malo, le gusta hablar mucho y discutir, es muy directa y por ese motivo tiene muchos enemigos que quieren echarle daño de brujerías. No preste su ropa ni deje nunca su sombrero en un lugar que lo pierda de vista, tenga cuidado con lo que coma, pues hay una persona muy cercana que guarda una cosa por causa de celos y ella quiere vengarse. Usted es muy dichosa en amores; no confíe mucho en un negocio que del le han hablado, es amiga de otra persona que no le tiene gran amistad porque esa persona la trata con dos caras, ella es algo chismosa, tenga cuidado con líos de justicia; no puede hacer favores porque no tiene cabeza para que la responda legal, tampoco puede tener amigas, porque ellas se creen superiores.

»Si tiene algún negocio entre manos, hágalo pronto, no vaya a intervenir la justicia, nunca vaya a firmar sin antes haber leído lo que firma, no guarde nada que le den, no vaya a ser funesto, tenga cuidado con una enfermedad; no le niegue la comida a nadie, no tenga la costumbre de acostarse fumando.

»Existe una persona que la está entreteniendo con un ofrecimiento y esa persona no la va a recibir. Usted es de un carácter muy alegre y por esa forma de ser la envidian y la buscan para divertirse.

»Tiene muchos ojos malos encima y sus enemigos luchan para destruirla; cuidado con su boca y no coma en casa de nadie. Sus enemigos la combaten por la espalda porque le tienen miedo por el genio que se gasta. La quieren amarrar, no cuente con negocios y, cuando quiera relatar algo con respecto a sí misma, siempre diga lo contrario, no diga la verdad porque tiene líos de muy mal carácter y tragedias con otras personas. Usted tiene dificultades por causa de mujeres y éstas son las que le hacen a la guerra.

»A usted la quieren ver mal, nunca se pelee ni levante la mano a nadie, no engañe. Entre sus mujeres hay una que es hija de Oyá o de Ochún y ella, incómoda, le echó una maldición y tenga cuidado con ella, existe una persona que la quiere obligar a una cosa que usted no desea».

EBBÓ (1): 1 gallo, 1 gallina, 6 calabazas, 6 botellas de agua, 6 cocos, 6 eko, amala, en una jícara, acho fun fun, epo, y 4,93 €.
EBBÓ (2): 2 botellas de agua, 6 cocos, 2 gallos, 6 calabacitas, la ropa que lleva puesta, la sábana de la casa que se quemó, ache fun fun, epo, y 4,93 €.
EBBÓ (3): 1 chivo, 1 gallo y 6,58 €.
EBBÓ (4): 6 gallos, 6 calabazas, 6 tronquitos de leña, 6 gallinas de Guinea, 1 gallina y 4,93 €.
EBBÓ (5): 2 botellas de agua, 2 cocos, 2 gallos, 16 calabazas, la ropa que lleva puesta, 6 eko, maíz, eku, eyá y 13,16 €.

HISTORIA DE OBARA (1):

«Obara salió a cazar al monte y trajo un carnero. Lo preparó para comer y empezó a asarlo. El olor del asado llegó tan lejos que unos comerciantes que pasaban por allí lo olieron, les gustó tanto y tenían tanta hambre que se pusieron a ver de dónde salía ese delicioso aroma.

»Cuando llegaron, le dijeron a Obara que los dejara comer allí porque iban muy lejos y tenían hambre, no sabían cazar y querían comer con él, pero como el carnero no era tan grande, Obara dejó que se lo comieran ellos solos.

»Cuando acabaron de comer, estaban tan llenos que las alforjas y las hortalizas que llevaban eran de tanto peso, que dejaron la mitad allí. Cuando se fueron, Obara abrió las alforjas y cayeron joyas y telas preciosas, y entre las hortalizas vio que las calabazas estaban llenas de monedas de oro».

HISTORIA DE OBARA (2):

«Había un leñador que se pasaba el tiempo cortando leña y criando animales, y como estaba ya tan aburrido de hacer eso todos los días, se fue a pasear a otro pueblo por un tiempo.

»Cuando llegó, se planteó si se ponía a trabajar o no, si se iba a aburrir o no y se puso a decir mentiras a todo el que conocía. Un día empezó a decir a todos que, si se acostaban temprano, al día siguiente verían dinero por las calles y dio la casualidad que esa noche el mar echó agua para afuera y en ella habían tesoros de barcos hundidos y monedas de oro y, cuando el pueblo se levantó temprano, empezaron a recoger lo que el mar había echado fuera y buscaron al leñador para que gobernara el pueblo».

HISTORIA DE OBARA (3):

«El Rey de un pueblo fue a verse a casa de Orula y éste le dijo que tuviera cuidado en el palacio con los que le rodeaban, porque allí no tenía amigos. El Rey le dijo que eso era ridículo, porque la mitad de sus subalternos eran sus familiares.

»Pasó el tiempo y el Rey tuvo que salir en un viaje de negocios a otro pueblo y dejó encargado de su pueblo a su íntimo amigo. Cuando regresó, encontró que esos amigos se habían hecho cargo del gobierno y hasta le quisieron matar. Para nivelar la situación y tomar el puesto otra vez, tuvo que hacer "rogación" y vio cómo se mataban entre ellos mismos, teniendo que elegir un nuevo séquito».

7. *Odi u Oddi*

Aquí hablan Yemayá, Obatalá, Babalú Ayé, Inle, Oggún y los Ibeyis y cantan:

Oriaricha adima achama dima achama mima mamayo mamallori sa ibarigua caballa guerin llinguerico abrarun mabale oguerigue lleni iguerigue llin ibarenfo caballa iguedin guesin guergo ibarelle caballa igueriguerin llinguorique.

Esta letra dice:

«Que es envidiada hasta dentro de su misma familia, por eso tiene que vivir con mucho cuidado, le sucede algo que la tiene sobresaltada; tiene dos hermanos o dos parientes que le tienen envidia, que desean que desaparezca; es hija de Yemayá o de san Lázaro, tiene que ponerse el collar de ellos o darle de comer.

»Tenga cuidado con la justicia, o con problemas de papeles, está mezclada en un chisme, no trate de averiguarlo, porque será la que perderá. No le pegue a ningún niño en la cabeza, tenga cuidado con un resbalón, porque se puede hacer daño. Si tiene a su madre viva, tiene que darle dos cocos a su cabeza; también hay una persona que ha dicho una cosa que le ha causado muy mal efecto de un ser que quiere y se lo han dicho para verla en desgracia; no haga caso de eso.

»Usted no duerme muy bien y sus sueños son muy malos, ve a sus enemigos en sueños, es pobre y todo el mundo se burla, pero no se aflija, porque está bien y sentada sobre dinero, tiene que mirar cómo anda y dónde pisa. Ha abortado una vez, está debiendo una "rogación". Piensa ir al campo a recibir una noticia allá, tiene una ropa azul o de dobladillos: con ella tiene que hacer "rogación".

»Se le presentará un viaje con un hombre viejo, cumpla la promesa que le ofreció a san Lázaro. Su carácter es violento y vive o trabaja en un lugar donde hay hierro y manigua.

»Soñó con la mar y una embarcación, en su casa visita una persona que usa uniforme, es como militar. Usted se asusta en su casa porque ve muertos, también le falta su madre. Tiene tres enamorados, uno de ellos es canoso, observe que uno le vendrá contándole un chisme. También ellos tienen que tener cuidado. Usted vive con uno de ellos, no vaya a estar enfermo de su persona y la perjudique.

»En su casa hay una persona que está enferma de la vista o es usted misma. Adore mucho a Yemayá y téngale siempre un carnerito para que, según vaya creciendo, así vayan sus cosas y asuntos para adelante; tiene tres hijos varones y uno de ellos que no se junte más con un amigo que él tiene porque puede acabar en la cárcel. Usted tiene su período retenido, no puede maldecir, siempre la están metiendo en líos y hasta le levantan falsos testimonios. Uds. son tres hermanos, uno sí cree en Santos y el Santo lo reclama; Usted no tiene ideas fijas, quiere irse de donde está, no tenga faltas con los mayores, una persona ya vieja le da consejos, tiene bienes o herencia por recibir; en el extranjero hay una persona que le interesa, desea su regreso o quiere saber en qué lugar se encuentra.

»Tenga cuidado que hay una persona que quiere provocarle una indisposición para que haya una ruptura amorosa. La gente habla muy mal de usted y la perjudican con sus chismes. Entre sus hermanos, hay uno que es muy renegado, no cree en santos y de todo se burla, quiere saberlo todo y es amigo de las discusiones. Ustedes no se llevan bien, no cargue nada pesado, no salte agujeros; en su casa hay una persona que se queja de sus partes y Yemayá la reclama, tenga cuidado con sus enemigos que le quieren hacer un mal para que acabe loca o borracha; no descuide su pelo, si está embarazada puede dar a luz mellizos; le duele la cabeza y el cerebro; una persona que regresa de un viaje le trae dinero; no haga disparates cuando esté con la regla, hay una persona que quiere conocer sus secretos para así tenerla humillada; nunca vaya a averiguar nada que le digan para que pueda ganar. Se le ha perdido una cosa que ha de encontrar; si es hombre el que se mira, ha de tener cuidado con padecimientos en los testículos y, si habla de enfermedad, ha de tener cuidado con los oídos».

EBBÓ (1): 1 jícara, 1 gallina, 2 palomas, 2 mazorcas de maíz, frijoles de todas clases y $ 5,76 €.
EBBÓ (2) 1 gallo para Eshun, ñame, hilo blanco y negro y 5,76 €.
EBBÓ (3): 7 cocos, 7 eko, 7 varas de género azul, muñequitos, 7 arquitos, 3 aguacates, 3 gallos, 2 gallinas de Guinea, 4 palomas, 7 plumas de loro, 1 palangana, 1 taza blanca, algodón, efun, ori, babosas y 5,76 €.
EBBÓ (4): 1 gallo, 7 muñequitos, 7 eko, 7 mazorcas de maíz, 7cocos, 7 bollos de frijoles caritas, 7 varas de género azul y 7 pañuelitos, epo, eku, eyá, 2 gallinas de Guinea y 5,76 €.

HISTORIA DE ODI (1):
«Aruma y Odima siempre andaban juntos, pero Odima le tenía envidia a Aruma porque andaba mejor que él. Siempre le preguntaba cómo se las arreglaba para conseguir las cosas mejores que él.
»Un día Aruma convidó a Odima a tomar y a hacer ciertas cosas, pero éste dijo que no, entonces Aruma le dijo que le prestara tres monedas. Odima le dijo que no las tenía en ese momento. Al otro día, Odima se fue a mirar y le dijeron que no prestara ni malgastara el dinero y que no fuera avaricioso, pero cuando se encontró con Aruma, éste lo invitó a jugar con unos cuantos individuos, Odima ganó y tuvo que prestarle al otro tres monedas.
»Odima fue cada vez más para atrás y su suerte no era la de antes. Tuvo que ir a probar fortuna a otro pueblo, pero no ganó más que dos monedas. Siguió caminando y caminó tanto que las ropas se le deshicieron encima, teniendo que guardar las dos monedas entre los dientes porque las manos se le cansaron.
»Vio un río y, como tenía tanta sed, fue a tomar de esa agua, olvidándose de que tenia las monedas dentro de la boca y, cuando se inclinó a beber, las dos monedas cayeron al río y fueron rodando hasta el mar.
»Odima corrió tras las monedas pero, cuando llegó al mar, le salió un guardián y le dijo que no podía pasar. Entonces Odima le explicó lo que iba a coger, eran sus dos monedas que se le habían caído dentro del río y que habían llegado hasta el mar. Éste le dijo que tenía que esperar que el dueño llegara al día siguiente y lo invitó a comer pescado salado.

»Por la noche tuvo que dormir encima de unos arrecifes hasta que, por la mañana, Olokun le preguntó qué quería. Odima le contestó y Olokun le dijo que su casa era muy rica, que había muchos tesoros y monedas: le sacó un puñado de monedas y le dijo que cuál de esas eran las que se le habían caído. Odima recordó que le habían dicho que no fuera avaricioso y cogió sólo las dos monedas que estaban marcadas con los dientes. Olokun, al ver su honradez, le regaló una cesta de joyas y monedas.
»Odima siguió caminando para su pueblo y, cuando llegó Aruma, le preguntó de dónde había robado eso, pero Odima no le hizo caso y siguió su camino. Aruma lo volvió a llamar y se pusieron a discutir tanto que se fueron a las manos y se hirieron con armas. Después no se hablaban, pero se odiaban».

HISTORIA DE ODI (2):
«Un hombre tenía 700 pesos y malgastó la mitad. Cuando le quedaron 350 pesos no quería que se le acabaran y fue a casa de Orula a pedir consejo. Éste le dijo que hiciera "rogación" y el hombre le contestó que no se iba a gastar ni un centavo haciendo "rogación". Elegguá, que estaba cerca, lo oyó y se fue, buscó tres muñequitos y los infló de espíritus de modo que hablaran y se movieran. Elegguá fue al mercado y se puso a esperar al individuo para vendérselos. Cuando vio que el hombre se estaba acercando, hizo que los muñequitos hablaran. El hombre, al ver eso, se asombró tanto que preguntó cuánto valía uno; Elegguá le dijo que, si lo quería comprar, tenían que ser los tres juntos. El hombre le preguntó que como se llamaban los muñequitos y éstos le contestaron Masoquila, Adoquile y Alloquile. El hombre, maravillado por lo que acababa de oír y ver, pensó que ése sí era un buen negocio y le preguntó a Elegguá que cuánto valían los tres y él le dijo que 350 pesos. El individuo pensó un rato y por fin pagó los 350 pesos por los tres muñequitos. Cuando llegó a su casa los guardó con mucho celo en un lugar secreto.
»De noche, los espíritus que tenían los muñequitos se salieron y empezaron a hablar y asustaron al hombre que por poco se vuelve loco; después tuvo que venderlos por el mismo precio y hacer "rogación"».

HISTORIA DE ODI (3):
«Era en el tiempo en que no se enterraba a las personas. En el pueblo de Odi nunca se había abierto un hoyo y los cadáveres se llevaban al pie de una Ceiba. Mafa y su señora se querían mucho en ese pueblo. Tuvieron un hijo y ella lo maltrataba, a pesar de que era su único hijo, pero ésta lo hacía cuando Mafa no estaba presente.

»La mujer de Mafa tenía un amante y hasta su hijo le molestaba por esos asuntos; ya cansada de engañar a Mafa, el amante le preguntó si tenía muchas ganas de deshacerse de Mafa y ella le dijo que sí.

»Entonces el amante le dijo que en esos pueblos todos los que se morían los llevaban al pie de una Ceiba y que ella podía hacerse la muerta para que la llevaran allí y él ir a recogerla de madrugada y así fue.

»Mafa llegó al otro día y vio que llevaban a su mujer donde acostumbraban a llevar a los muertos en ese pueblo y estaba tan bien disimulado el plan que Mafa lo creyó. Cuando llegó la madrugada, el querido fue a recogerla y huyeron del pueblo.

»Pasó el tiempo y el amante tenía un negocio de quimbombó en la plaza; dejó a la mujer de Mafa atendiendo el negocio mientras él iba a otra parte. Un día Mafa mandó a su hijo a comprar quimbombó y al no encontrarlo en ese pueblo se fue a la plaza de otro pueblo a comprarlo diendo la casualidad de ver a su mamá. Cuando le fue a hablar, ésta le dijo que no lo conocía y el muchacho fue a contárselo a Mafa.

»Mafa fue a ese pueblo y vio que era verdad lo que su hijo le había dicho. Vio allí a su mujer y empezaron a discutir. Cuando el pueblo se enteró del por qué de la discusión, cogieron a la mujer de Mafa y, como en ese pueblo no se acostumbra a que las mujeres engañen a sus maridos, y como ella fue la primera que lo hizo, la enterraron en un hoyo que abrieron por primera vez».

8. Ellionle o Eyionle

Aquí hablan Obatalá, Oddua, Ochún, Olofi, Oke, Changó, Ochún, Orula, Orunla y cantan:

Dedele laobole dedele labochin dedele laborutencieco decide inolori lodafun ibolatin loda egue elese lada abollun onife abono anefe obi tibe ocuele bululu numballe baba occoloso baba are ete tallepa. Dedele la borin dedele labochinn dedele laboru tonti eko odeleri lodafun ibo ibeleti loda oque olese lodefun aboru onife obi tibitire ocurun chubule ni un balle.

Esta letra dice:

«Que no le darán el mérito que se merece y eso es debido a lo noble que es, en su casa le han robado, tuvo un sueño que la mantiene asustada, dice Babá que, cuando peor se vea, no se ponga triste ni reniegue, no coja lo que no es suyo, ni tampoco la mujer ajena, no mate ratones.

»Obatalá la favorece mucho, es hija de ella. Usted casi siempre se encuentra angustiada, todo lo suyo le cuesta lágrimas y todo es porque no cumple con su ángel. Hágalo para que vea cómo mejora, tenga cuidado con una enfermedad. A veces ríe, de y pronto, le entran ganas de llorar. Es un poco maldiciente, reniega mucho, padece calambres en las piernas, tiene que vestirse de blanco y visitar al Altísimo.

»No puede tomar mucho sol ni dejar que le caiga la lluvia encima; ha soñado con dos caminos largos, uno estaba sembrado de maíz. Déle gracias a Obatalá, respete a los mayores y sobre todo a los que pintan canas, no se burle de ellos para que pueda progresar. Tiene una familia fuera de aquí y ha de recibir noticias de ellos; usted es muy soberbia y por eso hay veces que se desea la muerte.

»No tiene tranquilidad, tenga cuidado con un tropezón, su familia ha querido vivir apoyándose en usted porque ellos se han creído que tiene dinero; tenga fe en su ángel, se le olvidan sus sueños, no tiene suerte para tener amistades, no coma frijoles blancos, ni mondongo, ni tome bebidas blancas. Cuando se acuerde de lo que sueñe, no se lo comunique a nadie para que no pierda la gracia.

»No coja nada que sea de muerto, tiene que rogarse la cabeza; hay un difunto que le está pidiendo algo, cumpla con ese muerto, ve sombras y se asusta, no coma boniato ni maní ni nada que sea de un día para otro. Tiene que hacer Santo, no tenga la manía de amontonar basuras por los rincones. Si se encuentra aburrida, no se incomode, tiene cambios de hábitos. No tiene cabeza para hacer bien, le pagan siempre mal, tiene una gran batalla, pero no la va a poder vencer, ha sido una persona que siempre se ha quitado lo suyo para dárselo a otros, hasta para sus amigas, y éstas han sido después sus peores enemigas.

»De usted todo el mundo ha hablado y hasta de honor, tiene mucha lengua encima y todo eso es porque le tienen envidia. Cuando sienta que la llaman, no conteste sin antes ver quién es; no puede ir a ver enfermos, su suerte es grande y sus sueños han sido muy claros, no tiene tranquilidad para dormir.

»Le duele la vista o el vientre, no suba escaleras de caracol ni baje a sótanos, no ande con cenizas ni se eche esencia en su cabeza, ni se haga nudos en el cuello, no se puede poner ropas remendadas, no tenga botellas destapadas en su casa y tape los agujeros que haya.

»Babá dice que, en estos días, estuvo hablando con tres hombres. Usted es algo terca. Si es hombre el que se mira, tiene que aguantarse, tiene que hacer vida material porque su salud no es nada buena, tiene varias mujeres, hay una persona importante luchando por él, no tenga miedo, que no le va a pasar nada, no salga a la calle hasta después de siete días, que hayan dado las doce del día; su mujer tiene que ser negra, a la persona que le salga este Oddun, tiene que untarle cascarilla en la frente, su mujer es sufrida».

EBBÓ (1): 1 cabra, 8 plumas de loro,8 varas de género blanco, 8 cocos, efun, 8 cascabeles, 2 ardie, fun fun, 8 palomas, cenizas, guabina y 6,58 €.
EBBÓ (2): 2 palomas blancas, 1 palo de su tamaño, iguin, ori, 2 plumas de loro, algodón, 8 varas de tela blanca y roja y 6,58 €.
EBBÓ (3): 2 gallinas blancas, 2 palomas blancas, babosas, ori, efun, algodón, agua bendita y 6,58 €.
EBBÓ (4): 1 akuko (gallo), 2 allele, algodón, oni, hilo de color, tela blanca y roja, la sábana con que se tapa y 6,58 €.
EBBÓ (5): 8 palomas, 1 gallo, 8 agujas, ori, epo, efun, babosa, 2 varas de género rojo y negro y 6,58 €.
EBBÓ (6): 2 gallos, 10 piedrecillas, babosas, género rojo y negro, 2 palomas, granadas, carbón y 6,58 €.

HISTORIA DE ELLIONLE (1):
«Había dos personas que, desde hacía mucho tiempo, andaban para arriba y para abajo, pero no tenían peleas. Se llevaban siempre muy bien, tan bien que la gente creía que eran hermanos. Un día uno le dijo al otro que no había nada que los separara y Elegguá, que estaba cerca de ellos, los oyó. Al otro día pasaron por el lado de Elegguá y volvieron a decir que no había nada que los hiciera pelear y Elegguá los volvió a oír.
»Un día Elegguá se cuestionó si era verdad que no se disgustaban ni peleaban, puesto que ellos se jactaban de eso. Para ver si era verdad, un día Eleggúa se vistió una parte del cuerpo de rojo y otra de negro y, cuando los vio venir, pasó entre ellos y uno le dijo al otro que si había visto a ese señor todo vestido de rojo. Más adelante, volvió a pasarle por delante enseñándole el lado negro y uno le dijo al otro que estaba equivocado porque el que había visto pasar no iba vestido de rojo sino de negro. Empezaron a discutir sobre el color del que iba vestido y fue tanta la discusión que se pelearon».

HISTORIA DE ELLIONLE (2):
«Era un hombre de mucho rango, formal y muy respetado por su edad y riqueza. Viendo que él era tan alabado, empezó a creerse inmortal, volviéndose vanidoso y orgulloso.
»Olofi, viendo eso, le mandó a decir a Onlé que cambiara de manera de ser porque él lo había creado con poder y riqueza y no con orgullo y vanidad. Pero Onlé no le hizo caso y dijo que si su cabeza no la vendía, no había quien se la comprara.
»Un día, Olofi mandó una tormenta que derrumbó parte de su palacio y, como Onlé tenía cierta edad, no tenía agilidad, no podía repa-

rarlo solo. Desesperado, fue a ver dónde estaba Olofi y éste le marcó ebbó y le dijo que, si hacia ebbó, iba a levantar su palacio. Y Onlé hizo lo que le dijo.

»A los pocos días un grupo de sabios fueron a ofrecer su ayuda a Onlé y empezaron la reedificación, pero cuando iban por la mitad, comprobaron que tenían mucho conocimiento pero poca práctica y, cuando mezclaron el material, olvidaron la arena y cuando pusieron los ladrillos no quedaron firmes y el viento empezó a mover lo que estaba construido y tuvieron que parar el trabajo. Empezaron a discutir y llegaron a la conclusión de que les faltaba un buen albañil.

»Este albañil era ahijado de Mofa y Olofi; le había hecho una rogación para encontrar una oportunidad como ésa. Después de comentar el asunto al albañil, éste comenzó a trabajar como debía ser e hicieron que Onlé le firmara y nombrara jefe de albañiles del palacio y volvió a reedificar el palacio con mezcla sólida y firme».

HISTORIA DE ELLIONLE (3):

»Había un rey muy orgulloso que no permitía visitas de nadie, ni que nadie del pueblo se mezclara con sus sirvientes. El rey tenía una hija que siempre estaba enferma y él se había gastado mucho dinero para curarla. Según los curanderos a su servicio, la hija tenía encima mal de ojo de la otra encarnación.

»Un día, el rey mandó buscar a Orula para que mirara a su hija, pero como Orula estaba muy lejos, mandó a decir al Rey que fuera él allá, pero como era tan orgulloso, no fue.

»Pasaron varios días y el rey, viendo que su hija seguía igual, no tuvo más remedio que ir personalmente donde estaba Orula, pero al entrar no se dio cuenta de que el techo era muy bajo y se le cayó la corona, que fue rodando por la escalera y el pueblo que la encontró se la escondió. El rey tuvo que visitar personalmente a todo el pueblo a pie para que pudiera encontrar la corona. Cuando la encontró, se dio cuenta de que el orgullo no le sirvió para nada».

9. Osa u Ossa.

Aquí hablan Aggayú, Babalú Ayé, Oke, Oyá, Yewa y la cuadrilla de los muertos, y cantan:

Osa osague iguoriguo aforiku ogue lodo. Osaguo iguori aguo afoniku aguo osa aguo abati alella aloban un mu.

Esta letra dice:

«Que en su casa hay mucha revolución y habrá líos de justicia, una persona que fue o ha de ir a su casa será la que le traerá todos esos líos y todo es por causa de que esa persona esté peleada o tiene una tragedia con uno de la familia. Nunca ayude a levantar cosas pesadas a nadie, porque a la persona que ayude se levantará y usted caerá, no coja nada que le den sin ver antes lo que le entregan, porque le pueden traer una cosa y después decir que le dieron otra, el que la trae es capaz de cometer un robo y achacárselo.

»Usted tiene que realizar un viaje, pero antes de ir tiene que hacer "rogación". Tiene un familiar forastero, usted es hija de Oyá o ella le favorece mucho. Tiene que hacer Santo o uno de su familia. Un muerto muy allegado le pide una misa. Si se encuentra enferma, haga ebbó pronto, porque la muerte se cierne sobre usted y Osa no la dejará tranquila, sus sueños son cosas de muerte y comida. No se vista de color ni en la sábana donde duerma, tenga cuidado con una traición y con maldiciones que le han echado, celebre una misa por su padre, que ya es difunto; usted tiene un problema muy grande, tenga cuidado con el fuego y con los aires malos, porque tiene la muerte encima y muy bien puede quedar torcida.

»Usted tiene familia en el extranjero, posee una piedra de imán, busque bien en su escaparate o baúl a ver si posee una tela de cuadros o un cuchillo para que con ellos haga "rogación"; es muy porfiada y su cabeza la tiene muy dura, tiene muy mal genio y es un poco maldiciente, no olvida a quien la ofende, no le gusta que la gobiernen ni que la contradigan. Cuando está molesta, ni le teme a los hombres, quien se la hace se la paga.

»No vaya a velatorios ni a cementerios, porque su salud no está nada buena, no puede llevar ni usar armas, no puede comer carneros ni frijoles blancos, ni galleta ni nada que tenga dos caras. No se ponga vestidos de cuadros ni de color, tenga cuidado con lo que coma porque, por causa de ese mal carácter que tiene, la pueden fastidiar; a usted la están trabajando con brujerías de congo o de muerto, no sea curiosa ni tampoco mire de pronto hacia la oscuridad, no deje su ropa ni nada que sea de uso, no puede porfiar ni incomodarse. Tiene tres enemigos muy fuertes, entre ellos hay uno medio jabao a quien ha favorecido mucho y hoy es su más terrible enemigo.»

»Hay que darle de comer a su cabeza, cuide a su hija, porque sus enemigos quieren vengarse con ella. Usted piensa una cosa ahora y más tarde se le olvida, entre sus muertos hay uno que ya está cansado de verla sufrir y por eso se la quiere llevar. Cuando sienta que la llaman, no responda sin antes ver primero, porque le pueden contestar gentes de otro mundo. Usted tiene muchísimos contratiempos y le han echado mal de ojo, no tiene amigos, no tenga espejos ni lozas rotas dentro de su casa, una persona que entra y sale en su casa tiene la muerte encima porque ella está enferma.

»Algunos de sus pensamientos no son muy claros y su cerebro no anda nada bien, no guarde nada que sea de muerto, no se vista de retazos que sean de distintos colores, no deje que cojan su peine. Usted posee una cicatriz o lunar grande en su cuerpo, tiene que darle de comer a la tierra, se cansa de los disgustos que le ocasiona su familia y por eso desea separarse de ella. Hay momentos que siente que su sangre se le va hacia la cabeza y se pone tan violenta que quisiera desahogarse manifestando en ese instante cuanto siente, pero no lo haga, porque no puede incomodarse y así se evita un mal que puede causarse. Personas a quien ha hecho favores, después han tratado de perjudicarla.

»Para estar bien tiene que pasar por tres cosas malas primero, si esta letra es Iku, dice que su cabeza está mal y que la sepultura está abierta, no hay remedio de salvación y puede enloquecer, y hay que hacer "rogación" lo más rápido posible».

En este camino comen Changó y Obatalá.

EBBÓ (1): 1 gallo, 1 pescado fresco, 9 cocos, 9 varas de género azul, 9 eko, 9 agujas, 9 capullos de algodón, 1 cabrito, 9 saquitos de piedra o de tierra roja, 9 tronquitos de leña , 9 bollos, 9 velas y 9,45 €.
EBBÓ (2): 9 hojas de malanga, 9 velas, 9 cujes de granada, 9 bollos, 9 cocos, oni, género de todos colores, 9 olele, 2 gallinas, 9 eko, y 7,4 €.
EBBÓ (3): 2 gallinas, 2 pares de palomas, 1 machete que tenga en casa, maloja, 9 olele, 9 bollos, 2 piedras que tenga en el patio de casa y 7,4 €.
EBBÓ (4): 2 manillas, 2 gallos, 5 palomas, 2 gallinas de Guinea, 1 cajita de tabaco vacía, 2 obi y 7,4 €.
EBBÓ (5): 1 freidora con eko, eku, eyá y un animal distinto y 9,45 €.
EBBÓ (6): 1 gallo, 2 palomas, 8 caracoles de Guinea, luego se ensartan y se ponen en la cintura y 7,4 €.
EBBÓ (7): Frijoles de carita y colorados, 9 bollos, 9 eko, 9 mazorcas de maíz secas, 9 cocos, 9 gallinas, 9 huevos, 9 velas, 9 agujas, 9 olele, 9 capullos de algodón, 9 varas de género blanco, 9 varas de género rojo, 9 palomas y 7,4 €.

En este ebbó, la persona debe vestir de retazos aunque sean nueve días y no le deben dar la oración en la calle.

HISTORIA DE OSA (1):

«Todos los pájaros se reunieron para comerle los hijos a Ou (Algodón) y así no lo dejaban florecer, hasta que Ou fue a casa de Orula y le contó lo que le pasaba con los pájaros. Orula le dijo a Ou que hiciera ebbó; y así lo hizo, y desde entonces le comenzaron a salir a Ou unas espinas en el capullo, que es donde tiene sus hijos y, cuando los pájaros venían a picarlo, se hinchaban y tenían que retroceder. Así fue como Ou pudo conservar a sus hijos».

HISTORIA DE OSA (2):
«La historia del viejo Obatalá y los tres obstáculos del camino, que en el tercero pudo perder la vida.

Primer obstáculo:
Elegguá, disfrazado de viejo vendedor, hizo el simulacro de no poder cargar el tablero que estaba lleno de epo. Cuando Obatalá lo fue a ayudar, se le ensució el traje de epo, teniendo que regresar a su casa a cambiarse de ropa.

Segundo obstáculo:
Obatalá vio a un niño en medio de una tabla, parado, donde abajo había mucho fango. El niño tenía miedo de pasar parado, Obatalá lo cogió en brazos y el niño se balanceó, cayendo ambos al fango, teniendo Obatalá que regresar a su casa a cambiarse de ropa.

Tercer obstáculo:
Obatalá, al llegar a la tierra de Alafia, donde su hijo era rey, vio el caballo blanco de Changó que estaba enredado y, al ir a desenredarlo, llegaron los soldados para matarlo, porque había una orden de matar al que había robado el caballo del rey».

Ebbó: 3 mudas de ropa, eku, mijo, eyá, epo, carbón, akuko (gallo), y durante el viaje se va cambiando de ropa.

10. Ofun u Ofu o Megua

Aquí hablan Eshu, Obatalá, Ochún, Oddua, Osaín, Oggún, Yewa, la muerte y las enfermedades. Ellos cantan:

> Ofun mafun llega quimafun eku quimafun arun ofo quimafun eyo quimafun tale eloso orampulilodi onido emale dede ledi aralde cole pamipu. Ofun mafibrille guede ofuntara obrin ofun sero ofun anori eferu losocu efururu lasoque oque aricha odia ralle coletu
> Ire ninche illa agun ninche illa oya ire ninche illa Obatalá. Allicatu ire ninche illa Obatalá allicosi ire ninche illa bara batirengun nibati amu illa Obatalá Lode olomu ire bocuuale.

Nota: Cuando sale esta letra, se toca una la barriga y sopla para afuera; el santero enseguida busca un eko o una hoja de lirio o de bleo y la desbarata. Una vez hecho esto, todos los que están presentes tomarán un poquito y se le echa un poco a Eleggua, y la que sobra se pondrá delante de Babá y por la noche, antes de acostarse, se echará en la calle y se dice: Batie sode.

Esta letra dice:
«Su ángel pelea con usted porque es muy porfiada, no le gusta trabajar y se fija en todo lo de otra persona; su ángel le ha dado dinero y más dinero y no ha correspondido con él.

»Tenga cuidado con un niño que hay en la casa que está enfermo, usted tiene retención en la regla, no mire secretos ajenos, va a tener que recibir a Icona, está apurada y enferma donde puede estar en cama por mucho tiempo, tiene un sentimiento grande con uno de su familia, múdese de donde vive, porque allí hay un sótano o un hoyo en esa casa.

«Usted es muy sufrida y se puede morir o volver loca porque su cerebro no está bien, no fume, a veces desea la muerte por momentos, no duerme bien. Recibirá la noticia de un muerto lejos, tiene familia en el campo, dé las gracias a los guajiros. No puede ser curiosa, porque se puede quedar ciega, no deje la llave de su escaparate o del baúl puesta, porque le pueden ver su secreto y la perjudicarán.

»Está enferma de la barriga o embarazada, usted es algo maldiciente, tiene una revolución muy grande, no coma mondongo para que no vaya a padecer de calambres. De una esquina a otra de su casa hay una suerte para usted, pero un estorbo no la deja llegar, no se incomode para que no le sobrevenga una cosa que le cueste la vida, porque está careciendo hasta de salud y, aunque no lo note, no está bien.

»La casa donde vive es muy oscura y húmeda, allí hay cosas de muerto enterradas, se oyen ruidos extraños. A veces hay momentos en que se siente bien y de pronto se incomoda, le dan ganas de reír y otras de llorar y no se da cuenta de lo que le está pasando.

»En ocasiones habla sola, la muerte está sentada en su casa y por ese motivo no puede tener botellas destapadas ni amontonar basuras en los rincones; padece de dolores de barriga o de calambres; tenga cuidado con lo que come y, cuando no esté sentada comiendo, evite incomodarse.

»No abra las puertas después que se haya acostado, no vaya a velorios ni a ver enfermos; usted protege a una persona que es su enemiga, vive abochornada de un ser que le tiene acabada la vida, no se moje cuando esté lloviendo, no puede enfadarse, se tiene que "rogar" la cabeza, no falte a los mayores ni trate de enterarse de secretos que no le pertenecen.

»Usted tiene en su cuerpo un lunar o marca grande, todo le sale mal, no puede comer boniatos, maní, ni frijoles blancos y, cuando se encuentre en la mesa comiendo y llamen a la puerta, no se levante para abrir, deje que sea otro. Hay una pena profunda que a menudo le causa mucho llanto, cuando camina tan solo unos pasos, enseguida se siente cansada, su sangre no está buena, ha tenido muchos problemas en su vida por causa de su familia y amigas que le han rodeado, ellos le han proporcionado grandes pesares.

»Tiene una hija que es hija de Changó y de Babá, no sea envidiosa, otra persona de su casa y usted tienen una enfermedad mala y creen que ese daño es obra de una brujería, páguele lo que le debe al Santo, déle un poco de calor a su casa para que le venga la suerte; le están haciendo una combinación para perjudicarla y se ha de ver muy apurada. Le gusta el juego, pero ahora no tiene suerte y es porque le han echado maldiciones.

»Debe la casa, si tiene un arma para herir a otra persona, no lo haga, porque saldrá perdiendo, tenga cuidado no vaya a avergonzarse, no se vista de negro ni tampoco la cama de color.

»Si la persona que se registra es doncella, se le dice que tenga cuidado con trastornos en su interior o puede estar embarazada, le falta la comida donde se la dan, se la sacan y la desacreditan, le levantan falsos testimonios; usted no ha encontrado en su vida quien la atienda, tiene mala cabeza para hacer el bien, tenga cuidado con rumores y con la justicia, es algo violenta y su camino lo han trastornado.

»Ruéguele a Ochún y Babá, tenga cuidado con lo que hace porque puede caer presa, le han puesto muchísimas trampas, una persona a la que ha hecho muchos favores le contará un chisme, no la escuche, porque le puede provocar fatales consecuencias.

»Si tiene algún negocio entre manos, abra bien los ojos, porque dice Ochún que el agua tiene mucho remolino, usted tiene una dicotomía interna, tiene una amiga que, dentro de poco, lo dejará de ser, tenga cuidado con un robo, cuídese, que tiene abierta su sepultura. Tarde o temprano tiene que hacerse una operación, un familiar suyo va a enfermar de gravedad, no vaya a fiestas o comidas porque pueden darle un susto».

EBBÓ (1): 10 palomas, 10 ecru, 10 pelotas de fufu, ori, 10 varas de género blanco, 10 guabinas, ichu, hilo negro, rojo y blanco, 1 sortija de plata, 1 jícara de efun, 10 velas y 8,22 €.

EBBÓ (2): 1 cabra, 10 palomas, 2 gallinas blancas, efun, ori, algodón, oni, género blanco, cascabeles, eko, 2 cocos, uno blanco y otro amarillo y 8,22 €.

EBBÓ (3): 1 sábana blanca, 1 rabo blanco, 1 guabina y 4,93 €.

EBBÓ (4): 1 cabra, yeso, 1 gallina blanca, 10 palomas, 10 flechas, género rojo, blanco y negro, manteca de dos clases, eku, eyá, y 13,16 €.

EBBÓ (5): 1 sábana blanca, 2 palomas, ori, epo, babosas, 1 jícara, 1 eku, 2 guabinas que se le presentaran a Baba y después se hará la «rogación» y 13,16 €.

EBBÓ (6): 3 gallos, 1 carnero, 1 cabra, 1 capullo de algodón, 1 pluma de loro, 1 mazo de leña, 1 navaja y 6,58 €.
EBBÓ (7): 6 palomas, 2 pescados y 4,93 €.

HISTORIA DE OFUN:
«Ofun era una persona a la que le gustaba criar los hijos de todo el mundo porque él no tenía hijos. En su casa había un matrimonio que tenía una hija llamada Ananagu a quien cuidaba y criaba.
»Ofun era un hombre muy misterioso y se dedicaba a consultar fenómenos del otro mundo y tenía todo eso en un rincón de su casa tapado con una sábana. Un día Ofun salió y le dijo a Ananagu que no intentara ver lo que tenía tras la sábana, pero cuando salió, lo primero que hizo Ananagu fue coger una escalera y subir para ver lo que tenía tras la sábana y, fue tanto el susto, que cayó al suelo en el instante en que entraba Ofun. Éste preguntó por qué fue a ver lo que no le importaba y se disgustaron mucho, por lo que Ofun la maldijo y a sus padres también».

11. Ojuani u Ojuanichober

Aquí hablan Elegguá, Eshu, Ochosi, Ochún, Oke y Oyá.

Cuando sale esta letra, se echan los caracoles al agua y el agua se tira a la calle y se desbarata la letra con un gallo, eko, tete, eku, eyá, epo para Elegguá. En esta letra puede venir la policía, aunque sea de visita; si Elegguá está desbaratado en ese caso, hay que hacer otro.

Ojuani chobi ebe Eshu guasisa chimiche ague ibe aguado ofellu agana chemiche adie dane lore cama mofe tani.

Esta letra dice:

«La muerte la tiene detrás, porque le pidió una cosa a un alma y después no cumplió con ella, no sea entrometida ni se incomode porque le digan que con el genio que tiene le puede sobrevenir una desgracia, nunca le diga a nadie que su marido la quiere mucho, para que Eshu no se le vaya a meter.

»Tiene que darle un gallo a Elegguá y a Oggún con bastante maíz, porque su salud no se encuentra como antes. Usted está sufriendo, todo lo malo va detrás, no tiene paradero fijo, y escasea por completo de todo. Es hija de Elegguá y tendrá que recibirlo, porque necesita un guardián, está predestinada a caer presa, a que le den de palos o la hieran. Ha estado en un lugar donde cayó un rayo y ahí hay una piedra de rayo que debe recoger y guardar.

»Usted tiene muchos enemigos ocultos que no la dejan respirar, tiene que «rogarle» a Changó y a Babá, porque le han roto una cosa en su casa. Nada le sale bien, cuídese de que no la hieran por equivocación. Usted ha tenido faltas con personas mayores y por este motivo le han echado maldiciones y tienen lámparas encendidas para que no goce de tranquilidad ni tenga lugar fijo donde parar.

»No vaya en grupo ni tome bebidas alcohólicas, no esté tarde en las calles por las noches, si tiene proyectado algún viaje al campo, suspéndalo por ahora, no se pare más en la esquina que acostumbra, porque lo están vigilando.

»Páguele lo que le debe a Ochún. Usted tiene muy mal carácter y por eso no puede llevar armas encima ni puede gastar bromas pesadas a nadie, ni jugar con nadie, ni decirle verdades a los demás, tiene que alejarse un poco de las fiestas, tiene un amigo que es su enemigo. Donde usted vive hay una fosa o zanja, por eso hay mucha humedad allí, múdese enseguida; si no lo hace de inmediato, enfermará con seguridad. Ochún está detrás de su persona, que es muy voluntariosa, no maldiga, no se desespere, tiene que evitar todas las luchas y broncas, nunca vaya a separar a dos que se estén peleando; si es hombre el que se mira, no enamore a la mujer ajena.

»Tiene la justicia arriba, si alguien le da algo a guardar no lo coja, porque le pueden acusar de ladrona, tiene una deuda con los Santos, le debe a Elegguá y a Changó, un muerto detrás no lo deja tranquilo, mándele a hacer una misa. Usted sueña con cosas extrañas, personas desnudas y se asusta mucho, tenga cuidado con el fuego y con los líos de mujeres, porque puede caer en una trampa.

»No levante la mano a nadie, le quieren imputar un hijo que no es suyo, es una persona que le gusta hacer todo lo contrario de lo que se le indica; tiene que darle de comer a su cabeza y cumplir con esa alma, le gusta sobreponerse cuando se siente incómoda, por eso ha de tener cuidado, no vaya a provocarse una desgracia, dentro o fuera de su casa.

»Si se le acerca alguien con hambre, no le niegue la comida. Para que se le acaben los disgustos y la guerra no le llegue, no sea vengativo. Dicen Elegguá y Oyá que ellos son suficientes para cobrar todo lo que le haga, no porfíe con sus amigos, cuide a Elegguá.

«Si la persona que se mira está enferma, ha de tener cuidado, no vaya a morir o a quedar lisiada, tiene cosas de muerto guardadas, si habla mal esta letra, le puede venir la justicia: enseguida hay que darle un gallo a Eshu, eku, ella, epo, bastante ori y maíz, puede venir una visita».

EBBÓ (1): 1 gallo, 3 flechas, 3 agujas y 1,47 €.

EBBÓ (2): 1 gallo, 2 jicoteas, hilo blanco y negro, 1 navaja y 4,93 €.

EBBÓ (3): 1 botella, la ropa que lleva puesta, jabón y 2,47 €.

EBBÓ (4): 2 gallos, la ropa que lleva puesta, 1 cabrito, ori, babosas, 11 cocos, 11 agujas, 3 clavos de línea, soga,11 eko, eku, eyá, epo, 1 ratón y 9,05 €.

Ebbó (5): 1 chivo, 1 gallo, epo, aguardo, eku, eyá, oni, ñame, basura de la casa, 1 paloma y 4,93 €.

Historia de Ojuani (1):
«Una vez, todos los santos se reunieron y fueron a casa de Orula a preguntarle cómo vivía y qué clase de trabajo hacía. Orula contestó que todo lo hallaba en su tablero y su Irota. Los santos se mofaron de él y fueron a ver si era verdad lo que decía.
»Eshu había oído el relato dirigido contra una persona en la calle y dicha persona se enfermó. Eshu avisó a Orula del caso y le dijo lo que tenía que hacer. Los santos no vieron a Eshu cuando entraba a hablar con Orula. Buscaron a éste para la cura y el enfermo que estaba tan grave se curó y se salvó. Todos los santos comieron y bebieron de lo que Orula ganó y quedaron convencidos de la palabra de Orula».

Historia de Ojuani (2):
«El camaleón tenía solamente un color, carecía de collar y era muy envidioso. Por ese motivo odiaba al perro, porque siempre que veía al perro, lo veía con diferente color y con el collar puesto.
»Un día, el camaleón preguntó al perro cómo se las arreglaba para tener siempre un color diferente y él no y hasta lucía más bonito que él. En eso pensaba muchas veces el camaleón y se dijo: "Voy a ver cómo es posible esto". Al otro día salió el camaleón a registrarse a casa de Orula para que lo hiciera igual al perro.
»Orula le dijo que tuviera cuidado, que no envidiara a nadie, porque el mal que se busca para otro, sobre uno mismo vuelve. Entonces Orula le hizo "rogación" y le dijo: "Vaya, ya está usted como quería".
»Cuando el camaleón llegó al monte, se tropezó con un árbol y enseguida cambió de color, en cuando vio al perro, lo llamó y se lo dijo».

12. Ellilachebo Ra o Eyila Chebora

Aquí hablan Babá, Changó, Oke y Osaín y cantan:

Aganagalla ocacun allagabada quina aricha quin chetiba otalorifa quinteche iba ete quemachete Iku quemachete arun quimachete efo quimachete ello.

Cuando sale esta letra, se tiran los caracoles al suelo y se les echan un poco de agua encima, también se coge un clavo o carbón candente y se apaga en una jícara con eko sara.

CANTO: Guoruco cumambo abo cumambo guaruco abo la esesequenda.

Esta letra dice:

«Tenga cuidado con la justicia y con el fuego, porque está metida en muchas cosas malas y la pueden herir; tuvo un sueño que es malo, soñó con mucha sangre. Changó está muy enfadado y le dice que tiene que hacer "rogación" en el acto. Usted es muy violenta y tiene muy mal genio, por eso no puede llevar armas encima. En su misma casa tiene muchos enemigos, tenga a Changó contento para que la proteja de muchas cosas malas en las que está involucrado, soñó que se quemaba, tenga mucho cuidado, porque se quemará, no sabe cómo salir de tantos líos donde la que perderá será usted.

»Le han tendido una trampa para verla arruinada moral y materialmente, tiene malas intenciones contra otra persona, quiere darle con un hierro, no lo haga, tenga también cuidado con otra intención mala que ronda su mente, hay mucho fuego encima y supone que le están haciendo daño, su corazón no lo engaña, así que tenga mucho cuidado.

»A usted le han echado brujería por causa de la envidia que le tienen. Si es hombre el que se mira, tiene que tener cuidado, porque hay una mujer que lo quiere amarrar y todos los disgustos que tiene son por cuestiones de mujer, porque le gustan las mujeres ajenas.

»Debe tener cuidado con lo que come o bebe, pues una de sus queridas le quiere hacer una cosa por causa de celos y quiere vengarse. Dice Changó que no levante calumnias ni que nunca diga algo sin antes tener la seguridad de lo que vaya a decir.

»Si es mujer la que se mira, cree saber mucho y no sabe nada; es muy soberbia y le gusta hablar mal del Santo, respete siempre la opinión ajena. No sea vanidosa, le gusta gastar bromas pesadas y ser graciosa; desconfía de una persona que le es leal, por eso usted, de tanto que busca, escoge lo peor; nunca se guíe por lo que le digan, no se ponga ropa de otra persona, ni se vista de rayas.

»En su casa hay una persona a la que le tiene asco o repugnancia, no vaya esos días por los lugares que acostumbra, porque le están esperando con una trampa, es porfiada y temeraria, su franqueza le hace a veces cometer una imprudencia. Es una persona que se resiente con lo más insignificante, es algo rencorosa y, cuando se le mete algo en su cabeza, lo hace, por eso ha perdido mucho, siempre se ha creído que todo cuanto le sucede se lo hacen por malo.

»Páguele lo que le debe a Changó para que no lo tenga sufriendo, le han dicho que es hija de Santo y, para que pueda ver lo que desea, tiene que darse un baño con ellebuco y hacer ebbó. A usted la calumnian y le dicen que todo lo que hace es malo».

»Una persona de su amistad trata de amarrarla y, cuando sus enemigos creyeron tenerla segura, ya se había librado de la trampa, no se incomode, porque se le sube la sangre a la cabeza.

»Le han engañado en un asunto de una herencia, hace varios días que le ha bajado su regla, cumpla con lo que le ofreció a Ochún para que le pueda venir el dinero, traslade su cama a otro lugar de su cuarto; si es hombre el que se mira, tiene muchas mujeres, y cuando él está apurado no encuentra nada más que una mujer principal. Ha de ponerse el collar de Babá y de Changó, ha de tener cuidado con su naturaleza fuera de su casa.

EBBÓ (1): 1 carnero, 2 gallos, 1 jícara de amala, 2 cazuelas de frijoles caritas, 12 muñequitos, 12 hicoteas, 1 jutía y 9,78 €.
EBBÓ (2): 1 gallo, 2 palomas, género blanco y rojo, 1 jícara de amala, eku, eyá, obi, epo y 4,93 €.
EBBÓ (3): 6 quimbombó grandes, babosas, epo, osun, ori, obi, eko, pelepele, efun, Changó camorora, 1 gallo, 1 hicotea, eku, eyá, género rojo y blanco y 9,78 €.
EBBÓ (4): Para el hombre, 6 quimbombó, 6 cocos, eku, eyá, 1 gallo indio, la sábana, la cabeza y las cuatro patas de un carnero, si habla bien, 2 gallinas de Guinea para la cabeza, 2 palomas y 9,87 €.
EBBÓ (5): 4 palomas, 2 gallinas, 1 gallo, 1 perrito, 1 flecha, 2 muñequitos, que pondrá uno a cada lado de la puerta, y la flecha que se le untará tinta en la punta y 4,93 €.

HISTORIA DE ELLILACHEBO RA:

«Moderiko, el hijo del rey, era muy atrevido, hasta el extremo de ser odiado por todo el mundo. El padre estaba muy triste al ver el descontento de sus súbditos, y se acordó en un consejo concederle la corona al que cazara un elefante.

»En ese día, Moderiko se había mirado y no tenía los animales para la limpieza. Entró en un patio y se los llevó e hizo el ebbó. Al poco tiempo, vio un elefante, tiró y lo mató.

»Sucede que un caballero del reino lo encontró, le sacó la flecha, presentándose en la corte con dicho objeto, y dijo que él lo había matado y el lugar donde lo tenía; fueron y lo vieron.

»Cuando empezaron los preparativos de la fiesta para coronarlo, Obatalá le contó a Moderiko lo que pasaba y éste enseguida se presentó reclamando sus derechos, donde le tomaron por una de las muchas majaderías que él tenía, pero Moderiko insistió tanto que los consejeros del reino acordaron lo siguiente: presentaron miles de flechas y dentro de ellas que señalara la suya. La prueba le fue favorable a Moderiko. Entonces le exigieron llevar otra flecha también igual, lo hizo y fue proclamado rey por su suerte y por herencia».

13. *Chucuono o Metanlá o Eretellecu*

Aquí hablan Babalú Ayé, Obatalá, Ochún, Olofi y Oyá y cantan:

> Los yorubas conscientes de sus profundos conocimientos sobre la materia de los caminos del diloggún, aconsejan a los oriates que, al registrar a una persona, ya sea santera u aleyo, le saliera cualquiera de estos diloggunes, que se pasara de Ellilechebo ra, le dijéramos al consultado que urgentemente fuera a registrarse al pie de Orunmila, porque puede darse el caso, que el oriate conozca el fondo de estos diloggunes, y en tal virtud, puede decirle todo lo que sabe de él mismo y ayudarlo en lo que pueda y esté al alcance de sus conocimientos, debido a que son diloggunes muy fuertes, que tienen refranes que sólo conocen los babalawos, ya que, como antes dije, son del campo de Ifa, que sólo el adifa podría conocer.

Esta letra dice:

«Habla de la fusión de Oche-Fun; la letra habla de una persona que está enferma de la sangre, puede que tenga erupción en la piel o granos por el cuerpo, posiblemente se le presente un problema o reclamación de san Lázaro; a lo mejor, el de recibirlo, o de una deuda pendiente con él.

»Puede el consultado llegar a unirse con una persona desconocida, pudiendo ser un familiar muy allegado a sus padres. Esta letra habla de enfermedades, sean por herencia o por contacto, sobre todo las infecciones adquiridas; habla también de gestaciones anormales y fenómenos genitales, fetos mal engendrados, etc. También de enfermedades secretas de origen sexual.

»Requiere dos chequeos, uno al pie de Orunmila y otro, una profunda investigación médica: también habla de la mala situación que atraviesa el consultado por su abandono, desobediencia y por porfiado.

»No se puede maltratar a los perros, ni ser curioso, también esta letra habla de maldiciones echadas a una mujer en estado, cuyo feto sea hasta del propio consultado que se registra y traiga la maldición encima desde que fue engendrado en el vientre de su madre. También habla de tragedias o problemas familiares, por calumnias o dudas del embarazo e inseguridad de la paternidad.

»Pueden también surgir actos de seducción en que una doncella pierda su virginidad. Habla de actos de locura que perjudican su honor y reputación y de personas que piden la muerte, petición que llega al cielo y se cumple. Por último, la muerte que viene a buscar a la persona, la sentencia de Iku, por porfiado y desobediente.

»Habla también de maldiciones por vínculo de sangre, problemas raciales y herencia de Santo, cuyas situaciones pueden ser reveladas por el ojo clarividente de Ifa. La demora en registrarse al pie de Orunmila puede acarrearle graves consecuencias personales.

»No se ponga la mano en la cabeza, aunque se vea en mala situación, no se ponga sombrero usado ni viejo que no sea suyo. No reciba nada que le den tapado sin antes recibir a san Lázaro, porque puede traerle problemas de justicia y meterse en un verdadero lío al considerársele un ladrón.

»Tiene momentos en que le entran ganas de caminar por las calles de su pueblo y poder trasladarse a otro pueblo que no conoce, pero esto no puede hacerlo por no tener medios económicos. Obtenga un perro y trátelo bien. Póngale a Babalú Ayé un pan con su bolsita de saco detrás de la puerta. A usted le dan unas convulsiones como si fueran calambres, frótese con manteca de corojo y vino seco, haga ebbó contra la invalidez, construya 2 muletillas, un perrito, manteca de corojo y póngase un pantalón de saco de yute todos los miércoles y viernes».

EBBÓ (1): Para el atraso económico, la ropa mas vieja que tenga, 3 pedazos de carbón, maíz tostado, frijoles colorados, blancos y negros, manteca de corojo y 2,47 €.
EBBÓ (2): 1 akuko (gallo), 1 jícara con su tapa, un gorro, eku, eyá, 1 panal de abejas y 2,35 €.
EBBÓ (3): 1 perro, almagre, ñame, eyele, eku, eyá, epo y 4,93 €.
EBBÓ (4): Frijoles de tres clases, 2 muletillas, 1 gallo y 6,4 €.

HISTORIA DE CHUCUONO O METANLÁ O ERETELLECU:
«En los tiempos primitivos, cuando se formó el mundo africano, san Lázaro, conocido por los yorubas por el nombre de Chukuomo y Chakuata, no quiso llevar una vida organizada, sino por su propia cuenta y no obedecer a los orishas mayores. Por ese motivo, llegó a recoger toda enfermedad contagiosa del territorio Yoruba.
»Tantas fueron las quejas, que se reunieron todos los sacerdotes y tomaron la decisión de no molestarlo y despreciarlo por encontrarlo en esa situación. Nadie le ofreció ayuda ni para curarse ni para ofrecerle prenda de ninguna clase, sólo recibía el desprecio hasta de su propio hijo, que lo veía leproso y cojo, caminando con bastón. El único orisha que lo miró con ojos de piedad fue Elegguá. ¿Cuál fue la determinación de los nativos yorubas? No hablar con él ni oírle; determinaron dejar de hablarle en la religión con los caracoles. ¿Qué hicieron en el ajaa? Le cocieron todos los diloggunes para que no pudiera expresar su sentir, donde, viéndose despreciado por su pueblo, tomó la decisión de irse a otra tierra. Cuando él pasaba por

algunas tribus, le tiraban agua detrás y le decían "mulo buruku", dice, llevaste lo malo y con el ajaa que él usaba se limpiaban todos. Desde ese momento, el diloggún no fue leído más.

»Para no recordar a Chokuono, en donde él se encontró con Eshu Alagbana, lo llevó a casa de Orunmila, en territorio de Ife, donde Orunmila le dijo a Eshu: "tú siempre me traes este compromiso pero yo lo miraré". Y así lo hizo, donde le dijo a él que lo habían dejado mudo para que no hablara por ser desobediente. Pero tú puedes ser venerado y querido en otras tierras, para ello tienes que hacer ebbó con miniestra y tener siempre un perro contigo". Y así obedeció el consejo de Orunmila, dándole las gracias a Eshu cuando se retiraba de la casa de Orunmila. Eshu le tenía su perro, que se lo había pedido previamente a Oggún y a Osaín. Él se fue y estuvo caminado con su perro hasta llegar a Dahomey, donde todos los nativos le rindieron homenaje al dios terrestre, porque así ellos le creían.

»En aquel tiempo en esa tierra, todos vivían por su cuenta, exceptuando al rey que, se creía dios absoluto, mataba y hacía lo que le viniera en gana, pero, al ver la presencia de Chokuono, él mismo fue y se arrodilló pidiéndole perdón por todo lo malo que había hecho. Todos los nativos que vieron eso se sumaron a Chokuono, donde Olofin lo consagró por oír el consejo de Orunmila y mandó un fuerte aguacero, que limpió de todos los pecados a Chokuono. En donde él estaba parado, se abrió la tierra, y ella tapó todos sus males.

»Instaló su reino en Dahomey, conocido en Cuba por Arara; por eso, aunque Chokuono es de los yorubas, su grandeza y milagro se consagró por mandato de Olofi en Dahomey. San Lázaro en Arara es muy respetado, son los que lo dan tapado, porque ahí quedó toda la enfermedad encerrada; por ese motivo, donde él habla en firme es en Ifa. Orunmila, que sabe su secreto, siempre Eshu está con él en su reino, es su guía y portero responsable».

14. Oyekun Melli o Merinlá

Aquí hablan Baba, Changó, la cuadrilla de los Muertos, los Ibeyis y Oggún.

Esta letra dice:

«Que nació de la fusión de dos diloggunes, o sea, de Eyioko-Obara. El que paga lo que debe, satisfacción le queda. A la persona que le salga este oddu se le dice que todos sus males provienen de su carácter caprichoso y porfiado. No atiende consejos de nadie, por tales razones puede verse envuelto en líos judiciales y también por no ir al médico.

»En la parte económica, puede verse con los caminos cerrados, es decir, verse como el isleño, que ni se puede ir de donde está, ni se puede quedar:

Debe la casa y puede verse en una situación de tener que recogerse en casa de otra persona.

»Tiene muchos enemigos por su manera de ser y hasta es repudiado por su carácter díscolo. Puede que hasta le imputen un delito que no ha cometido. Su salvación está en ir al pie de Orunmila y hacer lo que se le mande. Existen deudas que pagar.

»Esta letra también habla de una enfermedad interior que progresa, que puede empezar por una parálisis; habla de perturbaciones personales, falta de protección de los seres y de los Santos por algo que tenía que hacer y no ha hecho. Él está revestido de incredulidad, apatía, renegación y negligencia, lo que le ha llevado al estado en que está. Su rebeldía lo ha conducido al caos. A la persona que le salga este signo, es muy amiga de salirse con la suya, es porfiada y caprichosa, no cree en nada; se le presentan muchos líos por meterse en "camisas de once varas", discusiones violentas, tragedias, problemas con la justicia, etc.

»Es un signo de que el consultado está rebelde con los muertos, con los Santos, con los amigos, con la familia, con los semejantes y con todo el que lo rodea por su mala cabeza, incluso tiene problemas con su mujer, que provocarán una separación entre ambos, su propio carácter le causa una revolución donde quiera que pisa, los santos lo tienen acorralado. Solamente Orunmila puede decirle la última palabra, ya sea de hundimiento o de salvación.

»El santero, lo único que puede hacer, es que el consultado dé de comer a los Guerreros animales de plumas con un alivio a sus males y así poder quitarle la perturbación que le amenaza.

»A la persona que le salga este signo, podemos catalogarla de tragedista, mentirosa, negociante, engañadora, incumplidora, incrédula a quien le gusta salirse con la suya, que no admite consejos, sino sus inclinaciones y se codea con gente maleante. Todas estas malas cualidades la conducen a la destrucción de su personalidad.

»En este oddu pueden producirse rivalidades entre hermanos carnales o de Santo; tiene que recibir a los Guerreros o le ha ofrecido alguna comida, por tal motivo, debe algo, contrariando todos sus negocios y éstos se van para otros; usted y su señora están de mal humor debido a que tiene esa deuda, déle gracias a Changó y Babá que lo defienda. Usted tendría que buscar jimaguas con su esposa que le traerán la gloria a la casa. Usted, en días pasados, dio un resbalón y no le dio importancia, cuídese de Eshu, que es el que lo empujó para que escarmiente rápidamente. Póngale bastantes dulces a los jimaguas y, cuando salga, riéguele caramelos en la esquina a Eshu. Usted tiene un hijo que no conoce y tiene una mujer que no es la suya, tenga cuidado, no corra la sangre por ella.

»Tiene o tuvo un amuleto muy fuerte que tiene hambre, si rechazó la comida, devuélvaselo a su dueño».

EBBÓ (1): 2 palomas, cascarilla, 1 flechita, 1 coco seco pintado de blanco y rojo y 5,01 €.

EBBÓ (2): 1 pollo, manteca de corojo, 4 plátanos machos, género blanco, rojo, hilo blanco y rojo, 3 baños de mala cara y vestirse de blanco durante 8 días y 5,72 €.

EBBÓ (3): 1 akuko (gallo), allapa, quimbombó, frijoles de carita y 6,27 €.

EBBÓ (4): Etu hembra y la ropa que lleva puesta la persona.

EBBÓ (5): 1 akuko (gallo), 1 collar de maíz, 1gallina de Guinea, eku, eyá y 6,00 €.

EBBÓ (6): Eran, melu, ako, oti, eku, ella, (al interesado se le ordena que ponga los pies sobre la arena y se le hace el ebbó que hará de noche) y lo que marque Obatalá.

HISTORIA DE OYEKUN MELLI O MERINLÁ (1):

«Una persona que vivía de la caza, viendo ya su estado de escasez, fue a casa de Obatalá para que le ayudara. Éste le entregó dos guineos para limpiarse con ellos y que durmieran en la casa; al otro día los soltaron en el tejado de la casa. Con este remedio, mejoró la suerte del cazador en todo».

HISTORIA DE OYEKUN MELLI O MERINLÁ (2):

«Una vez la Muerte estaba matando a cuantos se encontraba. Se dirigió a casa de Obatalá. Antes de que llegara, ya Obatalá había hecho ebbó, mató un novillo y la carne la clavó en una esquina a una vara de altura y una cabra viva. Cuando la Muerte llegó y llamó a la puerta de Obatalá, cambiando de voz, preguntó: "¿Qué se le ofrece a la Muerte?". La Muerte respondió: "Vengo a matarte. Abre la puerta". Obatalá, de pronto, con los tarros del novillo puestos, embistió a la Muerte y, con la sorprendente acometida de Obatalá, se le escapó la guadaña de la mano. Al poco rato de embestirse ambos se le rompieron las astas. La Muerte mandó al perro por sus garras y Obatalá mandó a su cabra. "Cuando llegue la cabra, ya habré acabado contigo". Pero cuando el perro vio lo que estaba en la esquina, se quedó tratando de alcanzarlo (la carne del novillo colgada), hasta el punto de que la cabra tuvo tiempo de ir y volver con los tarros. Al ver a la cabra, el perro emprendió la carrera y, cuando llegó, Obatalá ya había vencido a la Muerte».

15. Oguori Melli o Marunlá

Este oddú nace de la fusión de Onlé-Osa.

Aquí hablan Babalú Ayé, Elegguá, Obatalá, Ochún y Oyá.

Esta letra dice:

«Lo malo que hizo no lo vuelva a hacer. Este signo habla de reclamar o imponer respeto a los mayores, humildad, paciencia y obediencia y le reclama por haberse producido lo contrario. Este signo marca en el consultante el castigo que caerá a una persona que ha tenido una falta de respeto, ya sea a un santo o a sus mayores».

»Esta letra indica apoderamiento de cosa ajena que pueda traerle problemas. Realización de actos que desmeritan su prestigio y que quisiera que no se supieran, puede verse en situaciones difíciles.

»Este signo es una señal fuerte que requiere buen consejo, obrar con cabeza y no tomar vereda por camino. El destino será bueno o fatal, todo depende de su cabeza y de su forma de actuar. Habla de una enfermedad que progresa que le anunciaron y que no hizo nada por evitarla y ahora se le presentó inesperadamente.

»Este signo habla de separación de matrimonio o de trabajo, estancamiento de sus actividades personales, usurpación de funciones que amenazan con líos con la justicia, robos, traiciones, intrigas, calumnias, desméritos personales, humillaciones, pérdidas, destronamientos o despojos por la violencia, enemigos ocultos que lo combaten, reclamaciones del Ángel de la Guarda, de comida, de tambores, etc.

»Este oddu habla de repudio e indiferencia de una persona a quien protegió o favoreció y ahora le paga traicionándolo con otra persona. También indica que hay una persona que juega con varias cartas, acción muy peligrosa y arriesgada. Habla también que puede presentársele algún problema que preocupe su mente al que se consulta sueños malos por haber hecho algo malo, que deseara que no se supiera. Ifa dirá la última palabra».

EBBÓ (1): 2 adide a Ochún, amarila, allele blanca, la pluma de la gallina, aguardo, género blanco, acuella, 1 pollo a Eleggúá, fun y 4,93 €.
EBBÓ (2): 2 adide, la ropa que lleva puesta para enterrar después de hecha la "rogación".
EBBÓ (3): 1 akuko (gallo), 1 gallina, maíz tostado, eku, eyá y 4,5 €. La gallina se mata a la sombra: se limpia el cuerpo primero y, después de muerta, se echa dentro del ebbó (si es Osobo).

HISTORIA DE OGUORI MELLI O MARUNLÁ (1):

«La cabeza estaba sola en la plaza y tenía delante muchos obis con lo que comerciaba. Vino Changó y la Leri le dijo que podía coger obis para comer, pero que tenía que remediarle la situación, porque coger obis para comer implicaba recibir ayuda, y ella estaba muy aburrida de esa situación. Changó no le hizo caso y cogió el obi y la cabeza la mandó a la tierra. Luego llegó Orunmila a la plaza y vio los obis y se los pidió. La Leri le dijo que se los entregaba con una condición, a cambio de que le remediara su situación. Orunmila le contestó que aceptaba, pero que tenía que hacer ebbó con esos obis, viandas, animales y 12,53 €. Además, darle comida a la Leri con obi durante el día mientras realizaba esta operación. Por eso le fueron saliendo primeramente el pecho, los brazos y demás partes del cuerpo».

HISTORIA DE OGUORI MELLI O MARUNLÁ (2):
«Había tres hermanos, uno era artista, el otro era cazador y el tercero comerciante. Éste estaba siempre muy abatido porque era combatido por todo el mundo, incluso por su familia. Por ello decidió abandonar su familia y negocio.
»Sin que nadie se diera cuenta, se fue a otro país donde nadie le conocía y en dicho lugar se cambió de nombre. Dada su inteligencia se estableció en el comercio y levantó cabeza. Al pasar el tiempo, su pueblo lo reclamaba para que recibiera una herencia, lo buscaron en todas partes sin encontrarlo.
»Una persona que lo conocía dio la noticia y creyó que el que había visto en ese pueblo era la persona que buscaban, por lo que fue a visitarle. Con mucho trabajo, se dejó identificar y convencerlo para que regresara a su pueblo natal y recibiera la herencia. Así lo hizo y, desde entonces, fue feliz».

16. Mediloggún o Meridiloggún

Aquí hablan: Babalú Ayé, Elegguá, Obatalá, Ochún y Oyá.

Este oddu nace directamente de Olofi, al igual que Iyako. Con él habla Olofi través de los ministros: el oddu surge cuando los caracoles caen boca arriba, cosa que es muy rara y también cuando caen todos boca abajo, que da lugar a determinar en su destino otro camino diferente al primero.

Cuando los diloggunes caen todos boca arriba, se les llama erróneamente Mediloggún, pero su verdadero nombre es Orbe. Si por el contrario, caen todos boca abajo, se llama Eyeku u Oku; quiero aclarar con ello que de Mediloggún nacen dos ramas o subdiloggún, que son: Orbe, la vida y Oku, la muerte.

Aclarando más el concepto de este oddu, diré que Olofi, al iniciar la formación del mundo, y con ello, todos los elementos de las leyes de la gravitación, condensa en Mediloggún dos campos esenciales, que son: la vida o las diversas manifestaciones de la vida, sin dejar de reconocer los diversos fenómenos que en la propia vida coexisten, tales como la salud o la enfermedad, la perfección o la imperfección, la alegría o la tristeza, el amor o el desamor, la procreación o la fecundidad y la esterilidad, la riqueza y la pobreza, la paz y la guerra, el bien y el mal, etc.

Todas estas manifestaciones y fenómenos están comprendidos dentro del marco de Orbe, que es la vida o el imperio de la regulación de la vida.

EBBÓ (1): Para quitarse el mal de ojo: 1 akuko (gallo), eyele, meyi, ori, ichu desbaratado, eku, eyá, y 4,03 €.
EBBÓ (2): 1 hoja de maíz quemada, carne de vaca, dos palomas y 7,83 €. Después de hecha la «rogación», se coge la hoja y se hacen rayas atravesadas en el cuarto y la orina para que, cuando su contrario la cruce, se desbarate el trabajo.

17. Eyeku o Iyeku o Eyiogbe

Aquí hablan Olofi y Oddua.

Si al tirar los diloggunes, estos cayesen todos boca abajo, entonces diremos que ha surgido el suboddu, que en el caracol no es otro que Eyeku. La otra fase del Mediloggún es la sangre muerta, que actualmente se llama Ochakuaribo: todas sus protecciones están contra usted. Y en África los yorubas lo llaman *gbogbo abo re lodi,* que dice: todas sus protecciones están en contra, que, a nuestro modo de entender, es el imperio de los muertos, donde también existen el bien y el mal.

Eyeku es un oddu muy profundo, porque pueden hablar en él varias entidades: Ku, que es la muerte, Iku, que son los muertos, orisha Iku, que son los santos que pertenecen a la cuadrilla de los muertos y también Iwin, los espíritus materializados de altos planos astrales.

Esta letra de Eyeku puede surgir en las tiradas de los obis (cocos), pero en cualquier elemento que salga, el oficiante u oriate tiene que echar el coco o diloggún en Sara eco y hacer idéntica ceremonia, como si fuera Okanasodde; prender una vela a los muertos y tirar dentro de la casa agua para arriba, como si imitara la lluvia. Este acto tiene un rezo. Eyeku es el campo de la muerte, donde se desarrollan todos los fenómenos del más allá, campo donde está concentrado el imperio de los muertos, donde impera la sabiduría, la claridad y las tinieblas.

El Orbe significa la muerte tras de usted, aviso, prevención de algo que puede sucederle por negligencia o por hacer las cosas mal hechas. Habla de enfermedad repentina y peligrosa que le fue avisada y no quiso hacer nada por evitarla, parálisis del cuerpo o de sus actividades personales, separaciones de amigos o del cónyuge, estancamiento económico o postración del cuerpo, falta de respeto a los mayores.

Por Osobo, usted tiene la virtud de sabio, tiene que recibir a Olofi, Ire o hacer las maletas o hacer Santo y accionar y pasar para Ifa.

Por Ire, es un recado o noticia buena que Olofi quiere que usted haga para su bien. El oriate debe recomendarle al consultado que vaya al pie de Orunmila, que Ifa es el único capacitado para recetarle.

La otra fase de Mediloggún, cuando los caracoles caen todos boca abajo, es Eyeku, el signo de aviso de muerte o un muerto, que desea prevenir al consultado de algo malo que puede ocurrirle. También puede ser un Santo de la cuadrilla de los muertos que quiera decirle algo muy importante. Siempre el oriate, aparte de interrogar por qué camino viene el oddu, si por Ire o por Osobo, debe aconsejar al que se registra que vaya con urgencia al pie de Orunmila o Ifa, único facultado para registrar el fondo de dicha letra, ya que Orunmila tiene contacto directo con el mundo de los espíritus.

Los yorubas expresaban que Orbe, que regula las diversas fases de la vida, concentra todos los fenómenos de la vida animal o vegetal, así como los fenómenos atmosféricos de origen físico o químico, y los fenómenos sociales. También aseguran que da la armonía, relaciones o engranajes que se derivan del desarrollo acoplado de Orbe y Eyeku. Por mandato de Olofi surge la esencia de Eyioko, que son los elementos que constituyen la vida, que los astrólogos llaman el destino de la humanidad y de las cosas, y su razón de ser o de existir.

Ebbó (1): 2 gallinas, 2 palomas, ewe, hojas de caimito, mar pacífico, algarrobo y algodón y 4,03 €.
Ebbó (2): Para alejar la muerte, 1 gallo blanco o una carnera, eku, eyá, tela blanca y 12,53 €.
Ebbó (3): Darle comida a la cabeza y no tomar sol de las doce del mediodía en la calle durante 8 días, dar además 3 baños de campana y 2,94 €.

Capítulo 4

Plantas curativas y espirituales. Interrelación y manipulación con el santero en esta religión

Los negros africanos que fueron traídos como esclavos a Cuba y que tuvieron la predisposición de dedicarse a estos ritos y ceremonias, conocían mucho de botánica. Este conocimiento fue obtenido autodidácticamente por la simple observación de lo que veían hacer a sus ancestros.

Entre los recursos que se utilizan en estas religiones afrocubanas, se cuenta con el empleo de las hierbas, los palos y plantas, y el monte en su conjunto.

Al santero se le presentaban los enfermos para que fuesen curados, comenzándose a asociar a los poderes del Santo las facultades que tenían ciertos tipos de plantas, de las cuales conocían sus virtudes benéficas y nocivas. En este contexto, podemos decir que aquí interactuaron dos factores que no pueden pasar inadvertidos: Las propiedades medicinales intrínsecas de las plantas y la fe de los enfermos.

Completando la apreciación de estas tradiciones afrocubanas, relativas a la influencia espiritual y material de la vegetación como fuente indispensable para la vida humana, ofrecemos una amplia relación de plantas con sus facultades curativas, medicinales y «mágicas», así como las divinidades a las que pertenecen.

Es necesario destacar en los rituales la «pertenencia» de éstas a las «deidades o dueños», ya que, según opinión de muchos santeros, siempre es mejor tomar o preparar el remedio de acuerdo a la filiación que uno tenga con ellas, puesto que cada «divinidad» tiene sus plantas particulares. El empleo de una planta contraindicada pudiera tener efectos nefastos.

Por tal motivo, ponemos a su disposición este interesante capítulo, sabiendo, por tradición, que la bolsa de los remedios caseros de nuestras abuelitas contenía un tesoro de hierbas medicinales y olorosas. Masticar hierbabuena sirve para aliviar el dolor de muelas, así como un emplasto de cebolla, un doloroso uñero y un cocido de cordobán es excelente para calmar un fuerte ataque de tos. A esto le unimos algunas «recomendaciones mágicas» que, según la tradición, se han usado en «remedios espirituales».

En la actualidad, con el desarrollo científico-técnico, los ordenadores y las bases de datos disponibles sobre plantas medicinales, se crea un amplio espacio de conocimientos, por lo cual, aquellas personas interesadas en profundizar en estas materias, pueden acudir a esos medios de consulta.

Para facilitar el mejor uso de este capítulo, hemos clasificado la información en un listado ordenado alfabéticamente por dolencia, afección o tema propiamente dicho, las «deidades o dueños» a que pertenecen y un breve comentario, en algunos casos, sobre remedios espirituales que le resultarán amenos e interesantes.

También se incluye el nombre científico de la planta en la inmensa mayoría de los casos. Lamentablemente, de algunas plantas sólo ha podido obtenerse el nombre vulgar con el que son reflejadas.

Dolencia, afección o tema
Nombre vulgar/ Nombre científico // orisha a la que pertenece
Forma de utilización y preparación
Comentarios

Abortivas

Aguacate morado* / Persea gratisima, Gaertn // *Changó, Elegguá, Oggún
Cocer el cogollo es bueno para provocar la menstruación.

El fruto morado del aguacate pertenece a Oyá.

Ají guaguao* / Capsicum baccatum, Lin // *Elegguá, Oggún, Osaín
Tres raíces de ají guaguao se echan en un jarro con cinco tazas de agua que queden reducidas a tres. Tres días después de beber esta infusión se toma azafrán hervido con un poco de vino de jerez seco.

Es alimento restaurador de las «ngangas». La «chamba», el aguardiente que padres y mayordomos derraman sobre las cazuelas, calderos y amuletos de «mayombe» y que se vierte sobre el pescuezo del gallo o animal sacrificado cuando se desangran sobre la «nganga», se carga de ají guaguao para que sea más potente.

Algodón* / Gossypium barbadense, Lin // *Obatalá, Obanlá, Babá
Cocer la raíz es excelente para regular la menstruación. Si se hace muy concentrado, sirve de abortivo.

Las hojas del algodón se emplean en el «Omiero del Asiento», no puede disociarse de Obatalá, pues es imprescindible.

Anamú* / Petiveria alliacea, Lin // *Todos los santos
La cocción de la planta concentrada provoca el aborto.

Es una hierba de las más comunes y fáciles de obtener, pero no se arrancará más que cuando sea preciso utilizarla. No se incluye entre las hierbas del «Omiero de Asiento». Con baños de anamú, se desprenderá del cuerpo algún espíritu oscuro, de esos que suelen enviar los «mayomberos» para atormentar a sus víctimas adhiriéndose a ellas. Si se emplea «fula» –pólvora– al practicarse hay que hacerlo con mucho cuidado, no sea que, al arrancar el espíritu, éste dañe al cuerpo por la conmoción que reciben tanto el espíritu como la materia. Todos los espíritus no se pueden quitar con «fula».

Artemisa o altamisa* / Ambrosia artemisifolia // *Obatalá, Osaín, Babalú Ayé
Cocción de la planta concentrado provoca el aborto.

En purificaciones proporciona alegría y propicia la adquisición de bienes materiales, morales e intelectuales. Un despojo con esta planta deja una agradable sensación de alegría que se apreciará más por las personas que nos rodean.

Bejuco güaco* / M. cordifolia, L. Wild // *Oggún, Osaín
Cocción fermentada de la raíz de bledo espinoso.

Bejuco uvi macho* / Cissus trifoliata, L. // *Yemayá
La cocción concentrada es abortiva (de cinco tazas, reducir a tres).

Sirve para lavar las piezas y atributos de este Orisha.

Carquesa* / Ambrosia hispida, Pursh. // *Yemayá
La savia es abortiva y, si ésta no surte efecto, se emplea la raíz bien machacada. Recoge la menstruación o la provoca.

Para despojos y limpiezas. Es uno de los «ewes del Asiento».

Cedro* / Cedrela mexicana, M. J. Roem. // *Changó
Cocción de su raíz mezclada con la leche de la palma real y endulzada con miel de abejas.

El cedro es uno de los árboles más sagrados que existen para los «lucumíes. Changó, fugitivo, reposó en su sombra. No puede quemarse su santa madera y es la indicada para construir reliquias y atributos del orisha. Son muchos sus misterios, es awo. Los mayomberos construyen con sus maderas sus nkisi malongo de la misma familia de los muñecos Ita, chichirecú de los lucumíes que caminan de noche y van a hacer maldades por cuenta de sus «dueños o deidades». El cedro es uno de los iggi más nobles del monte porque cura muchos males.

Cilantro* / Eryngium foetidum, Lin. // *Yemayá
El jugo es abortivo y la infusión regula la menstruación.

Con las hojas tiernas se condimenta la comida de los orishas.

Guanina* / Cassia toro, Lin. // *Todos los santos
Infusión de las hojas.

Palo caja* / Allophyllus cominia, Sw. // *Changó
La cocción de su corteza sirve de abortivo. Regula la menstruación si hay atrasos y, cuando ésta falta, la provoca.

Para baños de despojos, mata brujos. Es un palo muy noble de mayombe. Le gusta hacer el bien.

Palo malambo* / Canella alba, Murr. // *Todos los santos
Beber el agua que rezuma este árbol es abortivo.

Es uno de los palos brujos y fuertes que manipula el hechicero de filiación «conga», el cual, indistintamente, surte efecto benéfico o maléfico. Ataca y defiende, pero es excelente para hacer «daño».

Acidosis

Anón* / Anona squamosa, Lin. // *Obatalá
Cocción de las hojas más hojas de «Mary López».

Bruja* / Sternbergia lutea, Ker-Gawl. // *Oshún
Cocción de la planta.

Afonías

Baria o varia* / Cordia geraschantus, Lin // *Changó, Elegguá, Oyá
Infusión de flores, miel de abejas y marpacífico.

Aftas

Cardo Santo* / Argemone mexicana, Lin. // *Obatalá, Oggún
Zumo de la planta sobre el afta.

Aguas lustrales

Albahaca* / Ocymun basilicum, Lin. // *Todos los santos
Para buena suerte, despojos y santiguar de malas influencias.

Tres baños de albahaca de todas sus especies, azucenas, rosas blancas bastarán para saturarse de sus grandes virtudes y atraer buenas influencias, alejando los malos espíritus y el mal de ojo.

Alcanfor* / Cinnamommun camphora, Lin. // *Changó, Elegguá
Se hierven cogollos y raíces y se echa uno eso por encima, evitando así las enfermedades que puedan vaticinar los adivinos.

Almácigo* / Elaphrium simaruba, Lin. Rose. // *Elegguá, Changó
Las hojas se emplean en baños para buena suerte.

Es espantabrujos y purificador. Se mezcla con la cuaba, la agüedita y el yagrumo. El humo que desprende la resina quemada con un diente de ajo ahuyenta las malas influencias.

Almendro* / Terminalis catappa, Lin. // *Obatalá, Ifá
Las hojas se emplean para lavar la cabeza y, en despojos, baños y baldeos, para purificar la casa para tener buena suerte.

El aceite de almendra se emplea para las lámparas que se le encienden a Obatalá. Sus hojas se incluyen en el «Omiero».

Árbol campana o bibijagua* / Datura suaveoleus, Lin. // *Obatalá
Baño con la planta.

Hojas y ramas para «despojos» y purificaciones de las casa y para bañarse «ibora omitutu».

Aromo amarillo u olorosa* / Acacia farnesiana, Lin. Willd. // *Oshún, Elegguá
El baño con hojas y ramas de la planta es muy efectivo para aquellas personas que padecen un malestar generalizado e indefinido.

Con la semilla se hace «mpolo» y trabaja los encantamientos de «mayombe».

Artemisa o artemisilla* / Ambrosia artemisifolia // *Obatalá, Osaín
Baños con ramas y hojas de la planta.

Un «despojo» con artemisa deja una agradable sensación de alegría que apreciarán las personas que nos rodean.

Atipola* / no localizado // *Obatalá, Elegguá
Baños con hojas y ramas de la planta para refrescar la cabeza. Para atraer la buena suerte, agregue albaca blanca y morada.

Con la semilla se hace «mpolo» y trabaja los encantamientos de «Mayombe».

Azucena* / Polianthes tuberosa, Lin. // *Obatalá, Oddúa
Baño con flores de la planta.

Baria o varia*/ Cordia geraschantus, Lin. // *Changó, Elegguá
Baño con las flores de la planta.

Bejuco alcanfor* / Aristolochia trilobata, Lin. // *Oyá,
Baño con la planta.

Cañamazo amargo* / Paspalum conjugatum, Berg. // *Babalú Ayé, Yemayá
Cocción de la planta para baños de asiento.

Cojate o Colonia* / Alpinia aromática, Aubl. // *Obatalá, Oshún
Baño con hojas y ramas de la planta.

Mezclada con la albahaca, es muy buena para alejar los «egguns», se purifica la casa y libra de las malas influencias.

Coralillo blanco* / no localizado // *Obatalá, Oshún
Baño con hojas y ramas de la planta.

En baños como «despojo», para atraer la buena suerte.

Chamico* / Datura stramonium, Lin. //*Eshú
Cocción de la planta para baños de asiento.

Estropajo* / Luffa luffa, L. Lyons // *Obatalá
Baños con la planta.

Para baños de «despojo», cuando la suerte nos abandona, pues el estropajo tiene la virtud de desenredar la suerte y las malas situaciones.

Fruta bomba macho* / Carica papaya, Lin. // *Todos los santos
Para dolores de ijada se hierve un tallo de un metro de largo y durante tres días de cada mes, se toma un baño de asiento muy caliente.

Para «rogaciones» de la cabeza y para refrescar al Ángel de la Guarda.

Romero* / Rosmarinus officinalis, Lin. // *Yemayá
Baños con la planta.

Sus ramas son magníficas para los «despojos». La virtud de su aroma es un gran secreto que los que lo poseen no lo divulgan jamás.

Ahogo

Árbol campana o bibijagua* / Datura suaveoleus, Lin. // *Obatalá
Fumar cigarrillos de la flor. Se tuesta la flor al sol, se hace picadura y se envuelve en papel o se fuma en pipa.

Se emplea en el «Omiero» de este orisha.

Chamico* / Datura stramonium, Lin. // *Eshú
Aspiración del humo de hojas secas quemadas.

Yagruma* / Cecropia peltata, Lin. // *Obatalá
Cocción de hojas frescas.

Para los mayomberos es la torre centinela de sunsundanga, la lechuza, que está allí esperando y lista para ir a buscar y llevar mensajes. Es el pájaro correo de la muerte, trabaja con el yagrumo, es el vigilante del monte por ser el más alto, el que se eleva por encima de todos. Por tal motivo, los paleros llaman con insistencia al yagrumo el centinela. La lechuza acecha los movimientos de los enemigos.

Caña brava* / Bambusa vulgaris, Lin. // *Babalú Ayé, Naná Burukú, Sodyi
Calma el asma la infusión de la raíz.

Aire

Copal* / Protium cubense, Rose // *Todos los santos
Inhalación de las hojas secas quemadas.

Copalillo de monte* / *Thouinia nervosa, Grises.* // *Olokun, Yemayá
Inhalación de las hojas secas quemadas.

Alferecía

Roble blanco* / *Tabebuia pentaphylla, Hemsl.* // *Todos los santos
Aspiración del humo de sus hojas más sus flores.

Es un arbol exclusivamente benéfico, no sirve para brujerías.

Ampollas

Cajuela* / H. achornoides, Grises // *Changó, Oggún, Osaín
Ungüento de la savia.

Anemias

Bastón de san Francisco* / Leonotis nepetaefolia, Lin. // *Orula
Tisana de las hojas.

Cabo de hacha* / Machaerium millei, Lin. // *Oyá
Cocción de sus hojas.

Árbol de la guerra de Oyá. Con las hojas del cabo hacha se enfurece y azuza a Oyá para que pelee y gane una guerra mágicamente. El Iyalosha excita la cólera y el ardor bélico de Oyá contra su enemigo o su cliente, obteniendo siempre victoria, por difícil y espinosa que sea la lucha. Es uno de los árboles rituales más poderosos de Oyá. Muy estimado por los mayomberos, llamado palo fuerte para montar «ngangas».

Hierbabuena* / Mentha sativa, Lin. // *Oshún, Yemayá
Cocción de la planta, canela y leche.

Aperitivo

Carbonero* / Cassia biflora, Lin. // *Dadda, Oggún
Infusión de las hojas antes de las comidas.

Genciana de la tierra* / Voyra aphylla, Pers. // *Oggún, Yemayá
Cocción bien caliente de la planta.

Apetito

Caña fistola* / Cassia fístula, Lin. // *Todos los santos
Jarabe de la fruta.

Cundeamor* / Momordica charantia, L. // *Todos los santos
Cocción de las hojas.

Guanabilla* / Curalea cubensis, Urb. // *Obatalá
Cocción de la raíz más la corteza de la planta.

Arrugas

Aguacate* / Persea gratisima, Gaertn // *Changó, Elegguá, Oggún
Cataplasmas de semilla molida y hervida sobre las arrugas de la cara.
El fruto morado del aguacate pertenece a Oyá.

Articulaciones

Árbol del sebo* / Stillingia sebifera, Minch. // *Babalú Ayé
Alivia el dolor con friegas de la raíz más ramas maceradas.
Estas friegas continuadas y el favor de san Lázaro impiden que los miembros de los enfermos se vuelvan rígidos.

Artritis

Palo amargo* / Picramnia reticulata, Gris // *Changó, Oggún
Cocción de la raíz.

Sin la corteza, se emplea para trabajos de Santo y para amarrar la vida.

Azafrán* / Carthamus tinctorius, Lin. // *Obatalá
Friegas de la planta macerada con alcohol.

Asfixia

Bejuco carey* / Tetracera volubitis, Lin. // *Changó, Oshún
Respirar humo de hojas quemadas.

Este bejuco es del diablo, sirve para trabajar con los ikukos para ponerlo en la «nganga».

Asma

Abrojo terrestre* / Kallstroemia maxima, Lin. // *Todos los santos
Cocción de la planta.

Es muy bueno para todo lo malo. Es una de las hierbas naturales de la sociedad secreta «Abakuá» en la que recibe el nombre de «mendinga».

Achiote o achiole* / Sloanea ueratellifolia, Grises // *Obatalá
El zumo de las hojas y de la raíz calma el asma y descongestiona el pecho.

Ajonjolí* / Sesamun indicum, L. // *Babalú Ayé.
Cocción de las semillas.

Es tabú en la casa de este orisha. Si un hijo de san Lázaro come ajonjolí, se enferma, e incluso puede morir, no pueden ni mirarlo. Igualmente no deben comer granos, como el frijol, la lenteja, el gandul, sobre todo las lentejas, que son los mismos granos del «leproso».

Algodón* / *Gossypium barbadense, Lin.* // *Obanlá, Obatalá, Babá
Cocción de las semillas.

Las hojas del algodón se emplean en el «Omiero del Asiento».

Ayúa* / Zanthexylum martinicense, Lin. // *Todos los santos
La corteza de la planta mezclada con aguardiente de caña y embotellada por varios días es un excelente remedio.

Es un buen resguardo: para alcanzar un brebaje efectivo se mezcla con cuaba negra, carcoma y avispas.

Cabo de hacha* / Machaerium millei, Lin. // *Oyá
Cocción de la hoja.

Los despojos y limpiezas con cabo de hacha deben hacerse a las doce del mediodía mezclando sus hojas con apasote y albahaca, que se expondrán largo rato al sol para que recojan energía solar.

Caña brava* / Bambusa vulgaris, Schrad. // *Naná Burukú, Babalú Ayé, Sodyi
Cocción de la raíz.

San Lázaro bendijo la caña brava y por esta razón el rayo no la daña nunca. En ningún otro árbol o planta Babá recibe con más gusto una ofrenda. La caña brava está consagrada a Naná Burukú, madre de San Lázaro. La tierra en torno a ella tiene muchas virtudes, es «munanso mboma" –casa de maja–, lo que aumenta su prestigio. Un trozo de canuto sirve de corazón «tima» de «nganga» sirve para guardar la vida del mar y el azogue que comunicarán a los «ngangas», su movilidad incesante se traduce en diligencia para cumplir los mandatos del mayombero.

Cordobán* / Rhoeo discolor, Hance // *Changó, Oggún Yemayá
Cocción de las hojas.

Para despojos y baños. En Omiero, para lavar las piezas y reliquias del orisha.

Cuajaní* / Prumis occidentales, Sw. // *Todos los santos
Cocción de toda la planta.

Girasol* / Helianthus annuss, L. // *Oshún
Cocción de las hojas.

Majagua* / Pariti tiliaceum, A. St. Hil. // *Oggún, Yemayá
Cocción de la flor.

No existe «okun iggi» ni «amarre» más sólido y duradero que el que se hace con tiras de este hermoso árbol. La sombra o rastro de la persona que se «amarre» no se liberará nunca. Con una soga de majagua en la mano, el caimán no ataca. El majá no va a la majagua porque ésta tiene el poder de descoyuntarle y lo aniquila. Para paralizar un majá, basta con arrojarle una rama de este árbol. El «ngangula» que posea una prenda que contenga un trozo de majagua no puede tenerla en su casa como tantos otros, uno de estos reptiles venerados, porque la majagua acabaría con él.

Orozuz de la tierra* / Lippia dulces, Trec. // *Oshún
Cocción de la planta, no se le pone azúcar porque es muy dulce.

Quimbombó* / Hisbiscus esculentus, Lin. // *Changó
Cocción de la planta.

El quimbombó tiene la particularidad de ser muy nocivo a los brujos, los cuales evitan tenerlo en sus casas y mucho menos comerlo, pues creen que los trabajos que realizarán no tendrán firmeza por resultar resbaladizos. Por tal motivo, los mayomberos se abstienen de manipular ninguna planta o «palo» resbaladizo, y los más precavidos ni siquiera lo comerán. Como recordarán cuando lean la historia de Changó, la mitología cuenta que su mujer legítima se cortó una oreja y se la dio a comer en un plato de quimbombó, y que en vez de cautivarle por este medio, lo que consiguió fue que el dios se alejase de ella.

Sábila* / Aloe vera, Lin. // *Yemayá
Cocción concentrada de la planta como jarabe.

Espanta todo lo malo si se ponen unas pencas detrás de la puerta

Toronjil* / Melissa officinalis, Lin. // *Todos los santos.
Cocción de la planta, aguardiente y azúcar.

Da buena suerte cuando se emplea en baños para despojos.

Bilis

Jiba* / Erithroxylon havenensis, Jacq. // *Orisaoko
Se expulsa con infusión de hojas hervidas.

Espanta brujo, y su raíz tiene grandes secretos, en centros espirituales, para evitar que acudan espíritus oscuros, se colocan cruces en los cuatro ángulos en que se celebran esas sesiones. Los «Aye» no se acercaran donde vean una cruz de jiba.

Ruibarbo* / Gueffarda valenzuelana, *A. Rich.* //*Osaín
Cocción de la planta.

Blenorragia

Coco* / Cocos nucifera, Lin. //*Obatalá
Agua de coco más un poco de ginebra.

Estropajo* / Luffa luffa, L. Lyons // *Obatalá
Lavados con cocción de la planta en enemas.

Para baños de «despojo», cuando la suerte nos abandona, pues el estropajo tiene la virtud de desenredar la suerte y las malas situaciones.

Sábila* / Aloe vera, Lin. // *Yemayá
Cocción de la planta para lavados vaginales en enemas.
«Espanta todo lo malo» si se ponen unas pencas detrás de la puerta.

Boceras

Cardo santo* / Argemone mexicana, Lin. // *Obatalá, Oggún
Aplicar la leche de la planta.

Borracheras

Bejuco amargo* / no encontrado // *Yemayá
Se elimina si se cuece con agua común.

Coralillo rosado* / Antigonon teptopus, Hook & Arn. // *Oyá
Cocción de toda la planta.

Bronquitis

Algodón* / Gossypium barbadense, Lin. // *Obatalá, Obanlá
Cocción de las semillas.
Las hojas del algodón se emplean en el «Omiero del Asiento», no puede disociarse de Obatalá, pues es imprescindible.

Árbol campana o bibijagua* / Datura suaveoleus, Lin. // *Obatalá
El zumo de las hojas facilita la expectoración.
Se emplea en el «Omiero» de este orisha.

Majagua* / Pariti tiliaceum, A. St. Hil. // *Oggún, Yemayá
Cocción de la flor.
No existe «okun iggi», «amarre» más sólido y duradero, que el que se hace con tiras de este hermoso árbol. La sombra o rastro de la persona que se «amarre» no se liberará nunca. Con una soga de majagua en la mano, el caimán no ataca. El majá no va a la majagua porque ésta tiene el poder de descoyuntarle y lo aniquila. Para paralizar un majá, basta arrojarle una rama de este árbol. El «ngangula» que posea una prenda que contenga un trozo de majagua, no puede tener en su casa uno de estos reptiles venerados, porque la majagua acabaría con él.
«Oddeddi» recomienda, como una bendición, las flores de majagua más zumo de berro para los tuberculosos.

Naranja* / Citrus aurantium, Lin. // *Oshún
Cocción de hojas secas.

Es el fruto que tantas veces reclama «Yeye» cuando «baja» a bailar con sus «omos» y adoradores, es muy recomendable ofrendarle a Illalodde una canasta de naranjas en la orilla del río.

Romero* / Rosmarinus officinalis, Lin. // *Yemayá
Cocción de la planta.
Sus ramas son magníficas para los «despojos». La virtud de su aroma es un gran secreto que los que lo poseen no divulgan jamás.
Tábano* / Pavonea typhalaea, Lin. & Cav. // *Todos los santos
Cocción de la planta.

Cabello

Aceitunillo* / Heifelandia pendula, Sw. // *Orunmila
La cocción de las hojas sirve para lavar la cabeza, dejando el cabello brillante y sedoso.
Es una planta que tiene «poderes», dedicada a los intelectuales, pues, con su raíz se hacen unos amuletos muy buenos para sobresalir entre sus homólogos.

Ajonjolí* / Sosamun indicum, L. // *Babalú Ayé
Friegas con la planta macerada.
Es tabú en la casa de este orisha. Si un hijo de san Lázaro come ajonjolí, se enferma e incluso puede morir, no pueden ni mirarlo. Igualmente, no deben comer granos, como el frijol, la lenteja, el gandul, sobre todo las lentejas, que son los mismos granos del leproso.

Árbol del cuerno* / Acacia cornigera, Willd. // *Obatalá, Oddúa, Oggún, Oshún
Cocción de las hojas para lavar el cabello y darle brillo.
Con este palo se prepara un buen amuleto para recuperar la virilidad.

Bejuco verraco* / Chiococca alba, Lin. Hitchc. // *Elegguá
Lavar con la cocción de toda la planta revive y ennegrece el cabello.
Se llama verraco o cochino a este bejuco porque huele a este animal (puerco, chamcó, cerdo, etc.). Asoma la raíz al mediodía y luego se esconde. Es una planta venenosa para el ganado.

Calabaza* / Corcubita maxima, Duchesne // *Oshún
Ungüento de tripa frita en aceite más semilla de mamey colorado, hace crecer el cabello y le da mucho brillo y lozanía.

A los «asentados» en Ita, si les sale la letra o signo de Obbaramelli, deberán respetar las calabazas, no pueden comerlas ni regalárselas a nadie, pues son hijas legitimas de Changó.

La primera cazuela de «congo» fue una calabaza, mucho antes que en cazuela de barro; la «nganga» se guardó en ella.

Caña brava* / Bambusa vulgaris, Lin. // *Babalú Ayé, Naná Burukú, Sodyi
Favorece el crecimiento del cabello cuando se lava con la cocción de la raíz.

San Lázaro bendijo la caña brava y, por esta razón, el rayo no la daña nunca. En ningún otro árbol o planta Babá recibe con más gusto una ofrenda. La caña brava está consagrada a Naná Burukú, madre de san Lázaro. La tierra en torno a ella tiene muchas virtudes, es «munanso mboma» –casa de maja–, lo que aumenta su prestigio. Un trozo de canuto sirve de corazón, «tima» de «nganga» sirve para guardar la vida del mar y el azogue que comunicarán a los «ngangas» su incesante movilidad se traduce en diligencia para cumplir los mandatos del «mayombero».

Coco* / Cocos nucifera, Lin. // *Obatalá
Friegas con aceite de coco.

Granada* / Punica granatum, Lin. // *Changó, Oyá
Friegas con cocción es muy eficiente para fortificar y ennegrecer el cabello.

Su fruto se le ofrece al orisha Changó. Con las ramas se alejan los fantasmas que vienen a veces a perturban nuestro reposo.

Guásima* / Guazuma tomentosa, Kth. // *Yemayá
Cocción de hojas y flores para frotar el cabello, que es fortalecido.

Hierba mora* / Solanum nigrum, Lin. // *Oggún, Yemayá
Su cocción combate la caspa del cuero cabelludo.

Es una planta muy hechicera. La piedra imán se bautiza con hierba mora y agua bendita.

Majagua* / *Pariti tiliaceum, A. St. Hil.* // *Oggún, Yemayá
Friegas con la cocción de las flores.

No existe «okun iggi» ni amarre más sólido y duradero que el que se hace con tiras de este hermoso árbol. La sombra o rastro de la persona que se le «amarre» no se liberará nunca. Con una soga de majagua en la mano, el caimán no ataca. El majá no va a la majagua porque ésta tiene el poder de descoyuntarle y lo aniquila. Para paralizar un majá, basta arrojarle una rama de este árbol. El «ngangula» que posea una prenda que contenga un trozo de majagua, no puede tener en su casa uno de estos reptiles venerados, porque la majagua acabaría con él.

Manzanilla* / Chysanthellum americana, Lin. // *Oshún
Frotar el cabello con la cocción de la planta.

Miraguano* / Trinax argentea, Mart. // *Aggayú, Changó
Friegas con aceite de las semillas detiene la caída del cabello.

Con el miraguano se hacen flecos «malipo» para adornar el «Igbodu» cuando se «asienta» a Yewá, ceremonia muy secreta y a la que se invita a muy pocas personas. Estos flecos también decoran casas de santos, colgados de la parte interior del marco de las puertas en honor a Aggayú.

Palo caballero* / Phoradendron rubrum, Gris. // *Changó
Friegas con la cocción de la planta evita caída del cabello.

Se le llama también guinda vela, se encuentra en las guasitas, el granadillo y otros arbustos. Tiene poder para todo, es uno de los arbustos que protege de brujerías y de toda mala influencia. Llevando un trocito colgado del cuello o en el bolsillo se aleja a los malos espíritus.

Pino* / Pinus tropicalis, Monc. // *Changó
La cocción de la raíz hace crecer el cabello.

La raíz posee grandes virtudes que le confiere Nsasi Mkita. El pino es el nivel del mundo, crece hasta que ve el mar. Cuando se siembra para suerte, se le paga su derecho, cuatro o seis céntimos, y se le dan cuatro huevos de gallina y la sangre de un gallo. La persona lo siembra en cuclillas y termina la ceremonia de pie invocando siempre a Changó. Cada año se le regala un gallo, el pino sube y el que lo plantó también; a medida que crece, le ruega, le alimente año tras año y el pino, agradecido, le dará buena sombra. Su dueño no dejará que nadie le corte una rama, pues lo perjudica. Eshú vive con frecuencia en el pino y allí, metido entre las ramas, se le oye burlarse.

Resedá* / Lawsonia inermes, Lin. // *Yemayá
La cocción de la planta ennegrece el cabello.

Romero* / Rosmarinus officinalis, Lin. // *Yemayá
Friegas con la cocción de la planta lo fortalecen.

Sus ramas son magníficas para los «despojos». La virtud de su aroma es un gran secreto que, los que lo poseen, no divulgan jamás.

Sabina* / Juniperus lacaya, Brittom. // *Yemayá
Frotarse con aceite de semillas fortalece el crecimiento.

Verbena* / Verbena officinalis, Lin. // *Yemayá
Frotarse con savia más aceite fortalece el cabello.

Albahaca* / Ocymun basilicum, Lin. // *Todos los santos
La infusión de sus hojas más flores calma dolores de cabeza.

En los templos «kimbisa», cuando un iniciado entra en trance y ya se sabe el padre que va a poseerlo, se le rocía el cuerpo junto a la «nganga» –caldero– con la «chamba» –el aguardiente del ritual–. Ya en posesión del nuevo «ngombe» –médium– inmediatamente se lavan los ojos con «mamba» –agua preparada con albahaca, grama, vino seco y otros ingredientes–, para que vean las cosas del otro mundo. Tres baños de albahaca de todas sus especies, azucenas y rosas blancas bastarán para saturarse de sus grandes virtudes y atraer buenas influencias, alejando los malos espíritus y el mal de ojo.

Bija* / Bixa orellana, Lin. // *Elegguá, Changó
La cocción de las hojas quita el dolor.

La bija se utiliza en las «rogaciones» a Changó, pues es la que colorea la comida de algunos orishas.

Cojate o colonia* / Alpinia aromatica, Aubl. // *Obatalá, Ochun
La aplicación de las hojas frescas sobre las sienes quita el dolor

Mezclada con la albahaca, es muy buena para alejar los «egguns», se purifica la casa y se libra uno de las malas influencias.

Guanábana* / Anona muricata, L. // *Obatalá
Aplicar hojas calientes sobre las sienes quita el dolor.

Higuereta* / Ricinos communis, Lin. // *Obatalá
Las hojas ceñidas en la frente con un paño quitan el dolor.

Incienso* / Artemisia abrotanum, Lin. // *Babalú Ayé, Obatalá
Su aspiración quita el dolor de cabeza.

Se usa mucho en «despojos» de los malos espíritus.

Mejorana* / Origanum majorana, Lin. // *Todos los santos
Cocción concentrada más una taza de chocolate.

Una ramita sirve de amuleto, puede llevarse en una bolsita en el bolsillo. Cuando la planta crece mucho, es sinónimo de abundancia, tanto en bienes materiales como en salud y prosperidad; cuando ocurre lo contrario, cuando se marchita y no prende al sembrarla, es augurio de mala suerte y ruina.

Ojo de buey* / Mucun orens, L.D.C. // *Changó
Emplasto de la savia sobre la cabeza alivia el dolor.

Ojo de profeta* / no encontrado // *Orula
Emplasto de la savia sobre la cabeza alivia el dolor

Romero* / Rosmarinus officinalis, Lin. // *Yemayá
Emplasto de la planta macerada en alcohol.

La virtud de su aroma es un gran secreto que, los que lo saben, no divulgan jamás.

Ruda* / Ruta chalepensis, Lin. // *Changó
Aplicar hojas tibias sobre las sienes con un paño atado alivia el dolor.

Los brujos la detestan, es su peor enemigo. Por ello, es buena precaución tener una planta de ruda en el patio de la casa o en el balcón, pues nunca se sabe quién vive en la otra puerta, y los niños son los más expuestos. En la casa donde crece esta planta, los «ndoki» no entran. Cuando la planta se está agotando, se escoge el mejor de los gajos y se vuelve a sembrar en tierra nueva. No se le dará a nadie ni una hoja de esta planta, ni se toca los viernes.

Salvia* / Pluchea odorata, Cass. // *Babalú Ayé
Cocción de las hojas más hojas frescas colocadas sobre las sienes con un paño alivia el dolor.

Cadera

Camarón* / Acrostichum excelsum, Masón. // *Oggún, Yemayá
Baño de cocción de la planta alivia dolores.

Calambres

Ateje amarillo* / Cordia alba, Jacq. Roem et. Sch. // *Osaín, Oshún
Friegas con cocción de raíces más hojas elimina los calambres.

Guayabillo* / Pithecolobium tortum, Mart. // *Changó, Elegguá, Oggún
Emplasto de savia alivia el calambre de las manos.

El fruto es una de las ofrendas que más gusta a los orishas, «trabaja» con garabatos «iwo lunguoa» de este árbol y con sus hojas «koka».

Majagua* / Pariti tiliaceum, A. St. Hil. // *Oggún, Yemayá
Friegas de flores maceradas en alcohol alivian los dolores.

No existe «okun iggi ni amarre» más sólido y duradero que el que se hace con tiras de este hermoso árbol. La sombra o rastro de la persona que se «amarre» no se liberará nunca. Con una soga de majagua en la mano el caimán no ataca. El majá no va a la majagua porque ésta tiene el poder de descoyuntarle y lo aniquila. Para paralizar un majá, basta arrojarle una rama de este árbol. El «ngangula» que posea una prenda que contenga un trozo de majagua, no puede tener en su casa uno de estos reptiles venerados porque la majagua acabaría con él.

Callos

Caguairán* / Capaifera hymenaofolia, Moric. // *Babalú Ayé
Apósitos con savia de la planta alivian. el dolor de los callos de sangre.

El dueño de una «nganga» de «coballende», cuando llama al espíritu y éste se manifiesta, tiene que empuñar un bastón de caguairán.

Cucaracha* / Zebrina péndula, Schnize. // *Yemayá
Cataplasmas de hojas maceradas sobre callosidades de los pies las elimina.

En «Omiero», para lavar las piezas de este orisha.

Guayabillo* / Pithecolobium tortum, Mart. // *Changó, Elegguá y Oggún
Cataplasma de hojas maceradas más savia elimina callosidades.

El fruto es una de las ofrendas que más gusta a los orishas, trabaja con garabatos «iwo lunguoa» de este árbol y con sus hojas «koka».

Calvicie

Sabina* / Juniperus lacaya, Brittom. // *Yemay
Friegas con aceite de la semilla evitan la calvicie.

Cansancio

Acacia* / Gliricidia sepium, Kth. // *Obatalá
Cocción tibia de hojas más raíces.

Anís* / Pimpinela anique, Lin. // *Oshún
Cocción de la semilla elimina el cansancio.

Castaño* / Castanea sativa L. // *Obba
Cocción de la raíz: beber en lugar de agua.

Caspa

Limón* / Citrus limonum, Risso // *Elegguá
Frotar la cabeza con zumo de limón.

Salvia morada o colorada* / Pluchea purpurascens, D.C. // *Babalú Ayé
Untar savia a la raíz del cabello.

Catarros

Almácigo* / Elaphrium simaruba, Lin. Rose. // *Changó, Elegguá
Cocción de las hojas al acostarse y además poner cuatro o cinco hojas en cruz debajo de la almohada. En los niños resfriados, se recomienda poner hojas tibias con medias al dormir.

No debe olvidarse que el almácigo tiene más virtudes el Viernes Santo, como otras plantas medicinales y que, para curar, no se ofende a Dios cortándolo, pues su misión es curar y sobre todo, que se sepa, con este palo no se hace nada malo, es un palo médico nada más. El fuego no lo ataca, acaba con todos los matojos y palos que están a su alrededor, pero a él no se le acerca y lo respeta donde quiera que esté. Es espantabrujos y purificador. Se mezcla con la cuaba, la aguedita y el yagrumo. El humo que desprende la resina quemada con un diente de ajo ahuyenta las malas influencias.

Ambarina* / Hibiscus abelmosehus, Lin. // *Oshún
Cocción de la planta.

Baria o varia* / Cordia geraschantus, Lin. // *Elegguá, Changó, Oyá
Infusión de las flores, miel de abejas, raíces y «mar pacífico».

Bejuco uvi (5 hojas)* / Cissus sicyoides, Lin. // *Yemayá
Cocción de la planta.
Sirve para lavar las piezas y atributos de este orisha.

Caña santa* / Costus spicatus, Jacq, Rose // *Oggún
Es excelente en cocciones para catarros bronquiales. Con la raíz se prepara un licor que da calor a los bronquios.

Con esta planta se enardece a Oggún.

Cardo santo* / Argemone mexicana, Lin. // *Obatalá, Oggún
Cocción de las flores.

Cebolla* / Allium cepa, Lin. // *Todos los santos
Comer cruda.

La pequeña, molida y pulverizada con los palos «fuertes y sollanga» –bichos– de la «nganga», se da a tomar y enloquece. Mezclada con incienso, aplicada a las personas y en la casa aleja las malas influencias.

Cedro* / Cedrela mexicana, M.J. Roem. // *Changó
Cocción de las hojas. Es muy bueno para catarros fuertes, así como la resina en jarabe.

En tiempos de epidemias se debe meter un trozo de cedro en el agua de beber. El cedro hembra se empleará para los hombres y el cedro macho para las mujeres.

Cordobán* / Rhoeo discolor, Hance // *Changó
Cocción de las hojas. Es excelente el jarabe que se prepara de las raíces para enfermedades de las vías respiratorias.

En «Omiero», para lavar las piezas y reliquias del orisha.

Culantrillo de pozo* / Adriantum tenerum, Sw. // *Oshún
En jarabe es muy bueno para los bronquios.

Para Omiero del orisha y «rogar» cabezas con flor de agua (helecho de río), vinagre y algodón.

Güira cimarrona* / Calopogorium coeruleum, Benth // *Elegguá, Osaín
Jarabe de pulpa más miel de abejas.

Con el güiro se practican innumerables brujerías para atraer a las personas. El fruto de esta planta es más pequeño que el fruto de la güira criolla. Este pequeño güiro *(egwa pikuti)* es el preferido por estas «deidades» para sus amuletos y resguardos. El «Osaín conversador» se mete en ellos.

Mariposa* / Hedychium coronarium, Koenig. // *Todos los santos
Cocción de la raíz expulsa las flemas.

Orozuz* / Limpia dulces, Trec. // *Oshún
Cocción de las hojas.

Pichona* / no encontrado // *Todos los santos
Ungüento molido con vaselina.

Pimienta china* / no encontrado // *Oggún
Ungüento molido con vaselina.

Rosa francesa* / Nerium oleander, Lin. // *Yewá
Jarabe de la planta.

Planta aromática que se emplea mucho en baños para «atraer» dinero.

Yagruma* / Cecropia peltata, Lin. // *Obatalá
Cocción de hojas de Yagruma, bejuco uvi, higo, cordobán, romerillo, caña santa, naranja y miel de abejas es excelente para el catarro.

Para los «mayomberos», es la torre centinela de «sunsundanga», la lechuza, que está allí esperando y lista para ir a buscar y llevar mensajes. Es el pájaro correo de la muerte, trabaja con el yagrumo, es el vigilante del monte por ser el mas alto, el que se elva por encima de todos. Por tal motivo, los «paleros» llaman con insistencia al yagrumo el centinela. La lechuza acecha los movimientos de los enemigos.

Cerebro

Bejuco alcanfor* / Aristolochia trilobata, Lin. // *Oyá
Cocción de toda la planta.

Malanga* / Xantosoma sagitifolium, Schott. // *Yemayá
Fortalece tomando el agua del tallo en ayunas.

En una hoja de malanga, se guarda el «derecho» (dinero que recibe la madrina por dar Santo en la «Ceremonia del Asiento»).

Ruda* / Ruta chalepensis, Lin. // *Changó
Caldo de la planta más huevos en ayunas.

Los brujos la detestan, es su peor enemigo. Por ello, es buena precaución tener una planta de ruda en el patio de la casa o en el balcón, pues nunca se sabe quién vive en la otra puerta, y los niños son los más expuestos. En la casa donde crece esta planta, los «ndoki» no penetran. Cuando la planta se está agotando, se escoge el mejor de los gajos y se vuelve a sembrar en tierra nueva. No se le dará a nadie ni una hoja de esta planta, ni se toca los viernes.

Chinches

Aguacate* / Persea gratíssima, Gaertn. // *Changó, Elegguá y Oggún
Rociar muebles con hervidura de las semillas molidas.

El fruto morado del aguacate pertenece a Oyá.

Ceibón de arroyo o drago* / Bombax emarginathum, Dene. // *Aggayú
Quemar la planta y pulverizarla sobre los muebles.

Cicatrices

Ateje hermoso* / no localizado // *Osaín
Zumo de las hojas más los tallos elimina cicatrices superficiales, así como desvanece las manchas de la piel ocasionadas por quemaduras.

Cintura

Camarón* / Acrostichum excelsum, Masón // *Oggún, Yemayá
Los baños de cocción calman los dolores.
Guamal o guamara* / no localizado // *Todos los santos
Las hojas hervidas en baños de asiento caliente eliminan el dolor.

Cistitis

Anón* / Anona squamosa, Lin. // *Obatalá
Cocción de las hojas y Mari López.

Caisimón* / Pothomorphe peltata, L. Miq. // *Babalú Ayé, Changó, Yemayá
Cocción de las raíces.

Caña brava* / Bambusa vulgaris, Lin. // *Babalú Ayé, Naná Burukú , Sodyi
Cocción de las raíces.

La tierra que la circunda con «madre bibijagua y comején» sirve para desbaratar cualquier superstición. San Lázaro bendijo la caña brava y, por esta razón, el rayo no la daña nunca. En ningún otro árbol o planta, Babá recibe con más gusto una ofrenda. La caña brava está consagrada a Naná Burukú, madre de san Lázaro. La tierra en torno a ella tiene muchas virtudes, es «munanso mboma» –casa de maja–, lo que aumenta su prestigio. Un trozo de canuto sirve de corazón «tima» de «nganga», sirve para guardar la vida del mar y el azogue que comunicarán a los «ngangas» su incesante movilidad, que se traduce en diligencia para cumplir los mandatos del mayombero.

Cólicos

Albahaca anisada* / Anistatum hort. L. // *Obatalá
Cocción de las ramas más las raíces.

Echar dos manojos de esta planta en una tina y bañarse con esa agua sirve para despojos corporales.

Amor seco* / Meibomia barbata, Lin. // *Oshún
Cocción de la planta.

Calaguala* / Polypodium aureum, Lin. // *Oshún
Cocción de las hojas más las raíces.

Cardo Santo* / Argemone mexicana, Lin. // *Obatalá, Oggún
Infusión con las semillas.

Cilantro* / Eryngium Foetidum, Lin. // *Yemayá
Zumo de la planta macerada en agua tibia.

Con las hojas tiernas se condimenta la comida de los orishas.

Hinojo* / Foeniculum vulgare, Mill. // *Obatalá
Baños con cocción de la planta.

Es el «palo» de la muerte. Se utiliza en las ceremonias que se le celebran al cadáver de los «mayomberos» judíos antes de darle sepultura. Este orisha trabaja con este árbol para acabar con la «karakambula», o sea, destruir la acción de una brujería.

Hoja menuda* / Pithecolobium berterianum, Balbis. // *Ibeyis, Oshún
Cocción de la planta para cólicos infantiles.

Limón* / Citrus limonum, Risso. // *Elegguá
Agua hervida más algunas gotas de limón.

Mastuerzo* / Lepidium virginicum, Lin. // *Elegguá
Cocción de la hoja hace orinar abundantemente.

Con esta planta se hacen trabajos brujos para enamorar. La persona pulveriza la planta y se la unta en la mano para saludar a la persona que desea conquistar, así como se coloca una ramita en la boca para hablarle. Debe cogerla del monte, donde está limpia y pura, en la madrugada de un viernes antes de que salga el sol, se toca tres veces con la mano antes de arrancarla y se le dice a ella para qué se va a usar.

Mejorana* / Origanum majorana, Lin. // *Todos los santos
Cocción de la planta.

Una ramita sirve de amuleto, puede llevarse en una bolsita en el bolsillo. Cuando la planta crece en cantidad, es sinónimo de abundancia, tanto en bienes materiales como en salud y prosperidad; cuando ocurre lo contrario, cuando se marchita y no prende al sembrarla, es augurio de mala suerte y ruina.

Verdolaga / Tanilum paniculatum, Goertn. // Yemayá
Cocción de la planta.

Para tapar y refrescar al orisha. Se emplea en «limpieza y baldeos» para atraer la suerte.

Colitis

Bastón de san Francisco* / Leonotis nepetaefolia, Lin. // *Orula
Tisana de las hojas.

Cucaracha* / Zebrina pendula, Schnize. // *Yemayá
Cocción de las hojas.

En Omiero, para lavar las piezas de este orisha.

Cundeamor* / Momordica charantia, L. // *Todos los santos
Cocción de las hojas.

Mamey* / Lucuma mammosa, Gaertn. // *Changó
Tomar cucharaditas del aceite donde previamente se han frito semillas molidas.

Palo cochino* / Tetragastris balsamifera, Sw. // *Changó, Oggún y Yemayá
Cocción de las raíces: beber en lugar de agua.

Hierba mulata* / Solanum nigrum, L. // *Oshún
Cocción de la planta.

Es una planta muy hechicera. La piedra imán se bautiza con hierba mora y agua bendita.

Complicaciones en el parto

Palo malambo* / Canella alba, Murr. // *Todos los santos
Cocción de la raíz más corteza, muy bueno para las mujeres que acaban de dar a luz.

Es uno de los palos brujos y fuertes que manipula el hechicero de filiación «conga» y con el cual se pueden hacer buenos y malos trabajos.

Corazón

Aguinaldo blanco* / Ribea corymbosa, L. // *Obatalá
La cocción de las flores regula las palpitaciones.

Con él se practican aguas lustrales y despojos en las casas, evita además las malas influencias. Llevar una ramita como amuleto en un bolsito.

Ajonjolí* / Sesamun indicum, L. // *Babalú Ayé
La cocción de las semillas lo fortalece.

Los hijos de Obatalá no pueden comerlo, ni el «ngangulero», ya que no liga con la «nganga». Sólo lo comen sin peligro los santos. Si el ajonjolí se desparrama, significa que puede provocarse una epidemia.

Azucena* / Polianthes tuberosa, lin. // *Obatalá, Oddúa
Cocción de las flores: fortalece el corazón débil.

Geranio* / Pelargonium odoratissimum, L. // *Changó, Oyá
Cocción de la planta más hojas de toronjil.

Da buena suerte cuando se emplea en baños para despojos.

Guanabilla* / Curalea cubensis, Urb. // *Obatalá
Cocción de las hojas para males cardíacos.

Perejil* / Apium petroselinum, Lin. // *Oshún
Colocar la cocción en paños calientes y situarlos sobre el corazón alivia el dolor.

Toronjil* / Melissa officinalis, Lin. // *Todos los santos
Cocción de las hojas con cogollo de guayabo y hojas de naranjo, da buena suerte cuando se emplea en baños para despojos.

Corporales

Violeta* / Viola odorata, Lin. // *Yemayá
Cocción de las flores más hojas: alivia dolores.

Coyunturas

Salvia morada o colorada* / Pluchea purpurascens, D. C. // *Babalú Ayé
Alivia el dolor frotando la parte dolorida con savia de la planta.

Cucarachas

Reseda* / Zebrina pendula, Schnize // *Yemayá
El polvo tostado y molido las ahuyenta de su hábitat.

Sirve para lavar los atributos de este orisha en Omiero.

Culebrilla

Árbol campana o bibijagua* / Datura suaveoleus, Lin. // *Obatalá, Orisaoko, Yewá
Ungüento con la savia de la planta.

Se le supone un reptil en el cuerpo, por su forma de culebra. Los garabatos de esta planta sirven para unir a las personas que han estado distanciadas por cualquier motivo.

Hierba mora* / Solanum nigrum, Lin. // *Oggún, Yemayá
Ungüento de la planta macerada con un poco de aceite caliente, o hacemos una crema del fruto de la planta y lo untamos en la zona afectada.

Es una planta muy hechicera. La piedra imán se bautiza con hierba mora y agua bendita.

Desinfectante

Guarayu* / Zambia angustifolia, Jacq. // *Ochosi
Fregar objetos contaminados con una hervidura de hojas más las raíces.

Esta planta se emplea en trabajos de este orisha, sobre todo en limpieza de enfermos contagiosos.

Diabetes

Albahaca morada* / Ocymun basilicum, Lin. // *Todos los santos
Cocción de toda la planta y beber en lugar de agua.

Sirve para despojos y males de ojo. Hay varios tipos de albahacas, aleja a los espíritus malos y oscuros.

Almacigo* / Elaphrium simaruba, Lin, Rose // *Changó, Elegguá
Cocción de la corteza más la planta paraíso.

Es un palo espantabrujos y purificador. El humo que desprende cuando se quema la resina con una cabeza de ajo espanta las malas influencias.

Caña brava* / Bambusa vulgaris, Lin. // *Babalú Ayé, Naná Burukú , Sodyi
Cocción de la planta con agua común.

En la mitología africana, se dice que en el primer baroco Eroko le entregó al Yamba una punta de caña brava cuando lo bautizaron y le dieron el título de Mosongo. Babalú Ayé lo bendijo y por esta razón el rayo no la daña nunca. Esta planta está consagrada a Naná Burukú.

Girasol* / Helianthus annuss, L. // *Oshún
Beber infusión de las raíces en lugar de agua.

Mastuerzo* / Lepidium virginacum, Lin. // *Babá, Elegguá
Cocción de toda la planta más las raíces.

Con esta planta se hacen trabajos brujos para enamorar. La persona pulveriza la planta y se la unta en la mano para saludar a la persona que desea conquistar, y se coloca una ramita en la boca para hablarle. Debe cogerla del monte, donde está limpia y pura, en la madrugada de un viernes antes de que salga el sol, se le toca tres veces con la mano antes de arrancarla y se le dice a ella para qué se va a usar.

Palo blanco* / Simaroubo glauca, D.C. // *Todos los santos
Infusión de las hojas, las raíces y la corteza.

Pomarrosa* / Eugenia jambos, Lin. // *Oshún
Cocción de la planta más las raíces.

Es una planta muy temida por los «mayomberos» que poseen una «nganga», pues se considera como matabrujos. Por ello, el que anda con una «nganga» judía no puede ni mirar una semilla de pomarrosa. Esta planta no se menciona en casa del «ngangulero».

Diarreas

Acana* / Bassia albescens, Grises // *Changó, Oggún
Cocción de la hoja tres veces al día.

Sirve para «resguardo» o amuleto, son palos «fuertes» en la santería. Las cruces que se elaboran con este palo apartan las malas influencias y desvían el «mal de ojo», y los que ven fantasmas por la noche con este amuleto no los verán más, pues los espanta.

Almacigo* / Elaphrium simaruba, Lin. Rose // *Changó, Elegguá
Elimina diarreas sanguinolentas: cocción de la raíz, corteza y cogollo de la planta.

Es un palo espantabrujos y purificador. El humo que desprende cuando se quema la resina con una cabeza de ajo espanta las malas influencias.

Anón* / Anona squamosa, Lin. // *Obatalá
Cocción de las hojas.

Arroz* / Oriza sativa, Lin. // *Obatalá
Cocción de agua de arroz hervido.

El arroz con leche es una ofrenda a Obatalá. A la semana siguiente del «levantamiento del plato», ceremonia que se hace al año de la muerte de un iyalocha, después de una noche en «vela» en que se tocan los tambores Batá, exclusivamente para el muerto, asistirán a las honras fúnebres que deben realizarse en la iglesia y, a su regreso, se cocina este arroz sin sal y con la carne sobrante del cerdo que se le haya sacrificado al difunto el día anterior, se riega por las cuatro esquinas de su casa para dar paz y prosperidad.

Caimito* / Chrisophyllum oliviforme, Lin. // *Oyá
Cocción de la corteza.

Para cargar prendas y dar fuerza a los talismanes «mpakas». El orisha agradece mucho este fruto y complace al que ruega con gran atención.

Canela de monte* / Laurus cinnamomun, L. // *Oshún
Jarabe de la planta.

Es el árbol por excelencia de este orisha. Con este árbol se preparan polvos y talismanes amorosos. Hecha polvo y mezclada con aguardiente es alimento de «prendas».

Chirimoya* / Anona cherimolia, Mill. // *Babá, Obatalá
Cocción de las hojas.

Las hojas se utilizan en «Omiero del Asiento» y sirven también para «despojos».

Fruta bomba* / Carica papaya, Lin. // *Oyá
Cocción de la pulpa del fruto verde.

Para rogaciones de la cabeza y para refrescar al Ángel de la Guarda.

Guanábana* / Anona muricata, L. // *Obatalá
Cocción de las hojas de la planta.

Legaña o lagaña de aura* / Plumbago scandens, Lin. // *Oshún
La cocción de las plantas es muy buena para niños.

Da un grano morado como una uva que se administra en brebajes, entre otras cosas, para «amarrar». Con los gajos se barre lo «malo», por eso la llaman «hierba bruja» y otros la conocen por «mala cara».

Llantén cimarrón* / Echinodorus grisebachu, Small // *Oshún
Cocción de la planta.

Plátano* / Musa paradisiaca, Lin. // *Changó
Cocción de la fruta verde con la cáscara.

El plátano sirve de «ebbo» de salud o de muerte. Su fruto gusta a todos los orishas. Cuando alguna persona va a consultarse, se le pide dar una ofrenda de esta fruta entre otras cosas. Las iyalochas y los babaloches con una pomada especial a base de manteca de corojo y de cacao con cascarilla, se frotan las manos y, rezándole a Changó, frotan cuatro plátanos verdes de arriba hacia abajo para que interceda por el consultante en sus peticiones.

Toronjil* / Melissa officinalis, Lin. // *Todos los santos
Cocción de las hojas, hierba Luisa y un poco de cáscaras de naranja china.

Da buena suerte cuando se emplea en baños para despojos.

Dientes

Aretillo* / Savia sesilliflora, Willd. // *Elegguá
Se pulen y blanquean masticando ramitas y hojas tiernas de la planta.

Bejuco de indio* / Ipomoea tubersa, Lin. // *Todos los santos
Se limpian con enjuagues de cocción de la planta.

Cebolla* / Allium cepa, Lin . // *Todos los santos
Comerla cruda fortalece los dientes.

La pequeña, molida y pulverizada con los palos «fuertes y sollanga» –bichos– de la «nganga», se da a tomar y enloquece. Aleja las malas influencias mezclada con incienso y aplicada a las personas y en la casa.

Culantrillo de pozo* / Adriantum tenerum, Sw. // *Oshún
Un buche de savia elimina el sarro de los dientes.

Para Omiero del orisha «rogar» cabezas con flor de agua (helecho de río), vinagre y algodón.

Jaboncillo* / Goiania polygama, Jacq. Urb. // *Oshún
Se blanquean los dientes masticando las ramitas.

Maboa* / Cameraria latifolia, Lin. // *Obatalá, Oggún
La leche de las plantas destruye las caries.

Digestión

Acebo de la tierra* / Ilex montaña, Grises // *Obatalá
Infusión de las hojas más las raíces.

Anís* / Pimpinela anique, Lin. // *Oshún
Su cocción favorece la digestión lenta y pesada.

Grosella* / Cicca desdicha, Lin. // *Oshún
La cocción de la raíz más las hojas favorece al aparato digestivo.

Mamoncillo* / Molicocea bijuga, Lin. // *los Ibeyis
Preparar un licor o vino con savia, las frutas y las raíces.

Naranja* / Citrus aurantium, Lin. // *Oshún
Cocción de la corteza del fruto.

Es el fruto que tantas veces reclama «Yeye» cuando «baja a bailar con sus omos» y adoradores; es muy recomendable ofrendar a Illalodde una canasta de naranjas a la orilla del río.

Piña blanca* / Ananas anana, L. Cock. // *Obatalá
Fortalece tomar jugo de las raíces.

Piña ratón* / Bromelia pinguin, Lin. // *Elegguá
Zumo de la fruta: favorece la digestión.

Digestivo

Fruta bomba* / Carica papaya, Lin. // *Oyá
Comer a trozos o tomar la fruta madura en zumo.

Para «rogaciones» de la cabeza y para refrescar al Ángel de la Guarda.

Llantén cimarrón* / Echinodorus grisebachu, Small // *Oshún
Decocción caliente, una taza cada tres horas.

Disentería

Adormidera de sabana* / Desmantus virgatus, Willd. // *Todos los santos
Lavativas con la cocción de la planta.

Es una planta muy buena para cautivar o embaucar a una persona con ciertos brebajes que se le dan a beber mezclados con otros ingredientes.

Hierba mulata* / Solanum nigrum, L. // *Oshún
Cocción de la planta.

Es una planta muy hechicera. La piedra imán se bautiza con hierba mora y agua bendita.

Diurético

Achicoria blanca* / Cichorium endivia, Lin. // *Obatalá
Macerar hojas más raíces en agua: beber.

Bejuco colorado* / Serjania diversifolia, Jacq. // *Changó, Elegguá, Orisaoko
Cocción de la planta.

Canutillo blanco* / Comelina elegans, Hbk. // *Obatalá
Cocción de la planta.

Con esta planta se lavan todos los orishas femeninos.

Caña de azúcar* / Saccharum officinarum, Lin. // *Changó
Cocción de la raíz.

Es muy importante el uso de esta planta en los ritos «abakua». Si se colocan en el suelo dos pedazos cruzados ante el «ireme», éste permanecerá inmóvil y no se atreverá a avanzar. El azúcar tanto endulza al ángel como al enemigo.

Caña santa* / Costus spicatus, Jacq, Rose // *Oggún
Cocción de la planta.

Con esta planta se enardece a Oggún.

Cebolla* / Allium cepa, Lin. // *Todos los santos
Cocción de la planta.

La pequeña, molida y pulverizada con los palos «fuertes y sollanga» –bichos– de la «nganga», se da a tomar y enloquece. Aleja las malas influencias mezclada con incienso y aplicada a las personas y en la casa.

Coco* / Cocos nucifera, Lin. // *Obatalá
Tomar el agua de la fruta.

Cojate o colonia* / Alpinia aromática, Aubl. // *Obatalá, Oshún
Cocción de la raíz.
Mezclada con la albahaca, es muy buena para alejar los «Egguns», se purifica la casa y libra de las malas influencias.

Chayote* / Sechium edule, Sw. // *Oshún, Yemayá
Cocción de la planta.

Las hojas tiernas y frescas se cortan por la mañana, antes de que salga el sol y, un día que no sea viernes, con ellas se preparan las comidas de estos orishas. Es una buena forma de proceder cuando el consultante desea obtener grandes soluciones a sus problemas, pues es una de las comidas más apetitosas.

Fruta bomba* / Carica papaya, Lin. // *Oyá
Comer trozos o beber zumo de la fruta madura.

Para «rogaciones» de la cabeza y para refrescar al Ángel de la Guarda.

Grama o hierba fina* / Cynadon dactylon, L. Pers. // *Todos los santos
Cocción de la planta.

Esta hierba es muy bruja y se introduce en muchos amuletos e instrumentos mágicos, «trabaja» mucho y es de cuidado. Se emplea antes de comenzar el «Juego de Palo» para los «nkangues», amarres que se sitúan en las esquinas y protegen la reunión del brujo y a sus clientes. Con la grama no hay sorpresas, dice el «mambí», mientras ata encima del caldero a los «mundales», justicia no vendrá. En la Regla de Mayombe del «Santo Cristo del Buen Viaje» se lleva un manojo de grama a la cabeza del que se inicia, con la «nganga» de maíz mojado en vino seco y tierra de la «naganga», mientras se le pregunta tres veces su nombre y apellidos. Después de tocar la cabeza con la grama, se le corta un mechón de pelo que se guarda en la «nganga» con la sangre que brota de las cruces que se le hacen al iniciado en los antebrazos, a ambos lados del pecho y de los empeines de los pies.

Cuando un «ngombe» es recién iniciado en alguna rama de «Palo Monte», vuelve de recoger la ropa que se ha enterrado en el cementerio porque, al «hacerse Mayombero», su cuerpo pertenece a los muertos, se le da a beber el zumo de la grama machacada y colada y bebe tres sorbos.

Con un puñado, se le entrega la «kisenguere o kisenga» la tibia, o sea la canilla de un esqueleto mágicamente preparada que se pasará tres veces por detrás de las piernas, alrededor de la cintura y por la cabeza. Con las briznas de grama y la canilla en la mano, se arrodilla ante la «nganga». El espíritu no tarda en poseer su cuerpo, «lo tumba y se le encarama encima». La «kisingua» es como un tubo por donde ve el espíritu y entra en su «ngombo», médium.

Guisazo de caballo* / Xanthiub chinense, Mill. // *Oggún
Cocción de las raíces más los frutos.

Maíz* / Zea mays, Lin. // *Todos los santos
Cocción de la pelusa.

Mastuerzo* / Lepidium virginitum, Lin. // *Babá, Elegguá
Cocción de toda la planta.

Con esta planta se hacen «trabajos» brujos para enamorar. La persona pulveriza la planta y se la unta en la mano para saludar a la persona que desea conquistar y se coloca una ramita en la boca para hablarle. Debe cogerla del monte, donde está limpia y pura, en la madrugada de un viernes, antes de que salga el sol, se toca tres veces con la mano antes de arrancarla y se le dice a ella para que se va a usar.

Melón de agua* / Citrullus vulgaris, Schr. // *Yemayá
Pasta de las semillas con azúcar.

Ojo de buey* / Mucun orens, L.D.C. // *Changó
Cocción de trozos del bejuco.

Platanillo de Cuba* / Canna indica, Lin. // *Changó
Cocción de la planta.

Lo que tiene de bonita esta planta lo tiene por igual de «seria» para realizar «trabajos» de brujería y santería en «amarres y cuidado» de las personas.

Tamarindo* / Tamarindos indica, Lin. // *Obatalá
Cocción de las raíces más la corteza.

En este árbol apareció por primera vez Nuestra Señora del Carmen. Se duerme a las tres de la tarde y es propicio cortar sus gajos antes que de se amodorre.

Dolores

Copey* / Clusia rosea, Jacq. // *Orula
Fomento de las raíces más la corteza hervida y colocar sobre la parte afectada.

Se emplea para hacer «prendas», porque es muy poderoso. Donde nace se apodera de la tierra y ningún otro «palo» puede vivir por allí, por eso es muy bueno en la agricultura.

Pringamoza* / Platygyne pruriens, Baill. // *Oshún
Para dolores en el ano, untar las hojas maceradas.

Toronjil* / Melissa officinalis, Lin. // *Todos los santos
Cocción alivia dolores de la cintura.

Da buena suerte cuando se emplea en baños para despojos.

Eczemas

Calabaza* / Corcubita maxima, Duchesne // *Oshún
Aplicar zumo de toda la planta.

A los «asentados» en Ita, si les sale la letra o signo de Obbaramelli, deberán respetar las calabazas, no pueden comerlas ni regalárselas a nadie, pues son hijas legitimas de Changó.

La primera cazuela de «congo» fue una calabaza, mucho antes que en cazuela de barro, la «nganga» se guardó en ella.

Ponasí* / Hamelia patens, Jacq. // *Changó
Fomento de cocción de las hojas.

Embriaguez

Palo amargo* / Picramnia reticulata, Gris // *Changó, Oshún
Beber cocción de la corteza más hojas, en lugar de agua.

Sin la corteza, se emplea para «trabajos» de Santo y para «amarrar» la vida.

Empachos

Ajo **/ Allium sativum, Lin. //** ***Todos los santos***
Masaje de ajo machacado con aceite más sal sobre el estómago.

No se emplea para sazonar las comidas de los orishas. Es el sustento de las «ngangas» y «prendas fuertes». Les da fuerza, pero hay «prendas» que el ajo las mata, son débiles y no lo resisten. El ajo domestica a los majáes guardianes de las «ngangas», por ello casi siempre se ve a este animal disecado cerca de esta olla.

Naranja **/ Citrus aurantium, Lin. //** ***Oshún***
Masajear el estómago con aceite más sal con hojas.

Es el fruto que tantas veces reclama «Yeye» cuando «baja» a bailar con sus «omos» y adoradores es muy recomendable ofrendar a Illalodde una canasta de naranjas a la orilla del río.

Encías

Aretillo **/ Savia sesilliflora, Willd. //** ***Elegguá***
Se fortalecen masticando ramitas más hojas tiernas.

Bejuco de corrales **/ Serjania diversifolia, Jacq. //** ***Yemayá***
Fortalece hacer friegas con zumo o hacer enjuagues de cocción.

Llantén cimarrón **/ Echinodorus grisebachu, Small //** ***Oshún***
Zumo en algodón para las postillas en las encías.

Moruro **/ Pithecolobium arborem, L. Urb. //** ***Todos los santos***
Endurece masticando ramitas de la planta.

Se usa mucho como «prenda» de Mayombe. Tiene poder y potestad para hacer lo que se quiera con esta planta, sea para hacer el bien o en «trabajos» para hacer el mal, como el laurel y la ceiba.

Enfriamiento

Piñón de pito **/ Eritrina carnea, Ait. //** ***Elegguá***
Cocción de las raíces más ramitas de canela.

Se utiliza mucho para lavar las reliquias de los orishas. Con ella se hacen «rogaciones» de cabeza y otros «trabajos» en la santería.

Erisipela

Caisimón* / Pothomorphe peltata, L. Miq . // *Babalú Ayé, Changó, Yemayá
Aplicar fomento de las hojas.

Mejorana* / Origanun majorana, Lin. // *Todos los santos
Cocción de la planta.

Una ramita sirve de amuleto, puede llevarse en una bolsita en el bolsillo. Cuando la planta crece mucho es sinónimo de abundancia, tanto en bienes materiales como en salud y prosperidad; cuando ocurre lo contrario, cuando se marchita y no prende al sembrarla, es augurio de mala suerte y ruina.

Perejil* / Apium petroselinum, Lin. // *Oshún
Cocción de la planta.

Hierba mora* / Solanum nigrum, Lin. // *Oggún, Yemayá
Cataplasma de la planta más baños de la cocción.

Es una planta muy hechicera. La piedra imán se bautiza con hierba mora y agua bendita.

Erupciones

Abey macho* / Jacranda sangraeana, D. C. // *Inlé
Cocción de las hojas más las raíces.

Sargazo* / Sargassum vulgare, Agardh. // *Yemayá
Fomento con las hojas de las plantas.

Estómago

Achicoria blanca* / Cichorium endivia, Lin. // *Obatalá
Beber tisana de hojas más raíces en lugar de agua.

Alacrancillo* / Heliotropium indicum, Lin. // *Obatalá, Oke, Oshún
Cocción de la planta a tomar por agua común.

Albahaca de clavo* / Ocymun micranthum, Wild. // *Todos los santos
Cocción de la planta.

En los templos «kimbisa», cuando un iniciado entra en trance y ya se sabe que el padre va a poseerlo, se le rocía el cuerpo junto a la «nganga» –(el aguardiente del ritual). Ya en posesión del nuevo ngombe –médium–, inmediatamente se lavan los ojos con mamba –agua preparada con albahaca, grama, vino seco y otros ingredientes–, para que vean las cosas del otro mundo. Tres baños de albahaca de todas sus especies, azucenas, rosas blancas bastarán para saturarse de sus grandes virtudes y atraer buenas influencias, alejando los malos espíritus y el mal de ojo.

Albahaca morada* / Ocymun basilicum, Lin. // *Oggún, Yemayá

Cocción de la planta.

Sirve para despojos y para el mal de ojo. Hay varios tipos de albahacas, se alejan los espíritus malos y oscuros.

Bejuco parra* / Vitis titifolia, Lin. // *Yemayá

Cocción de la planta.

En el monte se puede oír cómo se lamenta, cómo se queja este bejuco. Cuando uno va a cogerlo, no debe hablar ni hacer ruido. Muchos lo entretienen cantando y, cuando están cerca de él, lo cogen y se lo llevan. Es una forma recomendada de arrancar los «palos» del monte.

Copalillo de monte* / Thouinia nervosa, Grises // *Olokun, Yemayá

Elimina dolor tomar infusión de las raíces.

Grama o hierba fina* / Cynadon dactylon, L. Pers. // *Todos los santos

Cocción de la planta.

Esta hierba es muy bruja y se introduce en muchos amuletos e instrumentos mágicos, «trabaja» mucho y es de cuidado. Se emplea antes de comenzar el «Juego de Palo» para los «nkangues», amarres que se sitúan en las esquinas, y protegen la reunión del brujo y a sus clientes. Con la grama no hay sorpresas, dice el «mamba» mientras ata encima del caldero a los «mundales», la justicia no vendrá. En la Regla de Mayombe del Santo Cristo del Buen Viaje, se lleva un manojo de grama a la cabeza del que se inicia, con la «nganga» de maíz mojado en vino seco y tierra de la «naganga», mientras se le pregunta tres veces su nombre y apellidos. Después de tocar la cabeza con la grama, se le corta un mechón de pelo que se guarda en la «nganga» con la sangre que brota de las cruces que se le hacen al iniciado en los antebrazos, a ambos lados del pecho y de los empeines de los pies.

Cuando un «ngombe» es recién iniciado en alguna rama de «Palo Monte», vuelve de recoger la ropa que se ha enterrado en el cementerio porque, al «hacerse Mayombero», su cuerpo pertenece a los muertos, se le da a beber el zumo de la grama machacada y colada y bebe tres sorbos.

Con un puñado, se le entrega la «kisenguere o kisenga» la tibia, o sea la canilla de un esqueleto mágicamente preparada que se pasará tres veces por detrás de las piernas, alrededor de la cintura y por la cabeza. Con las briznas de grama y la canilla en la mano, se arrodilla ante la «nganga». El espíritu no tarda en poseer su cuerpo, «lo tumba y se le encarama encima». La «kisingua» es como un tubo por donde ve el espíritu y entra en su «ngombo», médium.

Incienso* / Artemisia abrotanum, Lin. // *Babalú Ayé, Obatalá
Cocción de la planta.
Se usa mucho en despojos de los malos espíritus.

Jengibre* / Zingibre, L. Karst. // *Oggún
La cocción de la planta quita dolor.
El fruto de esta planta, mezclado con caña santa, enoja a este orisha, por lo que se recomienda tener mucho cuidado cuando un santero vaya a hacer un «trabajo», porque se puede volver contra uno mismo.

Maravilla* / Marabilis jalapa, Lin. // *Obatalá, Oyá, Yewá
Cocción de la raíz de la planta.
Cuando los ojos de un cadáver se han quedado abiertos, se les cubre con hojas de esta planta, que tiene la propiedad de cerrárselos suave y lentamente.

Orozuz de la tierra* / Limpia dulces, Trec. // *Oshún
La cocción de las hojas calma el dolor.

Palo amargo* / Picramnia reticulata, Gris. // *Changó, Oggún
Beber cocción de la corteza, raíces y hojas en lugar de agua.
Sin la corteza, se emplea para «trabajos» de Santo y para amarrar la vida.

Pichona* / no encontrado // *Todos los santos
Cocción de tres semillas para una taza de agua.

Pimienta china* / no localizado // *Oggún
Cocción de tres semillas para una taza de agua.

Reseda* / Zebrina pendula, Schnize. // *Yemayá
Cocción de la planta.

Ruda* / Ruta chalepensis, Lin. // *Changó
La cocción de la planta quita los espasmos del estómago.
Los brujos la detestan, es su peor enemigo. Por ello, es buena precaución tener una planta de ruda en el patio de la casa o en el balcón, pues nunca se sabe quién vive en la otra puerta, y los niños son los más expuestos. En la casa donde crece esta planta, los «ndoki» no pueden entrar. Cuando la planta se está muriendo, se escoge el mejor de los gajos y se vuelve a sembrar en tierra nueva. No se le dará a nadie una hoja de esta planta, ni se toca los viernes.

Toronjil* / Melissa officinalis, Lin. // *Todos los santos
Cocción de las hojas con un poco de azúcar.

Da buena suerte cuando se emplea en baños para despojos.

Estreñimiento

Café* / Coffea arabica, Lin. // *Todos los santos
Cocción de semillas verdes.

En las ofrendas que se tributan a los muertos, nunca falta la taza de café. El café es la gran alcahueta de las brujerías y no debe tomarse en todas partes; sobre todo se debe tener mucho cuidado en los ritos de santería y brujería porque las malas intenciones y los «trabajos» en contra de algunas personas no encuentran ningún «vehículo» mejor para penetrar en el organismo. También se dice que, derramando café molido en el ataúd y en las partes íntimas del cadáver, se evita que se corrompa rápidamente, así como una mezcla de éste con hojas de guayaba.

Camagua* / Wallenia laurifolia, Jacq. Sw. // *Changó, Oggún
Cocción de las hojas más las raíces.

Coco* / Cocos nucifera, Lin. // *Obatalá
Cucharada de manteca de coco en ayunas.

Manzanilla* / Chysanthellum americana, Lin. // *Oshún
Lavados intestinales con un poco de aceite de comer.

Piñón de pito* / Eritrina carnea, Ait. // *Elegguá
Cocción de las raíces.

Se utiliza mucho para lavar las reliquias de los orishas. Con ella se hacen «rogaciones» de cabeza y otros «trabajos» en la santería.

Quimbombó* / Hisbiscus esculentus, Lin. // *Changó
Cocción de la planta.

El quimbombó tiene la particularidad de ser muy nocivo para los brujos, los cuales evitan tenerlo en sus casas y mucho menos comerlo, pues creen que los «trabajos» que realizarán no tendrán firmeza por resultar resbaladizos. Por tal motivo, los «mayomberos» se abstienen de manipular ninguna planta o «palo» resbaladizo, y los mas precavidos ni siquiera lo comerán. Como recordarán cuando lean la historia de Changó, la mitología cuenta que su mujer legítima se cortó una oreja y se la dio a comer en un plato de quimbombó, y que, en vez de cautivarle por este medio, lo que consiguió fue que el dios se alejase de ella.

Tamarindo* / Tamarindos indica, Lin. // *Obatalá
Comer el fruto maduro.

En este árbol apareció por primera vez Nuestra Señora del Carmen. Se duerme a las tres de la tarde y es propicio cortar sus gajos antes de que se amodorre.

Tomate* / Lycopersicon esculentum, Mill. // *Changó, los Ibeyis
Tomar el zumo de la planta y de la fruta.

Fiebre

Acebo de la tierra* / Ilex montaña, Grises // *Obatalá
Cocción de la corteza, hojas secas y hojas frescas.

Agüedita* / Picramnia pentandra, Sw. // *Todos los santos
Cocción de las raíces.

Es el «Wakibanga» de la Regla de Mayombe: Bulan ane, Cabanga, Bembeiriko. Es un palo muy mágico y que da mucho respeto, va dentro del «nkiso». También a este palo lo llaman rompe hueso, porque, cuando monta el espíritu, derriba y agita al médium con tal fuerza que podría romperle los huesos.

Ají guaguao* / Capsicum baccatum, Lin. // *Elegguá, Oggún, Osaín
Cocción de la planta más hojas de naranja.

Es alimento restaurador de las «ngangas». La «chamba», el aguardiente que padres y mayordomos derraman sobre las cazuelas, calderos y amuletos de «mayombe» y que se vierte sobre el pescuezo del gallo o animal sacrificado cuando éstos se desangran sobre la «nganga», se carga de ají guaguao para que sea más potente.

Albaquilla de sabana* / Eupatorium villasum, Sw. // *Babá, Ochosi
Beber cocción de la planta en lugar de agua.

Ambarina* / Hibiscus abelmosehus, Lin. // *Oshún
Cocción de la planta.

Arabo* / Erythroxylon affine, A. Rich. // *Oggún, Orula, Oshún
Respirar la hervidura de las hojas, las raíces y las ramas.

Se «trabajan» las raíces al pie de Oggún para asegurar un negocio inestable, poco seguro o una empresa que amenaza fracasar. Es una raíz mágica según el decir de muchos santeros.

Arara* / no encontrado // *Babalú Ayé, Orula
Cocción de las hojas.

Artemisa o altamisa* / Ambrosia artemisifolia // *Babalú Ayé, Obatalá, Osaín
Friegas de las raíces más las ramas con alcohol.

En aguas lustrares, proporciona alegría y propicia la adquisición de bienes materiales, morales e intelectuales. Un despojo con esta planta deja una agradable sensación de alegría que sería más apreciado por las personas que nos rodean.

Café* / Coffea arabica, Lin. // *Todos los santos
Cocción de las raíces.

En las ofrendas que se tributan a los muertos, nunca falta la taza de café. El café es la gran alcahueta de las brujerías y no debe tomarse en todas partes; sobre todo se debe tener mucho cuidado en los ritos de santería y brujería porque las malas intenciones y los «trabajos» en contra de algunas personas no encuentran ningún «vehículo» mejor para penetrar en el organismo. También se dice que, derramando café molido en el ataúd y en las partes íntimas del cadáver, se evita que se corrompa rápidamente, así como una mezcla de éste con hojas de guayaba.

Albahaca blanca o de monte* / Ocimun sanetum, Lin. // *Oshún
Cocción de la corteza de la planta.

Sirve para despojos y el mal de ojo. Hay varios tipos de albahacas, se alejan los espíritus malos y oscuros.

Caña santa* / Costus spicatus, Jacq, Rose // *Oggún
Cocción de la planta.

Con esta planta se enardece a Oggún.

Carbonero* / Cassia biflora, Lin. // *Babá, Oggún
Infusión de las raíces.

Cardo santo* / Argemone mexicana, Lin. // *Obatalá, Oggún
Infusión de las semillas.

Cuaba* / Anyris balsamifera, Lin. // *Todos los santos
Baños calientes con la corteza de la planta.

Este árbol, llamado también palo güachinango y cambia voz, se esconde o se hace invisible al que no sabe cómo tratarlo. No es un árbol de gran tamaño o corpulencia, pero es tan prodigioso que ningún «nganga» trabaja bien sin éste.

Si el «palero» va a buscarlo al monte y no se hace una herida previa y le ofrece unas gotas de su propia sangre, este árbol retira todas sus virtudes de aquellas partes que él haya tomado, por lo que ninguno de los embrujos o medicinas que haga con esas partes surtirán efecto para el consultante. Se recomienda que, cuando una persona vaya a un «palero» para utilizar este palo en su remedio, le pregunte qué rito hizo. Así podrá estar seguro de que el «palero» sabe lo que está haciendo, pues existen muchos farsantes que se aprovechan del desconocimiento de los consultantes.

Cilantro cimarrón* / Eryngium foetidum, Lin. // *Yemayá
Cocción de las raíces para la fiebre antimalárica.
Con las hojas tiernas se condimenta la comida de los orishas.

Escoba amarga* / Partenium hysterophorus, L. // *Babalú Ayé
Cocción de tres raíces.

Es una de las hierbas favorables con las que Babbá «despoja y limpia» a los enfermos. Con esta planta se cubren las dos jícaras que contiene el orisha en Regla Arará.

Jiba* / Erithroxylon havenensis, Jacq. // *Orisaoko
Cocción de las raíces.

Es espantabrujo y la raíz tiene grandes secretos. Por eso, en centros espirituales, para evitar que acudan espíritus oscuros, se colocan cruces en los cuatro ángulos en que se celebran esas sesiones. Los «Aye» no se acercan donde vean una cruz de «jiba».

Retama* / Neuroleana lobata, L. R. Br. // *Babalú Ayé
Cocción de la planta.

Vicaria blanca o morada* / Cinea rosea, Lin. // *Obatalá
Cocción de las raíces.

Flemones

Guajaca* / Dendropogon usneoide, L. Raf. // *Elegguá
Cocción para hacer enjuagues tibios para las encías.

Fortificante

Álamo* / Ficus religiosa, Lin. // *Changó
Baños medicinales con la cocción de las ramas más las hojas

El álamo es uno de los árboles principales consagrados a este orisha, del «Omiero del Asiento» y del «Omiero», con que se sacramentan y lavan sus atributos. Cuando este orisha está enfadado, se apacigua con las hojas del álamo, añadiendo rompe saragüey y cilantrillo.

La primera vez que tocaron los tambores para este orisha, fue a la sombra de este árbol, al cual se le conoce también como el «Manto de Changó». La pequeña batea de cedro pintada de rojo y blanco en que se guarda su piedra se cubre de hojas de este árbol, y con ellas se adornan altares y el trono de sus elegidos. A Changó le gusta «comer» en el álamo, y allí se le llevan las ofrendas habituales atadas con cintas rojas.

Al carnero que siempre se inmola, se le ofrecen hojas de álamo antes de conducirlo a la habitación donde será simbólicamente sacrificado por el mismo Oggún, frente al «otan» del orisha. Si el animal «mensajero», ya preparado por los santeros, para el sacrificio las come, es señal de que el «dios» las acepta complacido; de lo contrario, el carnero no será degollado. Se ha de destacar que los «mayomberos» no emplean el álamo en sus «trabajos».

Güira cimarrona* / Calopogorium coeruleum, Benth. // *Elegguá, Osaín
Cocción de hojas en baños calientes.

Vigueta* / Chiones cubensis, A. Rich. // *Changó
Baños calientes con cocción de la corteza.

Forúnculos

Caisimón* / Pothomorphe peltata, L. Miq. // *Babalú Ayé, Changó, Yemayá
Fomento tibio de las hojas.

Ganglios

Bejuco de fideo* / Cuscuta americana, Lin. // *Orunmila
Combate ganglios infectados con apósitos del zumo de la planta.

Gangrena

Guanábana* / Anona muricata, L. // *Obatalá
Fomento de las raíces más corteza hervida.

Garganta

Ají dulce* / Capsicum chinense, Lin. // *Yemayá
Hacer gárgaras con cocción de la planta.

Altea* / Hibiscus syriacus, Lin. // *Obatalá, Orunmila
Quita el dolor el hacer gárgaras de las raíces hervidas.

Arabo* / Erythroxylon affine, A. Rich. // *Oggún, Orula, Oshún
Respirar la infusión de toda la planta (incluso con raíces).

Se «trabajan» las raíces al pie de Oggún para asegurar un negocio inestable, poco seguro o una empresa que amenaza fracasar. Es una raíz «mágica» según el decir de muchos santeros.

Bejuco guarana o guariana* / Davilla rugosa, Poir. // *Inlé, Orisaoko
El gargarismo de la cocción de la planta alivia el dolor.

Este bejuco nace cerca de las lagunas, por lo que tiene «ache» de Oshún y Yemayá, que son los santos lucumíes que tienen que ver con las aguas, cuyo sincretismo a la religión católica son Nuestra Señora de la Caridad del Cobre y la Virgen de Regla respectivamente.

Celosa cimarrona* / Duranta repens, Lin. // *Obatalá, Oshún
Gargarismos con el zumo de la planta.

Maripos* / Hedychium coronarium, Koenig. // *Todos los santos
Gargarismos con la cocción de la planta.

Hierba mora* / Solanum nigrum, Lin. // *Oggún, Yemayá
Gargarismos con la cocción de la planta.

Es una planta muy hechicera. La piedra imán se bautiza con hierba mora y agua bendita.

Garrapatas

Ceibon de arroyo o drago* / Bombax emarginathum, Dene. // *Aggayú
Quemar y pulverizar la planta y regar ese polvo.

Gases

Aguacate* / Persea gratissima, Gaertn. // *Changó, Elegguá, Oggún
Los expulsa tomar cocción del cogollo de la planta.

El fruto morado del aguacate pertenece a Oyá.

Albahaca anisada* / Anistatum hort. L. // *Obatalá
Cocción de las ramas más las raíces: los expulsa.

Sirve para despojos y mal de ojo. Hay varios tipos de albahacas, se alejan los espíritus malos y oscuros.

Anís* / Pimpinela anique, Lin. // *Oshún
La cocción de la bellota los expulsa.

Apasote* / Chenopodium ambrosioides, Lin. // *Babalú Ayé
Se expulsan con la cocción de las hojas.

Las hojas sirven para condimentar la comida de este oricha. Esta planta se usa para «amarrar» y se utiliza el «diloggún» caracol o el «obi» coco para determinar dónde se depositan los animales sacrificados cuando se hace este «ebbo» trabajo.

Cojate o colonia* / Alpinia aromatica, Aubl. // *Obatalá, Oshún
Hojas frescas aplicadas sobre el ombligo en cataplasma.

Haciendo «trabajos» con esta planta milagrosa, se libra uno de las malas influencias y sirve para purificar las casas.

Jengibre* / Zingibre, L. Karst. // *Oggún
Infusión de pedazos de rizoma: los expulsa.

El fruto de esta planta, mezclado con la «Caña Santa»hace enfadar a este orisha, por lo que se recomienda tener mucho cuidado cuando un santero vaya a hacer un «trabajo», porque se puede volver contra uno mismo.

Jobo* / Spondias myrobalanus, Lin. // *Changó, Obatalá
Tomar cocción de las hojas.

Ésta es la casa de la hutia «eku», como la caña brava es la casa de Naná Burukú. Con las hojas del Jobo se bautiza la piedra de Changó y el fetiche de cedro que lo representa. Éste se lava con un omiero en que el jobo es hierba principal. Se tritura junto con las demás ofrendas del Santo y se le pone en una palangana con agua bendita y agua de coco. El fruto del jobo parecido al del ciruelo, gusta mucho a Changó, tanto como la pitahaya y el mamey. Los mayomberos también lo valoran mucho y lo emplean para asentar los huesos «kangome» en el caldero «mulunganga».

Los baños con estas hojas desbaratan las brujerías que se recogen con los pies cuando, distraídamente, se pisa algún «malembo mpolo».

En «Regla de Palo Cruzado», con la infusión de las hojas de Jobo se bautiza «Matari Isasi», o algún fetiche del genero «chichiriku» que se llamará «Kinikini» o «Batalla Tonda».

Quiebra hacha* // Spondias myrobalanus, Lin. // *Oggún, Oyá
Cocción de las hojas, la raíz y la corteza.

Es un palo muy duro y fuerte, como su nombre indica, porque a muchas hachas de leñadores se les rompe el palo cuando tratan de cortar este árbol. Es uno de los «palos» mágicos preferidos de Oggún y con él trabajan mucho los santeros.

Golondrinos

Coralillo blanco* / no localizado // *Obatalá, Oshún
Cocción como fomento, luego aplicar el zumo de la planta.

En baños como «despojo», se utiliza para atraer la buena suerte.

Esclaviosa* / Capraria biflora, Lin. // *Oddúa
Emplasto de las hojas machacadas sobre la zona enferma.

Golpes

Alcanfor* / Cinnamommun camphora, Lin. // *Changó, Elegguá
Alivia con friegas de las hojas más las ramas con alcohol.

Maíz* / Zea mays, Lin. // *Todos los santos
Fomentos de decocción de la pelusa (estigmas); además existe otro remedio con la harina de maíz macerada con alcohol. La zona dolorida se unta primero con aceite y luego se da un masaje con el emplasto anterior.

Gota

Palo amargo* / Picramnia reticulata, Gris // *Changó, Elegguá
Cocción de las raíces.

Sin la corteza, se emplea para trabajos de Santo y para amarrar la vida.

Granos

Acana* / Bassia albescens, Grises // *Changó, Oggún
Baño de hojas, corteza y raíces, todo hervido y tibio.

Sirve para «resguardo» o amuleto, son palos «fuertes» en la santería. Las cruces que se elaboran con este palo apartan las malas influencias y desvían el «mal de ojo», y los que ven fantasmas por la noche, con este amuleto no los verán más, pues los espanta.

Boniato* / Ipomaea batatas, Lamk. // *Orisaoko, Oshún
Baños con cogollos hervidos.

Osaín lo come y, cuando se quiere hablar con él, se lleva a la sabana un boniato bien untado con manteca de corojo y se le llama. Es una ofrenda gustosa para todos los orishas, menos a Obatalá y Oyá. El día de «Itá», el tercer día de la consagración en «Regla de Ocha», el «Asentado» escuchará la lectura del porvenir y le son revelados los diversos «auos» o prohibiciones relacionadas con su destino y que deberá observar toda la vida.

A las iyalochas, en su mayoría, les está prohibido comer boniato, pero frecuentemente se privan de este gusto cuando se presenta la oportunidad; entonces dicen que desean comer «papas dulces».

Carambola* / Averhoa carambola L. // *Changó
Cocción de la corteza más las raíces.

Escoba amarga* / Partenium hysterophorus, L. // *Babalú Ayé
Cataplasma de toda la planta.

Es una de las hierbas favorables con las que «despoja y limpia» Babba a los enfermos. Con esta planta se cubren los dos jícaras que, en «Regla Arará», contiene el orisha.

Malva blanca* / Waltheria americana, Lin. // *Obatalá
Baños con cocción tibio de toda la planta.

Maravilla* / Marabilis jalapa, Lin. // *Obatalá, Oyá, Yewá
Zumo de toda la planta en fomentos.

Cuando los ojos de un cadáver se han quedado abiertos, se cubren con hojas de esta planta, que tiene la propiedad de cerrárselos suave y lentamente.

Gripe

Arabo* / Erythroxylon affine, A. Rich. // *Oggún, Orula, Oshún
Respirar la hervidura de las hojas, las raíces y las ramas.

Se «trabajan» las raíces al pie de Oggún para asegurar un negocio inestable, poco seguro o una empresa, cuando amenaza fracasar. Es una raíz «mágica», según el decir de muchos santeros.

Bejuco uvi (5 hojas)* / Cissus sicyoides, Lin. // *Yemayá
Cocción de toda la planta.

Sirve para lavar las piezas y atributos de este orisha.

Cuajaní* / Prumis occidentales, Sw. // *Todos los santos
Cocción de toda la planta.

Gandul* / Cajanus indicus, Spreng. // *Babalú Ayé
Cocción de la planta con un poco de azúcar.

Hemorroides

Ají guaguao* / Capsicum baccatum, Lin. // *Elegguá, Oggún, Osaín
Fruto maduro tomado como píldoras sin masticar durante tres semanas.

Es alimento restaurador de las «ngangas». La «chamba», el aguardiente que padres y mayordomos derraman sobre las cazuelas, calderos y amuletos de Mayombe y que se vierte sobre el escuezo del gallo o animal sacrificado cuando éstos se desangran sobre la «nganga», se carga de ají guaguao para que sea más potente.

Alacrancillo* / Heliotropium indicum, Lin. // *Obatalá, Oshún
Cocción de raíces, las hojas y las ramas en baños de asiento.

Álamo* / Ficus religiosa, Lin. // *Changó
Aplicación del fruto hecho pasta sobre la dolencia.

El álamo es uno de los árboles principales consagrados a este orisha, del «Omiero del Asiento» y del «Omiero», con que se sacramentan y lavan sus atributos. Cuando este orisha está enfadado, se apacigua con las hojas del álamo, añadiendo rompe saragüey y cilantrillo.

La primera vez que tocaron los tambores para este orisha, fue a la sombra de este árbol, al cual se le conoce también como el «Manto de Changó». La pequeña batea de cedro pintada de rojo y blanco en que se guarda su piedra se cubre de hojas de este árbol, y con ellas se adornan altares y el trono de sus elegidos. A Changó le gusta «comer» en el álamo, y allí se le llevan las ofrendas habituales atadas con cintas rojas.

Al carnero que siempre se inmola, se le ofrecen hojas de álamo antes de conducirlo a la habitación donde será simbólicamente sacrificado por el mismo Oggún, frente al «otan» del orisha. Si el animal «mensajero», ya preparado por los santeros, para el sacrificio las come, es señal de que el «dios» las acepta complacido; de lo contrario, el carnero no será degollado. Se ha de destacar que los «mayomberos» no emplean el álamo en sus «trabajos».

Almendrillo* / Rhamnidium refusum, Grises // *Babalú Ayé, Obatalá
Baños de asiento caliente con la cocción de la corteza, las raíces y las hojas.

Las hojas se emplean para lavar la cabeza, refresca a Elegguá y en «despojos», baños y baldeos para purificar la casa y atraer a la buena suerte.

Apasote* / Chenopodium ambrosioides, Lin. // *Babalú Ayé
Baños de asiento con la cocción de toda la planta.

Las hojas sirven para condimentar la comida de este orisha. Esta planta se usa mucho para «amarrar» y se utiliza el «diloggún» o el «obi» para determinar dónde se depositan los animales sacrificados cuando se hace este «ebbo».

Árbol campana o bibijagua* / Datura suaveoleus, Lin. // *Obatalá
Planta hecha pomada con manteca de cerdo y aplicada sobre la lesión.

Se emplea en el «Omiero» de este orisha.

Bejuco angarica* / Sarjamia diversifolia, Jacq. // *Babalú Ayé
Baños de asiento con la cocción de toda la planta.

Bejuco güaro* / no encontrado // *Elegguá, Oke
Baños de asiento con la cocción de toda la planta.

Maní / Arachis hypogaea, Lin. // Babalú Ayé
Fomento de toda la planta hervida.

Se cree que es afrodisíaco. Cuando hay epidemias, los santeros prohíben que se coma. Tostado y con azúcar se le ofrenda a Oshún. El maní se relaciona mucho con esta santa, porque tiene muchas virtudes.

Hierba caimán **/ Alternanthera porrigens //** ***Oshún, Yemayá***
Baños de asiento con cocción de toda la planta.

Tomate de mar **/ Actinia equina, L. //** ***Todos los santos***
Baños de asiento con la cocción de toda la planta.

Heridas

Almácigo **/ Elaphrium simaruba, Lin. Rose //** ***Changó, Elegguá***
Cataplasma de la resina.

No debe olvidarse que el almácigo tiene más virtudes el Viernes Santo, como otras plantas medicinales, y que, para curar, no se ofende a Dios cortándolo, pues su misión es curar y sobre todo, que se sepa, con este palo no se hace nada malo, es un palo médico nada más. El fuego no lo ataca, acaba con todos los matojos y palos que están a su alrededor, pero a él no se le arrima por nada y lo respeta donde quiera que esté. Es espantabrujos y purificador. Se mezcla con la cuaba, la aguedita y el yagrumo. El humo que desprende la resina quemada con un diente de ajo ahuyenta las malas influencias.

Bejuco lechero **/ Ipomea ramoni, Choisy //** ***Orisaoko***
Zumo de la planta para heridas infectadas.

Caoba **/ Swietenia mahagoni, L. Jacq. //** ***Changó, Obba***
Zumo de las hojas: evita el sangramiento.

Cardo santo **/ Argemone mexicana, Lin. //** ***Obatalá, Oggún***
Heridas en ambiente húmedo: aplicar leche de la planta.

Cordobán **/ Rhoeo discolor, Hance. //** ***Changó, Oggún, Yemayá***
Masticar hojas para hemorragias bucales.

En Omiero, para lavar las piezas y reliquias del orisha.

Cucaracha **/ Zebrina péndula, Schnize. //** ***Yemayá***
Cataplasma de hojas maceradas sobre la herida.

En Omiero, para lavar las piezas de este orisha.

Cundeamor **/ Momordica charantia, L. //** ***Todos los santos***
Cataplasma de la fruta más semillas maceradas.

Esclaviosa* / Capraria biflora, Lin. // *Oddúa
Cataplasma de hojas machacadas.

Moruro* / Pithecolobium arborem, L. Urb. // *Todos los santos
Cataplasma de hojas machacadas.

Se usa mucho como «prenda» de Mayombe. Tiene poder y potestad para hacer lo que se quiera con esta planta, sea para hacer el bien o en «trabajos» para hacer el mal, como el laurel y la ceiba.

Platanillo de Cuba* / Canna indica, Lin. // *Changó
Cataplasma de hojas machacadas.

Lo que tiene de bonita esta planta lo tiene también de seria, para realizar «trabajos» de brujería y santería en «amarres» y cuidado de las personas.

Yamagua o Yamao* / Guarea trichilliodes, Lin. // *Todos los santos
Hojas machacadas: cierran el sangramiento.

Se le pide a Changó en tiempo de sequía para que llueva. Cortada en menguante, indica al adivino en qué lugar se encontrará el agua cuando éste apoye un palo de esta planta sobre la tierra, porque enseguida el palo se humedece. Su nombre es una síntesis de «llama agua». En otros «trabajos», se utiliza para llamar a personas ausentes.

Hierba lechosa* / Aeschynomene americana, L. // *Obatalá
Aplicación de la hierba: desinfecta las heridas.

Hernias

Algarrobo* / Pithecolobium saman, Jacq., Benth. // *Bokú, Changó, Oggún
Se reducen con la aplicación de hojas desmenuzadas en cataplasma.

No debe faltar en un «Omiero de Asiento». Es una planta muy venerada. Con sus hojas se cubre a Changó. Las raíces son muy valiosas para «prendas y resguardos». Otras «prendas» que se entierran a la sombra de este árbol obtienen una gran potencialidad, es como si se cargaran de energía.

Herpes

Bastón de san Francisco* / Leonotis nepetaefolia, Lin. // *Orula
Cocción de las flores para baños de la piel.

Capulina o capuli* / Muntingia calabura, Lin. // *Eshú
Zumo de la planta sobre la piel.

Cundeamor* / Momordica charantia, L. // *Todos los santos
Fomento concentrado de decocción de las hojas.

Hidropesía

Achicoria blanca* / Cichorium endivia, Lin. // *Obatalá
Cocción de hojas y raíces.

Agracejo* / Gossypiospermun eriophorus, Sw. // *Obatalá
Cocción de la planta.

En la «Regla de Mayombe», se emplea para hacer daño y bien, según el caso. Muchas prendas de «mayombe» se montan con el agracejo. Mucho «trabaja» hecho polvo con un palo llamado yaya y sangre de doncella. Se utiliza el «Omiero de Asiento».

Ateje amarillo* / Cordia alba, Jacq. Roem et. Sch. // *Osaín, Oshún
Infusión de las raíces.

Tua tua o tuba tuba* / Jatropha gossypifolia, Lin. // *Obatalá
Cocción de ramas más raíces.

Hígado

Bejuco de fideo* / Cuscuta americana, Lin. // *Orunmila
La cocción de la planta elimina la ictericia.

Bejuco péndola* / Securidaca volubilis, Lin. // *Obatalá, Oshún
Tisana de la planta.

Es un bejuco mágico que se utiliza para unir todo lo separado, como matrimonios, amigos, familiares, etc. que se hallen separados por acción de algún maleficio.

Cilantrillo de pozo* / Adriantum tenerum, Sw. // *Oshún
Cocción de la planta elimina trastornos hepáticos.

Para omiero del orisha y «rogar» cabezas con flor de agua (helecho de río), vinagre y algodón.

Cundeamor* / Momordica charantia, L. // *Todos los santos
Cocción de las hojas.

Frailecillo* / Adenosopium gossypifolium, Sw. // *Oshún
Elimina inflamación: cocción de la planta en agua común.

Muchos «paleros» lo tienen por «palo» de Elegguá porque dicen que «silba como Eshú». Se hacen «prendas» malas con él. Es maldito, «trabaja» por mal camino. Oshún «trabaja» mucho y guerrea con este palo. En medio del monte, el Frailecillo silba para llamar al «ngangulero».

Güira cimarrona* / Calopogorium coeruleum, Benth. // *Elegguá, Osaín
Infusión de la corteza más las raíces.

Con el güiro se practican innumerables brujerías para atraer a las personas. El fruto de esta planta es más pequeño que el fruto de la güira criolla. Este pequeño güiro (egwa pikuti) es el preferido por estas deidades para sus amuletos y resguardos. El «Osaín conversador» se mete en ellos.

Llantén cimarrón* / Echinodorus grisebachu, Small. // *Oshún
Cocción de la planta.

Mamoncillo* / Molicocea bijuga, Lin. // *los Ibeyis
Licor de savia, frutas y raíces para afecciones hepáticas.

Mastuerzo* / Lepidium virginitum, Lin. // *Babá, Elegguá
Cocción de la planta más las raíces.

Con esta planta se hacen trabajos brujos para enamorar. La persona pulveriza la planta y se la unta en la mano para saludar a la persona que desea conquistar, y se coloca una ramita en la boca para hablarle. Debe cogerla del monte, donde está limpia y pura, en la madrugada de un viernes antes de que salga el sol, se le toca tres veces con la mano antes de arrancarla y se le dice a ella para que se va a usar.

Quimbombó* / Hisbiscus esculentus, Lin. // *Changó
Cocción de la planta.

El quimbombó tiene la particularidad de ser muy nocivo para los brujos, los cuales evitan tenerlo en sus casas y mucho menos comerlo, pues creen que los «trabajos» que realizarán no tendrán firmeza por resultar resbaladizos. Por tal motivo, los «mayomberos» se abstienen de manipular ninguna planta o «palo» resbaladizo, y los mas precavidos ni siquiera lo comerán. Como recordarán cuando lean la historia de Changó, la mitología cuenta que su mujer legítima se cortó una oreja y se la dio a comer en un plato de quimbombó, y que, en vez de cautivarle por este medio, lo que consiguió fue que el dios se alejase de ella.

Ruibarbo* / Gueffarda valenzuelana, A. Rich. // *Osaín
Cocción de la planta para trastornos hepáticos.

Sábila* / Aloe vera, Lin. // *Yemayá
En cocción como depurativo.

Espanta todo lo malo» si se ponen unas pencas detrás de la puerta.

Verbena* / Verbena officinalis, Lin. // *Yemayá
Cocción de la planta.

Tamarindo* / *Tamarindos indica, Lin.* // *Obatalá
Comer el fruto maduro.

En este árbol apareció por primera vez Nuestra Señora del Carmen. Se duerme a las tres de la tarde y es propicio cortar sus gajos antes de que se amodorre.

Hinchazones

Guara* / Cupania cubensis, Maza et Molt. // *Dadda, Oyá
Friegas de la corteza más raíces hervidas.

Figura entre los palos que compone el caldero mágico de los «mayomberos». Combinada con la yaya y rompe saragüey, se utiliza en las lustraciones previas al juramento de una «moana-nganga». Es excelente para los «despojos».

Maíz* / Zea mays, Lin. // *Todos los santos
Decocción de los estigmas (pelusilla), tomando una taza después de las comidas.

Pimienta china* / no localizado // *Oggún
Fomento de la planta con alcohol.

Romero* / Rosmarinus officinalis, Lin. // *Yemayá
Friegas con la planta macerada.

Sus ramas son magníficas para los «despojos». La virtud de su aroma es un gran secreto que, los que lo poseen, no divulgan jamás.

Histerismo

Guara* / Cupania cubensis, Maza et Molt. // *Dadda, Oyá
Cocción de las hojas.

Figura entre los palos que compone el caldero mágico de los «mayomberos». Combinada con la yaya y rompe saragüey, se utiliza en las lustraciones previas al juramento de una «moana-nganga». Es excelente para los «despojos».

Hongos

Pino macho* / Pinus tropicales, Monc. // *Changó
Hojas maceradas en solución hidro-alcohólica sobre la región afectada.

La raíz posee grandes virtudes que le confiere Nsasi Mkita. El pino es el nivel del mundo, crece hasta que ve el mar. Cuando se siembra para suerte se le paga su «derecho», cuatro o seis céntimos, y se le dan cuatro huevos de gallina y la sangre de un gallo. La persona lo siembra en cuclillas y termina la ceremonia de pie invocando siempre a Changó. Cada año se le regala un gallo, el pino sube y el que lo plantó también; a medida que crece, le «ruega», lo alimenta año tras año y el pino, agradecido, le dará buena sombra. Su dueño no dejará que alguien le corte una rama, pues lo perjudica. Eshú vive con frecuencia en el pino y, allí metido, entre las ramas, se le oye silbar.

Huesos

Ají dulce* / Capsicum chinense, Lin. // *Yemayá
Cocción de la planta: los fortalece.

Guanábana* / Anona muricata, L. // *Obatalá
Baño de cocción de las hojas: alivia los dolores.

Ictericia

Bejuco lombriz* / Philodendrum wrigtu, Gris // *Babalú Ayé, Elegguá
Hervidura de la planta por agua común.

Impotencia

Árbol del cuerno* / Acacia cornigera, Willd. // *Obatalá, Oddúa, Oggún, Oshún
Infusión de las raíces.

Con este palo se prepara un buen amuleto para recuperar la virilidad.

Bejuco garañón* / no localizado // *Oggún
Cocción de la planta.

Pendejera* / Solanum torvum, Sw. // *Eshú
Infusión de las raíces.

Inapetencia

Caña fistola* / Cassia fístula, Lin. // *Todos los santos
Jarabe de la fruta.

Inflamación

Abrojo* / Tribulus cistoides, Lin. // *Inlé
Baños con la cocción de la planta.

Es muy bueno para todo lo malo. Es una de las hierbas naturales de la sociedad secreta «Abakuá», en la que recibe el nombre de «mendinga».

Achiote* / Sloanea ueratellifolia, Grises // *Obatalá
Cataplasma de hojas maceradas.

Ají chile* / Capsicum annuum, Lin. // *Elegguá, Oggún, Osaín
Decocción de dos cucharadas de fruto por litro de agua.

También conocida como ají chileno, Osaín «trabaja» mucho con esta planta para alejar a las personas que puedan hacer daño.

Árbol campana o bibijagua* / Datura suaveoleus, Lin. // *Obatalá
Cataplasma de hojas cocidas sobre la afección.

Se emplea en el «Omiero» de este orisha.

Hierba mora* / Solanum nigrum, Lin. // *Oggún, Yemayá
Baños con cocción de la planta.

Es una planta muy hechicera. La piedra imán se bautiza con hierba mora y agua bendita.

Mango* / Mangifera indica, Lin. // *Oshún
Cataplasma de hojas maceradas.

Gusta mucho a todos los orishas. Cuando existe una gran cosecha de mangos se dice que vendrá una gran miseria y hambre.

Romero* / Rosmarinus officinalis, Lin. // *Yemayá
Baño con cocción de la planta.

Sus ramas son magníficas para los «despojos». La virtud de su aroma es un gran secreto que, los que lo poseen, no divulgan jamás.

Ruda* / Ruta chalepensis, Lin. // *Changó
Baño con cocción de la planta.

Los brujos la detestan, es su peor enemigo. Por ello es buena precaución tener una planta de ruda en el patio de casa o en el balcón, pues nunca se sabe quién vive en la otra puerta, y los niños son los más expuestos. En la casa donde crece esta planta, los «ndoki» no entran. Cuando la planta se está muriendo, se escoge el mejor de los gajos y se vuelve a sembrar en tierra nueva. No se le dará a nadie una hoja de esta planta, ni se toca los viernes.

Tuna* / Ruta chalepensis, Lin. // *Obatalá
Hoja macerada con aceite de almendra sobre la inflamación.

Colgada, una hoja de tuna detrás de la puerta de la casa «aleja» a los enemigos y a las personas que nos quieran hacer daño a través de «embrujos».

Tábano* / Pavonea typhalaea, Lin. & Cav. // *Todos los santos
Baño con cocción de la planta.

Intestinos

Altea* / Hibiscus syriacus, Lin. // *Obatalá, Orunmila
Limpia con lavados de cocción de raíces hervidas coladas.

Cilantrillo de pozo* / Adriantum tenerum, Sw. // *Oshún
Cocción de la planta.

Para Omiero del orisha y «rogar» cabezas con flor de agua (helecho de río), vinagre y algodón.

Ruibarbo* / Gueffarda valenzuelana, A. Rich. // *Osaín
Cocción de la planta para trastornos.

Insomnio

Bejuco borococo* / Thunbergia fragans, Roxb. // *Oggún
Cocción de la planta.

Capulina o Capuli* / Muntingia calabura, Lin. // *Eshú
Decocción de las flores.

Cebolla* / Allium cepa, Lin. // *Todos los santos
Comer cocida al acostarse.

La cebolla pequeña, molida y pulverizada con los palos «fuertes y sollanga» –bichos– de la «nganga», se da a tomar y enloquece. Aleja las malas influencias mezclada con incienso y aplicada a las personas y en la casa.

Salvia de Castilla* / Salvia officinalis, Lin. // *Obatalá
Cocción de la planta.

Zapote* / Achras sapota, Lin. // *los Ibeyis
Cocción de hojas secas.

Lactancia

Ajonjolí* / Sesamun indicum, L. // *Babalú Ayé
La semilla hecha polvo, mezclada con alimentos, favorece lactancia materna.

Es tabú en la casa de este orisha. Si un hijo de san Lázaro come ajonjolí, se enferma e incluso puede morir, no pueden ni mirarlo. Igualmente, no deben comer granos, como el frijol, la lenteja, el gandul, sobre todo, las lentejas, que son los mismos granos del leproso.

Boniato* / Ipomaea batatas, Lamk. // *Orisaoko, Oshún
Hervido como alimento aumenta la lactancia materna.

Osaín lo come y, cuando se quiere hablar con él, se lleva a la sabana un boniato bien untado con manteca de corojo y se le llama. Es una ofrenda gustosa para todos los orishas, menos a Obatalá y Oyá. El día de «Itá», el tercer día de la consagración en «Regla de Ocha», el «Asentado» escuchará la lectura del porvenir y le son revelados los diversos «auos» o prohibiciones relacionadas con su destino y que deberá observar toda la vida.

A las iyalochas, en su mayoría, les está prohibido comer boniato, pero frecuentemente se privan de este gusto cuando se presenta la oportunidad; entonces dicen que desean comer «papas dulces».

Hierbabuena* / Mentha sativa, Lin. // *Oshún, Yemayá
Cocción de la planta.

Hinojo* / Foeniculum vulgare, Mill. // *Obatalá
Planta macerada más miel de abejas.

Es el «palo» de la muerte. Se utiliza en las ceremonias que se le hacen al cadáver de los «mayomberos» judíos antes de darle sepultura. Este orisha trabaja con este árbol para acabar con la «karakambula», o sea, destruir la acción de una brujería.

Palo Ramón* / Trophis racemosa, L., Urb. // *Todos los santos
Favorece la cocción de hojas, raíces y corteza.

Es otro de los «palos» principales de «mayombe» en los que se «sujeta bien el muerto». El «palero» no se atreve ni a chistar en su presencia. Una de las cualidades de este árbol es la gracia que tiene de «menstruar», como las mujeres, y de «dar leche» en cuarto creciente.

Laxante

Almendro* / Terminalis catappa, Lin. // *Ifá, Obatalá
Aceite de almendras a cucharaditas.

El aceite de almendra se emplea para las lámparas que se le encienden a Obatalá. Sus hojas se le incluyen en el «Omiero».

Bejuco de Conchita* / no localizado // *Orisaoko, Oshún
Hervido después de puesto al sol y al sereno, a cucharadas, en ayunas.

Caña fístola* / Cassia fistula, Lin. // *Todos los santos
Hervidura de 3 a 6 cucharadas de pulpa de la fruta por litro de agua.

Corona de novia* / Pereskia aculeata, Mill. // *Todos los santos
Infusión de tres o más rositas de la planta.

Higuera* / Ficus carica, Lin. // *Todos los santos
Zumo de la planta a cucharadas.

Lengua

Guajaca* / Dendropogon usneoide, L. Raf. // *Elegguá
Con enjuagues tibios de la cocción de la planta elimina grietas en la lengua.

Leucorrea

Agalla de la costa* / Randia aculeata, Lin. // *Elegguá
Tisana de la semilla.

Aguinaldo blanco* / Ribea corymbosa, L. // *Obatalá
Lavados vaginales con la cocción de las raíces hervidas.

Para «despojar» malas influencias, baños lustrales y baldeos purificadores de la casa.

Ateje común* / Cordia collococca, Lin. // *Osaín
Lavados con infusión de las raíces coladas.

Caña santa* / Costus spicatus, Jacq., Rose // *Oggún.
Cocción de la planta en lavados vaginales.

Con esta planta se enardece a Oggún.

Caoba* / Swietenia mahagoni, L. Jacq., // *Changó, Obba
Cocción de la corteza en lavados vaginales.

Cundeamor* / Momordica charantia, L. // *Todos los santos
Infusión de la planta.

Pomarrosa* / Eugenia Jambos, Lin. // *Oshún
Cocción de la planta.

Es una planta muy temida por los «mayomberos» que poseen una «nganga», pues se considera como matabrujos. Por ello, el que anda con una «nganga» judía no puede ni mirar una semilla de pomarrosa. Esta planta ni se menciona en casa del «ngangulero».

Sábil* / Aloe vera, Lin. // *Yemayá
Cocción de la planta en lavados vaginales.

Espanta todo lo malo si se ponen unas pencas detrás de la puerta.

Llagas

Aguinaldo blanco* / Ribea corymbosa, L. // *Obatalá
Cataplasma de las hojas frescas machacadas sobre la piel.

Para «despojar» malas influencias, baños lustrales y baldeos purificadores de la casa.

Copey* / Clusia rosea, Jacq. // *Orula
Cataplasma de jugo más resina de la planta.

Se emplea para hacer «prendas», porque es muy poderoso. Donde nace, se apodera de la tierra, y ningún otro «palo» puede vivir por allí; por eso es muy bueno en la agricultura.

Hierbabuena* / Mentha sativa, Lin. // *Yemayá
Macerada con ron y aplicada a llagas rebeldes.

Hierba mora* / Solanum nigrum, Lin. // *Oggún, Yemayá
Fomentos con cocción de la planta.

Es una planta muy hechicera. La piedra imán se bautiza con hierba mora y agua bendita.

Llantén cimarrón* / Echinodorus grisebachu, Small. // *Oshún
Baños con cocción de la planta.

Sargazo / Sargassum vulgare, Agardh. // Yemayá
Fomento con las hojas de la planta.

Lombrices

Almendro* / Terminalis catappa, Lin. // *Ifá, Obatalá
Cocción de la corteza en ayunas.

El aceite de almendra se emplea para las lámparas que se le encienden a Obatalá. Sus hojas se le incluyen en el «Omiero».

Apasote* / Chenopodium ambrosioides, Lin. // *Babalú Ayé
Expulsa con zumo de raíces más hojas.

Las hojas sirven para condimentar la comida de este orisha. Esta planta se usa mucho para «amarrar» y se utiliza el «diloggún» caracol o el «obi» coco para determinar dónde se depositan los animales sacrificados cuando se hace este «ebbo» trabajo.

Bejuco lombriz* / Philodendrum wrigtu, Gris // *Babalú Ayé, Elegguá
Las expulsa con infusión en ayunas más aceite de palmacristi.

Coco* / Cocos nucifera, Lin. // *Obatalá
Expulsa la solitaria comiendo masa de coco seco en ayunas.

Granada* / Punica granatum, Lin. // *Changó, Oyá
Cocción de las hojas más aceite ricino: las expulsa.

Su fruto se le ofrece al orisha Changó. Con las ramas se alejan los fantasmas que vienen a veces a perturbar nuestro reposo.

Hierbabuena* / Mentha sativa, Lin. // *Oshún, Yemayá
Cocción de la planta.

Limón* / Citrus limonum, Risso. // *Elegguá
Aceite de comer más gotas de aceite de limón.

Ruda* / Ruta chalepensis, Lin. // *Changó
Cocción de la planta.

Los brujos la detestan, es su peor enemigo. Por ello es buena precaución tener una planta de ruda en el patio de casa o en el balcón, pues nunca se sabe quién vive en la otra puerta, y los niños son los más expuestos. En la casa donde crece esta planta, los «ndoki» no entran. Cuando la planta se está muriendo, se escoge el mejor de los gajos y se vuelve a sembrar en tierra nueva. No se le dará a nadie una hoja de esta planta, ni se toca los viernes.

Mal de madre

Ruda* / Ruta chalepensis, Lin. // *Changó
Cocción de la planta: elimina el dolor.

Los brujos la detestan, es su peor enemigo. Por ello es buena precaución tener una planta de ruda en el patio de casa o en el balcón, pues nunca se sabe quién vive en la otra puerta, y los niños son los más expuestos. En la casa donde crece esta planta, los «ndoki» no entran. Cuando la planta se está muriendo, se escoge el mejor de los gajos y se vuelve a sembrar en tierra nueva. No se le dará a nadie una hoja de esta planta, ni se toca los viernes.

Manos

Jagüey* / Ficus membranacea, C. Wright. // *Oggún
Colocar parte interior de la corteza sobre las manos hinchadas.

Un hueco en el tronco del jagüey es un santuario natural, por ser la vivienda de un orisha, que recibe allí sacrificios, ofrendas y libaciones. Babalú Ayé va con frecuencia a tomar la sombra de este árbol y, como en la ceiba y el laurel, los «makutos» también se entierran a su sombra.

Lo mismo «trabaja» este palo en «mayombe» judío que en cristiano, y es muy venerado por todos los fieles de las sectas africanas. Es tan poderoso que se «traga» a un aguacate. Se atreve con la ceiba y la domina. Puede con todos los palos del monte menos con la palmareal.

Mareos

Acacia* / Gliricidia sepium, Kth. // *Obatalá
Cocción de las hojas más raíces.

Arara* / no encontrado // *Babalú Ayé, Orula
Elimina fumando cigarrillos con picadura de las hojas.

Matriz

Hierba de la niña* / Euphorbia hypericifolia, Lin. // *Todos los santos
Cocción: calma la irritación.

Mazamorra

Calabaza* / Corcubita maxima, Duchesne. // *Oshún
Aplicar zumo de la planta sobre la lesión.

A los «Asentados» en Ita, si les sale la letra o signo de Obbaramelli, deberán respetar las calabazas, no pueden comerlas, ni regalárselas a nadie, pues son hijas legítimas de Changó.

La primera cazuela de congo fue una calabaza, mucho antes que en cazuela de barro, la «nganga» se guardó en ella.

Altar de las deidades

Cuarto sagrado para registrar al que se consulta

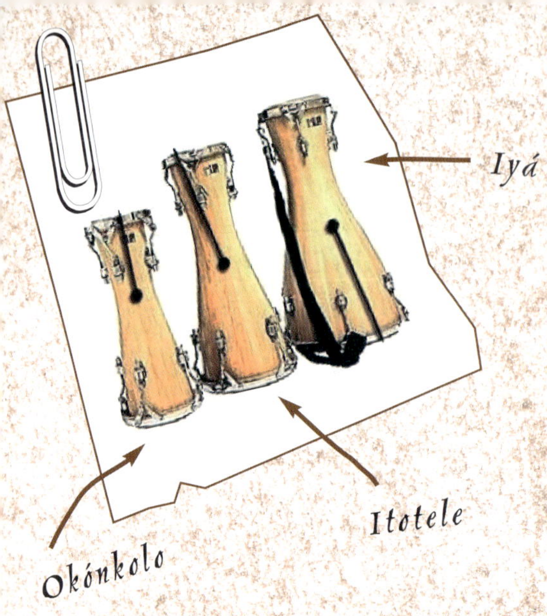

Tambores Batá
utilizados en rituales

Ogús, dios guerrero
y dueño de caminos

Collares
de deidades

Sopera de Ochún que se coloca en el altar

Ochún y Yemayá

Cazuela
y sus guerreros

Altar de la
diosa Yemayá

Atributos de Changó

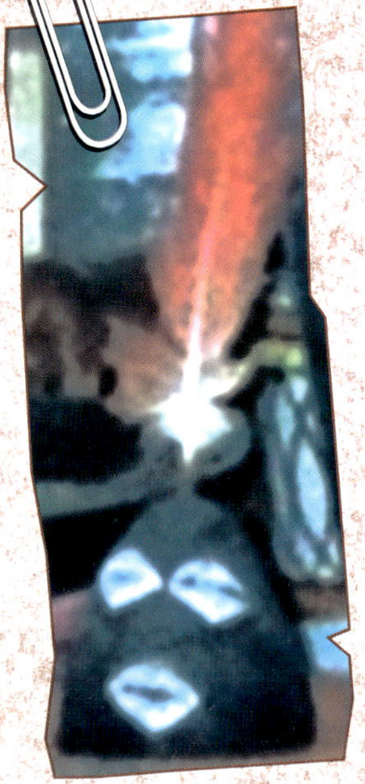

Representación del santo Elegguá, mensajero de los dioses, adornado con una pluma de loro

Orgún

Obatalá

Oyá

Orula

Menstruación

Aguacate morado* / Persea gratissima, Gaertn. // *Changó, Elegguá, Oggún
La provoca la cocción del cogollo del aguacate morado.

El fruto morado del aguacate pertenece a Oyá.

Albahaca de clavo* / Ocinum micranthum, Wild. // *Todos los santos
Cocción del cogollo: alivia dolores.

En los templos «kimbisa», cuando un iniciado entra en trance y ya se sabe el padre que va a poseerlo, se le rocía el cuerpo junto a la «nganga» –caldero– con la «chamba» –el aguardiente del ritual–. Ya en posesión del nuevo «ngombe» –médium– inmediatamente se lavan los ojos con «mamba» –agua preparada con albahaca, grama, vino seco y otros ingredientes–, para que vean las cosas del otro mundo. Tres baños de albahaca de todas sus especies, azucenas y rosas blancas bastarán para saturarse de sus grandes virtudes y atraer buenas influencias, alejando los malos espíritus y el mal de ojo.

Algodón* / Gossypium Barbadense, Lin. // *Obatalá, Obanlá
Cocción de la raíz: regula la menstruación.

Las hojas del algodón se emplean en el «Omiero» del Asiento», no puede disociarse de Obatalá, pues es imprescindible.

Almorejo* / Setaria viridis, Lin. // *Orula
Se regula con cocción de las hojas más raíces.

Azafrán* / Carthamus tinctorius, Lin. // *Obatalá
Se regula con cocción de la planta, masa de coco, miel de abejas, tomado caliente tres veces al día cuando el volumen de esta infusión se ha reducido a la mitad.

Calaguala* / Polypodium aureum, Lin. // *Oshún
Se regula con cocción de las hojas en ayunas más baños en los pies.

Copetuda* / Calendula officinalis, L. // *Oshún
Cocción de la planta.

Cucaracha* / Zebrina péndula, Schnize. // *Yemayá
Se provoca con cocción de las hojas.

En Omiero, para lavar las piezas de este orisha.

Cilantro* / Eryngium foetidum, Lin. // *Yemayá
Se regula con el jugo de la planta.

Con las hojas tiernas se condimenta la comida de los orishas.

Cundeamor* / Momordica charantia, L. // *Todos los santos
Infusión de la planta.

Güanina* / Cassia toro, Lin. // *Todos los santos
Cocción de las hojas.

Incienso* / Artemisia abrotanum, Lin. // *Babalú Ayé, Obatalá
Se regula con cocción de la planta.

Se usa mucho en «despojos» de los malos espíritus.

Jengibre* / Zingibre, L. Karst. // *Oggún
Se provoca con cocción de la planta.

El fruto de esta planta, mezclado con la «caña santa», hace enfadar a este orisha, por lo que se recomienda tener mucho cuidado cuando un santero vaya a hacer un «trabajo», porque se puede «volver» contra uno mismo.

Palo caballero* / Phoradendron rubrum, Gris. // *Changó
Se regula con cocción de la planta.

Se le llama también guinda vela, se encuentra en las guasitas, el granadillo y otros palos. Tiene poder para todo, es uno de los palos que protege de brujerías y de toda mala influencia. Con un pedacito que se lleve colgado del cuello o en el bolsillo, aleja los malos espíritus.

Palo guitarra* / Citharexylum caudatum, Lin. // *Changó, Oggún, Oyá
Cocción de las raíces más las hojas: evita trastornos menstruales.

Palo tocino* / Acacia Paniculada, Willd. // *Todos los santos
Cocción de hojas más pelusas de coco, más hojas de croto, hace bajar la menstruación.

Sabina* / Juniperus lacaya, Brittom. // *Yemayá
Cocción de retoño cada 2 o 3 horas: suspende la menstruación.

Muelas

Adormidera de sabana* / Desmantus virgatus, Willd. // *Todos los santos
Quita el dolor con enjuagues tibios de la cocción de la planta.

Es una planta muy buena para cautivar o embaucar a una persona con ciertos brebajes que se le dan a beber mezclados con otros ingredientes.

Ají dulce* / Capsicum chinense, Lin. // *Yemayá
Alivia el dolor masticar ramitas más las hojas.

Anamú* / Petiveria alliacea, Lin. // *Todos los santos
Calma el dolor el aplicar pasta de las raíces más cebo de carnero en emplasto.

Es una hierba de las más comunes y fáciles de obtener, pero no se arrancará más que cuando sea preciso utilizarla. No se incluye entre las hierbas del «Omiero de Asiento». Con baños de anamú se desprenderá del cuerpo algún espíritu oscuro, de esos que suelen enviar los mayomberos para atormentar a sus víctimas adhiriéndose a ellas. Si se emplea «fula» –pólvora– al practicarse este despiojo, hay que hacerlo con mucho cuidado, no sea que, al arrancar el espíritu, éste dañe el cuerpo por la conmoción que reciben tanto el espíritu como la materia. Todos los espíritus no se pueden quitar con «fula».

Ayúa* / Zanthexylum martinicense, Lin. // *Todos los santos
Masticar la corteza quita el dolor.

Es un buen resguardo para alcanzar un gran problema mezclándose con cuaba negra, carcoma y avispas.

Bejuco verraco* / Chiococca alba, Lin. Hitchc. // *Elegguá
Quita el dolor con enjuagues tibios de cocción de la planta.

Se le llama verraco o cochino a este bejuco porque huele a este animal (puerco, chamcó, cerdo, etc.) Asoma la raíz al mediodía y luego se esconde. Es una planta venenosa para el ganado.

Café* / Coffea arabica, Lin. // *Todos los santos
Quita el dolor con enjuagues tibios de cocción de las hojas verdes.

En las ofrendas que se tributan a los muertos, nunca falta la taza de café. El café es la gran alcahueta de las brujerías y no debe tomarse en todas partes; sobre todo se debe tener mucho cuidado en los ritos de santería y brujería porque las malas intenciones y los «trabajos» en contra de algunas personas no encuentran ningún «vehículo» mejor para penetrar en el organismo. También se dice que, derramando café molido en el ataúd y en las partes íntimas del cadáver, se evita que se corrompa rápidamente, así como una mezcla de éste con hojas de guayaba.

Copetuda* / Calendula officinalis, L. // *Oshún
Enjuagues tibios de cocción de la planta.

Espuela de caballero* / Jaconinia aculeata, Mez. // *Elegguá
Elimina el dolor la corteza fresca colocada en la caries.

Dice la leyenda que esta hierba nació cuando el «kerekete» hizo el nido, porque, al pasar un cazador, éste aplastó los huevos y por eso fue maldecido. En adelante, puso los huevos sobre una piedra y esta planta nació para protegerlos. Como nace sobre una piedra, se amarra bien a ésta, por eso se dice que los «trabajos» con esta hierba para «amarrar» son muy buenos y muy fuertes. Es excelente para hacer polvo de «mayombe» y otras preparaciones mágicas. Se hace en aquellas «rogaciones» para beneficiar a las personas aunque estén arruinadas. Se plantea también que los luchadores de gallos curan los ojos de sus animales lesionados después de una pelea con el zumo de sus hojas.

Hierbabuena* / Mentha sativa, Lin. // *Oshún, Yemayá
Echar el zumo sobre la muela quita dolor.

Lleren* / Galathea allovia, Lin. // *Oshún
El zumo de esta sobre la muela alivia el dolor.

Maboa* / Cameraria latifolia, Lin. // *Obatalá, Oggún
Leche de la planta destruye las caries.

Palo caja* / Allophyllus cominia, Sw. // *Changó
Enjuagues tibios del zumo de esta planta quitan el dolor.

Para baños de despojos, matabrujos. Es un palo muy noble de mayombe. Le gusta hacer el bien.

Musculares

Aceitero* / Spondias dulces, Forst. // *Babalú Ayé, Elegguá
Frotaciones de las hojas más ramas machacadas con alcohol.

Alcanfor* / Cinnamommun camphora, Lin. // *Changó, Elegguá
Elimina dolores las friegas de estas hojas más sus ramas con alcohol.

Arabo* / Erythroxylon affine, A. Rich. // *Oggún, Orula, Oshún
Respirar hervidura de hojas, raíces y ramas.

Se «trabajan» las raíces al pie de Oggún para asegurar un negocio inestable, poco seguro o una empresa cuando amenaza fracasar. Es una raíz mágica, según dicen muchos santeros.

Carquesa* / Ambrosia hispida, Pursh. // *Yemayá
Elimina dolores las friegas de esta planta triturada con alcohol.

Para despojos y limpiezas. Es uno de los «ewes del Asiento».

Salvia* / Pluchea odorata, Cass. // *Babalú Ayé
Los vapores de la infusión calman los dolores.

Nariz

Bejuco de Cuba* / Goiania polygama, Jacq., Urb. // *Osaín
Elimina la infección haciendo lavados con cocción bien filtrada.

Jicama* / Colopogonium caeruleum, Hemsl. // *Obatalá
Elimina pólipos inhalar vapores de sus raíces, corteza y hojas.

Pomarrosa* / Eugenia Iambos, Lin. // *Oshún
Elimina la infección el lavado con la cocción de esta planta.

Es una planta muy temida por los «mayomberos» que poseen una «nganga», pues se considera como matabrujos. Por ello, el que anda con una «nganga» judía no puede ni mirar una semilla de pomarrosa. Esta planta ni se menciona en casa del «ngangulero».

Náuseas

Arara* / no localizado // *Babalú Ayé, Orula
Elimina náuseas fumar cigarrillos con picadura de estas hojas.

Nervios

Anón* / Anona squamosa, Lin. // *Obatalá
Cocción de las hojas.

Arcediana o acediana* / Pluchea odorata, Cass. // *Aggayú, Orula
Unas gotas del zumo de esta planta diluidas en agua calman los nervios.

Capulina o capuli* / Muntingia calabura, Lin. // *Eshú
Decocción de las flores.

Cuabari o ambia* / no localizado // *Changó, Oggún
Tisana de toda la planta alivia el sistema nervioso.

Geranio* / Pelargonium odoratissimum, L. // *Changó, Oyá
Cocción de la planta más hojas de toronjil.

Da buena suerte cuando se emplea en baños para «despojos».

Güara* / Cupania cubensis, Maza et Molt. // *Dadda, Oyá
Friegas de la corteza más raíces hervidas.

Figura entre los palos que compone el caldero mágico de los «mayomberos». Combinada con la yaya y rompe saragüey se utiliza en las lustraciones previas al juramento de una «moana-nganga». Es excelente para los «despojos».

Güasimilla* / no localizado // *Todos los santos
Cocción de las flores.

Hierba mora* / Solanum nigrum, Lin. // *Oggún, Yemayá
Cocción de la planta.

Es una planta muy hechicera. La piedra imán se bautiza con hierba mora y agua bendita.

Mejorana* / Origanun majorana, Lin. // *Todos los santos
Cocción de la planta.

Una ramita sirve de amuleto, puede llevarse en una bolsita en el bolsillo. Cuando la planta crece mucho es sinónimo de abundancia, tanto en bienes materiales como en salud y prosperidad; cuando ocurre lo contrario, cuando se marchita y no prende al sembrarla, es augurio de mala suerte y ruina.

Ñame* / Dioscorea alata, Lin. // *Elegguá
Cocción de la planta.

El ñame, como el coco y el maíz, pertenecen a todos los orishas, a todos se les ofrenda. Sin ñame, no podría iniciarse uno en la Sociedad Abakuá, pues es uno de sus principales atributos.

Con el corazón del ñame prepara el babalawo el «aché yefa», que es el polvo blanco lleno de virtudes con que se cubre el Tablero de Adivinar de Orula. La mejor «rogación» para Obatalá son ocho pelotas de ñame con «efun y ori», o sea, con cascarilla y manteca de cacao, y después se lo llevan al monte.

Romero* / Rosmarinus officinalis, Lin. // *Yemayá
Cocción de la planta.

Sus ramas son magníficas para los «despojos». La virtud de su aroma es un gran secreto que, los que lo poseen, no divulgan jamás.

Neuralgias

Guanábana* / Anona muricata, L. // *Obatalá
Cocción de las hojas para neuralgias faciales.

Hierba mora* / Solanum nigrum, Lin. // *Oggún, Yemayá
Cocción de la planta.

Romero* / Rosmarinus officinalis, Lin. // *Yemayá
Cocción de la planta.

Sus ramas son magníficas para los «despojos». La virtud de su aroma es un gran secreto que, los que lo poseen, no divulgan jamás.

Ruda* / Ruta chalepensis, Lin. // *Changó
Baños tibios con agua de la planta macerada.

Los brujos la detestan, es su peor enemigo. Por ello, es buena precaución tener una planta de ruda en el patio de la casa o en el balcón, pues nunca se sabe quién vive en la otra puerta, y los niños son los más expuestos. En la casa donde crece esta planta, los «ndoki» no entran. Cuando la planta se está agotando, se escoge el mejor de los gajos y se vuelve a sembrar en tierra nueva. No se le dará a nadie ni una hoja de esta planta, ni se toca los viernes.

Salvia* / Pluchea odorata, Cass. // *Babalú Ayé
Untar zumo de la planta en la parte dolorida.

Vetiver* / Andropogon muricatus, Retz. // *Oshún
Friegas de alcohol con las raíces maceradas.

Nutritivo

Piña de ratón* / Bromelia pinguin, Lin. // *Elegguá
Cocción de las raíces.

Oídos

Albahaca de clavo* / Ocinum micranthum, Wild. // *Todos los santos
Zumo en gotas alivia el dolor.

En los templos «kimbisa», cuando un iniciado entra en trance y ya se sabe el padre que va a poseerlo, se le rocía el cuerpo junto a la «nganga» –caldero– con la «chamba» –el aguardiente del ritual–. Ya en posesión del nuevo «ngombe» –médium– inmediatamente se lavan los ojos con «mamba» –agua preparada con albahaca, grama, vino seco y otros ingredientes–, para que vean las cosas del otro mundo. Tres baños de albahaca de todas sus especies, azucenas y rosas blancas bastarán para saturarse de sus grandes virtudes y atraer buenas influencias, alejando los malos espíritus y el mal de ojo.

Algodón* / Gossypium Barbadense, Lin. // *Obanlá, Obatalá
Gotas de agua tibia con capullos de algodón verde.

Las hojas del algodón se emplean en el «Omiero» del Asiento», no puede disociarse de Obatalá, pues es imprescindible.

Almendro* / Terminalis catappa, Lin. // *Ifá, Obatalá
Gotas tibias de aceite de almendra.

El aceite de almendra se emplea para las lámparas que se encienden a Obatalá. Sus hojas se le incluyen en el «Omiero».

Arbicuajer o arbicua* / no localizado // *Oggún
Elimina dolor y zumbido masticar ramitas y hojas tiernas.

Bejuco de la Virgen* / Cassia chryssocarpa, Desv. // *Obatalá
Gotas del zumo para curar los oídos infectados.

Bejuco uvi (5 hojas)* / Cissus sicyoides, Lin. // *Yemayá
Elimina la supuración: gotas de savia de la planta.

Sirve para lavar las piezas y atributos de este orisha.

Copetuda* / Calendula officinalis, L. // *Oshún
Enjuagues de cocción.

Llantén cimarrón* / Echinodorus grisebachu, Small. // *Oshún
Lavados de oídos con cocciones tibias.

Palo guitarra* / Citharexylum caudatum, Lin. // *Changó, Oggún, Oyá
Lavado de oídos con cocción de raíces más hojas.

Ruda* / Ruta chalepensis, Lin. // *Changó
Las gotas tibias de aceite de ruda frita calman el dolor.

Los brujos la detestan, es su peor enemigo. Por ello, es buena precaución tener una planta de ruda en el patio de la casa o en el balcón, pues nunca se sabe quién vive en la otra puerta, y los niños son los más expuestos. En la casa donde crece esta planta, los «ndoki» no entran. Cuando la planta se está agotando, se escoge el mejor de los gajos y se vuelve a sembrar en tierra nueva. No se le dará a nadie ni una hoja de esta planta, ni se toca los viernes.

Ojos

Abrojo terrestre* / Kallstroemia maxima, Lin. // *Todos los santos
Lavar con cocción de la planta.

Es muy bueno para todo lo malo. Es una de las hierbas naturales de la sociedad secreta «Abakuá» en la que recibe el nombre de «mendinga».

Bejuco de indio* / Ipomoea tubersa, Lin. // *Todos los santos
Se refrescan con apósito de la savia.

Canutillo blanco* / Comelina elegans, Hbk. // *Obatalá
Cocción de la planta para lavar ojos infectados, es muy bueno limpiar con algodones empapados de esta cocción.

Con esta planta se lavan todos los orishas femeninos.

Melón de agua* / Citrullus vulgaris, Schr. // *Yemayá
Refresca la cocción de las raíces más las hojas.

Vicaria blanca* / Cinea rosea, Lin. // *Obatalá
Fomento frío de la cocción de las flores.

Ojos de pescado

Guao* / Comocladia dentada, Jacq. // *Oggún
Resina de la planta para eliminar los ojos de pescado.

Con este arbusto no puede hacerse más que daño. Su contacto, su sombra, sus efluvios, todo en él es maligno. No hay «palo» más endiablado en el monte ni mejor para matar, desbaratar, reventar y acabar con todo. El espacio de tierra en que brota es igualmente pernicioso. La maldad es natural en el guao y nadie se atreve a tocarlo. El más ligero contacto con este matojo, inflama y a veces produce fiebre. Por ello, es conveniente saber cómo evitar los efectos desagradables de esa diabólica planta e inmunizarse contra posibles y furiosos contactos.

Si el guao le pica a usted, vuelva de inmediato con un «fuete» o palo. Insúltelo, péguele duro y después escúpale. Si al tocarle se le había hinchado la mano o cualquier miembro del cuerpo y siente picazón, ésta se curará enseguida después de la paliza y ya nunca más, aunque lo toque, volverá a hacerle daño. Esta operación debe hacerse con precaución donde quiera que haya guao.

Ombligo

***Abran de la costa* / Bunchosia media, D. C. // Inlé**
Se reduce con ungüento de la savia.

Orzuelos

Albahaca de clavo* / Ocinum micranthum, Wild. // *Todos los santos
Zumo de la hoja sobre la parte afectada.

En los templos «kimbisa», cuando un iniciado entra en trance y ya se sabe el padre que va a poseerlo, se le rocía el cuerpo junto a la «nganga» –caldero– con la «chamba» –el aguardiente del ritual–. Ya en posesión del nuevo «ngombe» –médium– inmediatamente se lavan los ojos con «mamba» –agua preparada con albahaca, grama, vino seco y otros ingredientes–, para que vean las cosas del otro mundo. Tres baños de albahaca de todas sus especies, azucenas y rosas blancas bastarán para saturarse de sus grandes virtudes y atraer buenas influencias, alejando los malos espíritus y el mal de ojo.

Ovarios

Geranio* / Pelargonium odoratissimum, L. // *Changó, Oyá
Cocción de la planta más vino seco: elimina trastornos.

Da buena suerte cuando se emplea en baños para despojos.

Grama o hierba fina* / Cynadon dactylon, L. Pers. // *Todos los santos
Elimina irritación cocción de la planta.

Esta hierba es muy bruja y se introduce en muchos amuletos e instrumentos mágicos, «trabaja» mucho y es de cuidado. Se emplea antes de comenzar el «Juego de Palo» para los «nkangues», amarres que se sitúan en las esquinas y protegen la reunión del brujo y a sus clientes. Con la grama no hay sorpresas, dice el «mambí», mientras ata encima del caldero a los «mundales», justicia no vendrá. En la Regla de Mayombe del «Santo Cristo del Buen Viaje» se lleva un manojo de grama a la cabeza del que se inicia, con la «nganga» de maíz mojado en vino seco y tierra de la «naganga», mientras se le pregunta tres veces su nombre y apellidos. Después de tocar la cabeza con la grama, se le corta un mechón de pelo que se guarda en la «nganga» con la sangre que brota de las cruces que se le hacen al iniciado en los antebrazos, a ambos lados del pecho y de los empeines de los pies.

Cuando un «ngombe» es recién iniciado en alguna rama de «Palo Monte», vuelve de recoger la ropa que se ha enterrado en el cementerio porque, al «hacerse Mayombero», su cuerpo pertenece a los muertos, se le da a beber el zumo de la grama machacada y colada y bebe tres sorbos.

Con un puñado, se le entrega la «kisenguere o kisenga» la tibia, o sea la canilla de un esqueleto mágicamente preparada que se pasará tres veces por detrás de las piernas, alrededor de la cintura y por la cabeza. Con las briznas de grama y la canilla en la mano, se arrodilla ante la «nganga». El espíritu no tarda en poseer su cuerpo, «lo tumba y se le encarama encima». La «kisingua» es como un tubo por donde ve el espíritu y entra en su «ngombo», médium.

Hierba de la niña* / Gliricidia sepium, Kth. // *Todos los santos
Cocción de la planta: calma la irritación.

Malva blanca* / Waltheria americana, Lin. // *Obatalá
Baños de asiento con la cocción de la planta.

Ruda* / Ruta chalepensis, Lin. // *Changó
Cocción de la planta más ponche de huevos.

Los brujos la detestan, es su peor enemigo. Por ello es buena precaución tener una planta de ruda en el patio de casa o en el balcón, pues nunca se sabe quién vive en la otra puerta, y los niños son los más expuestos. En la casa donde crece esta planta, los «ndoki» no entran. Cuando la planta se está muriendo, se escoge el mejor de los gajos y se vuelve a sembrar en tierra nueva. No se le dará a nadie una hoja de esta planta, ni se toca los viernes.

Padrejón

Ruda* / Ruta chalepensis, Lin. // *Changó
Cocción de la planta.

Los brujos la detestan, es su peor enemigo. Por ello es buena precaución tener una planta de ruda en el patio de casa o en el balcón, pues nunca se sabe quién vive en la otra puerta, y los niños son los más expuestos. En la casa donde crece esta planta, los «ndoki» no entran. Cuando la planta se está muriendo, se escoge el mejor de los gajos y se vuelve a sembrar en tierra nueva. No se le dará a nadie una hoja de esta planta, ni se toca los viernes.

Paludismo

Agracejo* / Gossypiospermun eriophorus, Sw. // *Obatalá
Cocción de la planta.

En la «Regla de Mayombe», se emplea para hacer daño y bien, según el caso. Muchas prendas de Mayombe se montan con el agracejo; «trabaja» mucho hecho polvo con un palo llamado Yaya y sangre de doncella. Se utiliza en el «Omiero de Asiento».

Bastón de san Francisco* / Leonotis nepetaefolia, Lin. // *Orula
Tisana de las hojas.

Cardón* / Euphorbia lactea, Haw. // *Oggún
Cocción de la planta.

Escoba amarga* / Partenium hysterophorus, L. // *Babalú Ayé
Infusión de toda la planta.

Es una de las hierbas favorables con las que Babba «despoja y limpia» a los enfermos. Con esta planta se cubren las dos jícaras que contiene el orisha en Regla Arará.

Hierba diez del día* / Portulaca pilosa, Lin. // *Oggún
Cocción de las flores para fiebres palúdicas.

Es una planta que florece a las diez de la mañana, dando unas florecillas moradas. Fue la primera planta que arrancaron los «egbaddó» para hacer Santo.

Vigueta* / Chiones cubensis, A. Rich. // *Changó
Cocción de la corteza.

Panadizos

Cebolla* / Allium cepa, Lin. // *Todos los santos
Aplicada en cataplasma, con aceite de linaza.

La cebolla pequeña, molida y pulverizada con los palos «fuertes y sollanga» –bichos– de la nganga, se da a tomar y hace enloquecer. Aleja las malas influencias mezclada con incienso y aplicada a las personas y en la casa.

Parálisis

Aba* / no localizado // *Elegguá
Hojas maceradas en cataplasma.

Parásitos

Ajo* / Allium sativum, Lin. // *Todos los santos
Tomar tres dientes de ajo hervidos con leche.

No se emplea para sazonar las comidas de los orishas. Es el sustento de las «ngangas» y «prendas fuertes». Les da fuerza, pero hay «prendas» que el ajo las mata, son débiles y no lo resisten. El ajo domestica a los majáes «guardianes» de las «ngangas», pero ello casi siempre se ve este animal disecado cerca de esta olla.

Apasote* / Chenopodium ambrosioides, Lin. // *Babalú Ayé
Zumo de las raíces más las hojas.

Las hojas sirven para condimentar la comida de este orisha. Esta planta se usa mucho para «amarrar» y se utiliza el «diloggún» caracol o el «obi» coco para determinar dónde se depositan los animales sacrificados cuando se hace este «ebbo» trabajo.

Cundeamor* / Momordica charantia, L. // *Todos los santos
Expulsa tricocéfalos tomar la cocción de las hojas más hojas de campana.

Estropajo* / Luffa luffa, L. Lyons. // *Obatalá
Enemas de la infusión: eliminan los parásitos intestinales.

Para baños de «despojo» cuando la suerte nos abandona, pues el estropajo tiene la virtud de desenredar la suerte y las malas situaciones.

Fruta bomba macho* / Carica papaya, Lin. // *Todos los santos
Cucharadas de cocción del tallo más leche de coco en ayunas.

Para «rogaciones» de la cabeza y para refrescar al Ángel de la Guarda.

Limón* / Citrus limonum, Risso. // *Elegguá, Yemayá
Zumo de la planta o jugo de limón abundante.

Piscuala* / Quisqualis indica, Lin. // *Changó, Oyá
Cocción de las semillas.

Partos

Aguinaldo blanco* / Ribea corymbosa, L. // *Obatalá
Se activa con cocción del tallo, las hojas y las raíces.

Para «despojar» malas influencias, baños lustrales y baldeos purificadores de la casa.

Toronjil* / Melissa officinalis, Lin. // *Todos los santos
Se activa con la cocción de las hojas.

Da buena suerte cuando se emplea en baños para despojos.

Pecho

Bejuco colorado* / Serjania diversifolia, Jacq. // *Changó, Elegguá, Orisaoko
La cocción de la planta elimina la opresión.

Hierba mora* / Solanum nigrum, Lin. // *Oggún, Yemayá
Cocción de la planta: elimina angina de pecho.

Es una planta muy hechicera. La piedra imán se bautiza con hierba mora y agua bendita.

Pichona* / no localizado // *Todos los santos
Quita dolor aplicar ungüento molido con vaselina.

Pimienta china* / no localizado // *Oggún
Ungüento molido con vaselina.

Pestañas

Aromo amarillo u olorosa* / Acacia farnesiana, Lin. Willd. // *Elegguá, Oshún
Hace crecer la aplicación de savia más aceite de ricino.

Con la semilla se hace «mpolo» y «trabaja» los encantamientos de «Mayombe».

Picaduras

Bejuco güaco* / M. cordifolia, L. Wild. // *Oggún, Osaín
Aplicar fomentos de cocción de la planta en picadas de insecto.

Bejuco lechero* / Ipomea ramoni, Choisy. // *Orisaoko
Zumo de la planta para aplicar sobre las picaduras.

Caobilla de la sabana* / Rondeletia stellata, Sauval. // *Eshú
Emplasto con savia de la planta para picaduras.

Cedro hembra* / Cedrela mexicana, M.J. Roem. // *Changó
Zumo de las semillas para aplicar sobre las picadas.

El cedro es uno de los árboles más sagrados que existen para los lucumíes. Changó fugitivo reposó en su sombra. No puede quemarse su santa madera y es la indicada para construir reliquias y atributos del orisha. Son muchos sus misterios, es «awo». Los mayomberos construyen con sus maderas sus nkisi malongo, de la misma familia de los muñecos Ita, chichirecu de los locumíes que caminan de noche y van a hacer maldades por cuenta de sus dueños. El cedro es uno de los iggi más nobles del monte, porque cura muchos males.

Picazón

Cascabelillo* / M. Cordifolia, L. Wild. // *Oshún
Baños con la planta triturada.

Pica pica* / Stizolobium pruritum, Wrigt. // *Babalú Ayé, Elegguá
Baños con cocción de la planta.

Es el transmisor de algo malo. El que lo lleva y guía es el muerto. En polvo mezclado con pimienta se usa como «maleficio» y origina discusiones y riñas que producen malas consecuencias.

Piel

Acana* / Bassia albescens, Grises // *Changó, Oggún
Quita manchas con baños de las hojas, corteza y raíces.

Sirve para «resguardo» o amuleto, son palos «fuertes» en la santería. Las cruces que se elaboran con este palo apartan las malas influencias y desvían el «mal de ojo», y los que ven fantasmas por la noche, con este amuleto no los verán más, pues los espanta.

Alacrancillo* / Heliotropium indicum, Lin. // *Obatalá, Oshún, Oke
Beber cocción de toda la planta en lugar de agua.

Algarrobo* / Pithecolobium saman, Jacq., Benth. // *Changó, Bokú, Oggún
Aplicación de la resina pulverizada quita las llagas.

No debe faltar en un «Omiero de Asiento». Es una planta muy venerada. Con sus hojas se cubre a Changó. Las raíces son muy valiosas para «prendas y resguardos». Otras «prendas» que se entierran a la sombra de este árbol obtienen una gran potencialidad, es como si se cargaran de energía.

Almendro* / Terminalis catappa, Lin. // *Ifá, Obatalá
Savia más aceite de la fruta: suaviza la piel.

El aceite de almendra se emplea para las lámparas que se encienden a Obatalá. Sus hojas se le incluyen en el «Omiero».

Amor seco* / Meibomia barbata, Lin. // *Oshún
Friegas con hojas bien triturada: calma irritación.

Arroz* / Oriza sativa, Lin. // *Obatalá
Evita afecciones friegas con harina de arroz.

El arroz con leche es una ofrenda a Obatalá. A la semana siguiente del «levantamiento del plato», ceremonia que se hace al año de la muerte de un iyalocha, después de una noche en «vela» en que se tocan los tambores «Batá» exclusivamente para el muerto, asistirán a las honras fúnebres, que deben realizarse en la iglesia y, a su regreso, se cocina este arroz sin sal y con la carne sobrante del cerdo que se haya sacrificado al difunto el día anterior. Se riega por las cuatro esquinas de su casa para dar paz y prosperidad.

Ateje hembra* / Cordia valenzuela, A. Rich. // *Osaín
Las hojas maceradas y aplicadas antes de salir el sol quitan manchas.

Ateje hermoso* / no localizado // *Osaín
El zumo de las hojas más la de los tallos quita las manchas por quemadura.

Ateje macho* / Cordia salcuta, D. C. // *Agronica, Babá, Babalú Ayé, Elegguá
Quita manchas: aplicaciones de la savia antes de salir el sol.

Ayúa* / Zanthexylum martinicense, Lin. // *Todos los santos
Limpiar la piel con cocción de las hojas: elimina las costras.

Es un buen resguardo para solucionar un gran problema: se mezcla con cuaba negra, carcoma y avispas.

Bejuco güaco* / M. cordifolia, L. Wild. // *Oggún, Osaín
Aplicar frotaciones de polvo o harina de bejuco para las llagas.

Boniato* / Ipomaea batatas, Lamk. // *Orisaoko, Osaín
Baños con cogollos hervidos: elimina las manchas de la piel.

Osaín lo come y, cuando se quiere hablar con él, se lleva a la sabana un boniato bien untado con manteca de corojo y se le llama. Es una ofrenda gustosa para todos los orishas, menos a Obatalá y Oyá. El día de «Itá», el tercer día de la consagración en «Regla de Ocha», el «Asentado» escuchará la lectura del porvenir y le son revelados los diversos «auos» o prohibiciones relacionadas con su destino y que deberá observar toda la vida.

A las iyalochas, en su mayoría, les está prohibido comer boniato, pero frecuentemente se privan de este gusto cuando se presenta la oportunidad; entonces dicen que desean comer «papas dulces».

Daguilla* / Lagetta lintearea, Lam. // *Eshú
Elimina erupciones: aplicar ungüento de la corteza.

Ébano carbonero* / Maba crassinervis, Drug. // *Elegguá
La piel se ennegrece con baños de cocción de la corteza de esta planta y sus hojas.

Escoba amarga* / Partenium Hysterophorus, L. // *Babalú Ayé
Aplicar pasta de polvo de la planta para costras.

Es una de las hierbas favorables con las que Babba «despoja y limpia» a los enfermos. Con esta planta se cubren las dos jícaras que, en «Regla Arará», contiene el orisha.

Güira cimarrona* / Calopogorium coeruleum, Benth. // *Elegguá, Osaín
Jugo de la fruta en fomentos para úlceras gangrenadas.

Con el güiro se practican innumerables brujerías para atraer a las personas. El fruto de esta planta es más pequeño que el fruto de la güira criolla. Este pequeño güiro (egwa pikuti) es el preferido por estas deidades para sus amuletos y resguardos. El «Osaín conversador» se mete en ellos.

Hierba de Guinea* / Panicum maximum // *Babalú Ayé
Frotación con savia: limpia la piel.

Se apila con canutillo y se hace «Omiero» para lavar a Changó.

Hierba mora* / Solanum nigrum, Lin. // *Oggún, Yemayá
Baños con cocción de la planta: limpia la piel.

Es una planta muy hechicera. La piedra imán se bautiza con hierba mora y agua bendita.

Jazmín de la tierra* / Jasminun grandiflorum, Lin. // *Obatalá
Zumo de la flor: da tersura a la piel.

Maboa* / Cameraria latifolia, Lin. // *Obatalá, Oggún
Leche de la planta: destruye callosidades.

Piernas

Galán de noche* / Omphalea frichotoma, Muell. Arg. // *Obatalá, Orunla
Cocción de las raíces: fortalece los músculos de las piernas.

Piscuala* / Quisqualis indica, Lin. // *Changó, Oyá
Baños de infusión de las hojas más las raíces: elimina fatiga de las piernas.

Ponasí* / Hamelia patens, Jacq. // *Changó
Cocción de las hojas en baños calientes: reduce las inflamaciones.

Pies

Aba* / no localizado // *Elegguá
Alivia pies cansados: baños calientes de las hojas más las raíces.

Árbol de la cera* / Chimarrys cymosa, Jacq. // *Obatalá
Evita mal olor: baños de cocción de las hojas más las raíces.

Avellano de la costa* / Omphalea frichotoma, Muell. Arg. // *Obba, Osaín, Oshún
Elimina frialdad: hojas colocadas en plantillas.

Espartillo* / Sporobolus indicus, L. R. Br. // *Elegguá, Ochosi
Baño de la planta hervida calma dolores de los pies.

Para debilitar las tisanas congas (las preparadas por los «paleros»), que son demasiadas fuertes. También se emplea cuando se disputa por la posesión de la tierra. Se hace un «nkangue» antes de la «nganga». Todos los días se aprieta el nudo hasta dejar idealmente agotado al contrincante. Ganado el pleito, se le da al árbol de espartillo sangre o huevo de sabanero «nui nibaleke».

Galán de noche* / Omphalea frichotoma, Muell. Arg. // *Obatalá, Orunla
Cocción de las raíces: fortalece los músculos de los pies.

Jobo* / Spondias myrobalanus, Lin. // *Changó, Obatalá
Cocción de las hojas en baños calientes: desinflama los pies.

Ésta es la casa de la hutia «eku», como la caña brava es la casa de Naná Burukú. Con las hojas del Jobo se bautiza la piedra de Changó y el fetiche de cedro que lo representa. Éste se lava con un omiero en que el jobo es hierba principal. Se tritura junto con las demás ofrendas del Santo y se le pone en una palangana con agua bendita y agua de coco. El fruto del jobo parecido al del ciruelo, gusta mucho a Changó, tanto como la pitahaya y el mamey. Los mayomberos también lo valoran mucho y lo emplean para asentar los huesos «kangome» en el caldero «mulunganga».

Los baños con estas hojas desbaratan las brujerías que se recogen con los pies cuando, distraídamente, se pisa algún «malembo mpolo».

En «Regla de Palo Cruzado», con la infusión de las hojas de Jobo se bautiza «Matari Isasi», o algún fetiche del genero «chichiriku» que se llamará «Kinikini» o «Batalla Tonda».

Piscuala* / Quisqualis indica, Lin. // *Changó, Oyá
Baños de infusión de las hojas más las raíces: elimina la fatiga de los pies.

Ponasí* / Hamelia patens, Jacq. // *Changó
Cocción de las hojas en baños calientes: reduce las inflamaciones.

Pleuresía

Camagüira* / no encontrado // *Yemayá
Jarabe de las hojas más las raíces.

Polillas

Cañamazo amargo* / Paspalum conjugatum, Berg. // *Babalú Ayé, Yemayá
Rociar sobre los muebles la cocción de la planta.

Presión

Ajo* / Allium sativum, Lin. // *Todos los santos
Comerlo en ayunas baja la presión.

No se emplea para sazonar las comidas de los orishas. Es el sustento de las «ngangas» y «prendas fuertes». Les da fuerza, pero hay «prendas» que el ajo las mata, son débiles y no lo resisten. El ajo domestica a los majáes «guardianes» de las «ngangas», por ello casi siempre se ve este animal disecado cerca de esta olla.

Bastón de san Francisco* / Leonotis nepetaefolia, Lin. // *Orula
Normaliza la presión arterial la cocción de las hojas.

Caña santa* / Costus spicatus, Jacq, Rose // *Oggún
Licor preparado a base de la raíz regula la presión arterial.
Con esta planta se enardece a Oggún.

Guanábana* / Anona muricata, L. // *Obatalá
Comer fruta madura baja la presión.

Limón* / Citrus limonum, Risso. // *Elegguá
Tomar limonada baja la presión.

Pujos

Albaquilla de sabana* / Eupatorium villasum, Sw. // *Babá, Ochosi
Elimina pujos secos: beber cocción de la planta en lugar de agua.

Amor seco* / Meibomia barbata, Lin. // *Oshún
Elimina pujos secos: cocción de la planta.

Bejuco güaco* / M. cordifolia, L. Wild. // *Oggún, Osaín
Cocción de la planta pulverizada para pujos sanguinolentos.

Chirimoya* / Anona cherimolia, Mill. // *Babá, Obatalá
Cocción de las hojas para pujos secos.
Las hojas se utilizan en «Omiero de Asiento» y sirven también para «despojo».

Maravilla* / Marabilis jalapa, Lin. // *Obatalá, Oyá, Yewá
Cocción de la raíz: elimina pujos secos y sanguinolentos.
Cuando los ojos de un cadáver se han quedado abiertos, se cubren con hojas de esta planta, que tiene la propiedad de cerrárselos suave y lentamente.

Mejorana* / Origanum majorana, Lin. // *Todos los santos
Provoca pujos en cocción para parturientas.
Una ramita sirve de amuleto, puede llevarse en una bolsita en el bolsillo. Cuando la planta crece mucho es sinónimo de abundancia, tanto en bienes materiales como en salud y prosperidad; cuando ocurre lo contrario, cuando se marchita y no prende al sembrarla, es augurio de mala suerte y ruina.

Paraíso* / Melia azederach, Lin. // *Changó
Cocción del cogollo.
El paraíso es tan sagrado en la religión yoruba como el cedro, y tiene más misterios que éste. Los mejores días para usarlo son los lunes y viernes.

Los pisos de las casas se limpian del interior hacia la puerta con agua y hojas de paraíso. Con las ramas, se deshollinan los techos diciendo «Paraíso santo, como tú subes yo quiero subir». El dueño de esta planta debe cuidarla mucho, pues, si se seca, indudablemente sufrirá un serio problema y se le alterará el curso de su vida.

Pulgas

Cabo de hacha* / Machaerium millei, Lin. // *Oyá
Frotación con hojas maceradas: las ahuyenta.

Árbol de la guerra de Oyá. Con las hojas del cabo de hacha se enfurece y azuza a Oyá para que pelee y gane una guerra mágicamente. El iyalosha excita la cólera y el ardor bélico de Oyá contra su enemigo o contra su cliente, obteniendo siempre la victoria, por difícil y espinosa que sea la lucha. Es uno de los árboles rituales más poderosos de Oyá. Muy estimado por los mayomberos, llamado palo fuerte para montar «ngangas».

Pulmonía

Cabo de hacha / Machaerium millei, Lin. // Oyá
Infusión de las hojas.

Árbol de la guerra de Oyá. Con las hojas del cabo de hacha se enfurece y azuza a Oyá para que pelee y gane una guerra mágicamente. El iyalosha excita la cólera y el ardor bélico de Oyá contra su enemigo o contra su cliente, obteniendo siempre la victoria, por difícil y espinosa que sea la lucha. Es uno de los árboles rituales más poderosos de Oyá. Muy estimado por los mayomberos, llamado palo fuerte para montar «ngangas».

Corcovan* / Rhoeo discolor, Hance. // *Changó, Oggún, Yemayá
Cocción de la hoja.

Se usa en «despojos» y «aguas lustrales». En «Omiero» para lavar las piezas y reliquias de los orishas.

Purgante

Bejuco de fideo* / Cuscuta americana, Lin. // *Orunmila
Cocción de la planta.

Guabo blanco* / Copernicia glabrescens, H. Wendel. // *Changó
Cocción de las raíces en ayunas.

Quiebra hacha* / Copaifera hymenaefolia, Moric. // *Oggún, Oyá
Jugo de hojas maceradas o machacadas.

Es un palo muy duro y fuerte, como su nombre indica, porque a muchas hachas de leñadores se les rompe el palo cuando tratar de cortar este árbol, es uno de los «palos» mágicos preferidos de Oggún y con el trabaja mucho los santeros.

Salvadera* / Hura crepitans L. // *Todos los santos
Cocción de tres frutos.

Cuando el cadáver de una persona abandona la casa o cuando los amigos regresan del entierro, se «limpian y purifican» con gajos de esta planta y con escoba amarga.

Tua tua o tuba tuba* / Jatropha gossypifolia, Lin. // *Obatalá
Cocción de ramas más raíces.

Quemaduras

Achiote* / Sloanea ueratellifolia, Grises // *Obatalá
Ungüento de la planta cocida sobre quemaduras.

Bija* / Bixa orellana, Lin. // *Changó, Elegguá
Untar aceite de la planta sobre quemadura.

La bija se utiliza en las rogaciones a Changó, pues es la que colorea la comida de algunos orishas.

Cajuela* / H. achornoides, Grises // *Changó, Oggún, Osaín
Ungüento de la savia sobre quemaduras.

Higuereta* / Ricinos communis, Lin. // *Obatalá
Hojas de la planta macerada como ungüento.

Relajación

Almendrillo / Rhamnidium refusum, Grises // Babalú Ayé, Obatalá
Cocción de la corteza más las hojas.

Las hojas se emplean para lavar la cabeza, refresca a Elegguá y, en «despojos», baños y baldeos para purificar la casa y atraer a la buena suerte.

Respiratorias

Cordobán* / Rhoeo discolor, Hance. // *Changó
Cocción de las hojas.

Se usa en «despojos» y «baños lustrales». En «Omiero», para lavar las piezas y reliquias de los orishas.

Jengibre* / Zingibre, L. Karst. // *Oggún
Infusión de rizoma: activa sudoración y quita resfriados.

El fruto de esta planta, mezclado con la «Caña Santa», enfurece a este orisha, por lo que se recomienda tener mucho cuidado cuando un santero vaya a hacer un «trabajo», porque se puede «volver» contra uno mismo.

Reumatismo

Ají guaguao* / Capsicum baccatum, Lin. // *Elegguá, Oggún, Osaín
Friegas de la planta más frutos machacados con alcohol.

Es alimento restaurador de las «ngangas». La «chamba», el aguardiente que padres y mayordomos derraman sobre las cazuelas, calderos y amuletos de Mayombe y que se vierte sobre el escuezo del gallo o animal sacrificado cuando éstos se desangran sobre la «nganga», se carga de ají guaguao para que sea más potente.

Alcanfor* / Cinnamommun camphora, Lin. // *Changó, Elegguá
Friegas de hojas más ramas con alcohol.

Anamú* / Petiveria alliacea, Lin. // *Todos los santos
Cocción de la planta.

Es una hierba de las más comunes y fáciles de obtener, pero no se arrancará más que cuando sea preciso utilizarla. No se incluye entre las hierbas del «Omiero de Asiento». Con baños de anamú, se desprenderá del cuerpo algún espíritu oscuro, de esos que suelen enviar los mayomberos para atormentar a sus victimas adhiriéndose a ellas. Si se emplea «fula» –pólvora– al practicarse este despiojo, hay que hacerlo con mucho cuidado, no sea que, al arrancar el espíritu, éste dañe el cuerpo por la conmoción que reciben tanto el espíritu como la materia. Todos los espíritus no se pueden quitar con «fula».

Árbol de la vida* / Platycladus orientalis, L. // *Obatalá, Oddúa
Cocción de la planta.

Aromo amarillo u oloroso* / Acacia farnesiana, Lin. Willd. // *Elegguá, Oshún
Las friegas de raíces maceradas en alcohol eliminan los dolores.

Con la semilla se hace «mpolo» y «trabaja» los encantamientos de «Mayombe».

Artemisa o altamisa* / Ambrosia artemisifolia // *Babalú Ayé, Obatalá, Osaín
Friegas con raíces, alcanfor, incienso con alcohol.

En «aguas lustrares», proporciona alegría y propicia la adquisición de bienes materiales, morales e intelectuales. Un despojo con esta planta deja una agradable sensación de alegría, que se apreciará por las personas que nos rodean.

Ayúa* / Zanthexylum martinicense, Lin. // *Todos los santos
Infusión de las hojas más las corteza.

Es un buen resguardo para alcanzar un gran problema: se mezcla con cuaba negra, carcoma y avispas.

Calaguala* / Polypodium aureum, Lin. // *Oshún
Cocción de las hojas más las raíces.

Chamico* / Datura stramonium, *Lin.* // *Eshú
Friegas de alcohol con las hojas maceradas.

Framboyán* / Delonix regia, Bojer., Raf. // *Changó, Oyá
Friegas con planta machacada, jengibre y aguardiente de caña.

El año que el framboyán tiene muchas vainas o florece antes de tiempo predice mortandad infantil. Hay que tomar precauciones y hacer «rogación». Se hacen «rogaciones» y se reza en el tronco y se le unta manteca de cacao. Se prepara un «ebbo» de frutas y se les da a los muchachos.

Babalú Ayé quiere ir a reposar a su sombra, y por eso está peleando con Changó, pues éste, para que el «viejo» no vaya al framboyán, como sabe que por sus llagas no puede andar por el fango, le crea un lodazal con la lluvia. Babá se molesta y esparce la epidemia; por eso perecen los niños.

Genciana de la tierra* / Voyra aphylla, Pers. // *Oggún, Yemayá
Friegas de las hojas maceradas con alcohol.

Guacamaya amarilla* / Poinciana pulcherrima, Lin. // *Oshún
Friegas de las hojas maceradas con alcohol.

Incienso de la playa* / Artemisia abrotanum, Lin. // *Yemayá
Friegas de las hojas maceradas con alcohol.

Se usa mucho en «despojos» de los malos espíritus.

Jengibre* / Zingibre, L. Karst. // *Oggún
Friegas con la maceración del rizoma.

El fruto de esta planta, mezclado con la «Caña Santa», enfurece a este orisha, por lo que se recomienda tener mucho cuidado cuando un santero vaya a hacer un «trabajo», porque se puede «volver» contra uno mismo.

Legaña o lagaña de aura* / Plumbago scandens, Lin. // *Oshún
Friegas de la planta macerada con alcohol.

Da un grano morado como una uva que se administra en brebajes, entre otras cosas, para «amarrar». Con los gajos se barre lo «malo», por eso la llaman «hierba bruja» y otros la conocen por «mala cara».

Majagua* / Pariti tiliaceum, A. St. Hil. // *Oggún, Yemayá
Friegas de las flores maceradas con alcohol.

No existe «okun iggi», «amarre» más sólido y duradero, que el que se hace con tiras de este hermoso árbol. La sombra o rastro de la persona que se «amarre» no se liberará nunca. Con una soga de majagua en la mano, el caimán no ataca. El majá no va a la majagua porque ésta tiene el poder de descoyuntarle y lo aniquila. Para paralizar un majá, basta arrojarle una rama de este árbol. El «ngangula» que posea una prenda, que contenga un trozo de majagua, no puede tener en su casa uno de estos reptiles venerados, porque la majagua acabaría con él.

Mangle* / Rhizophora mangle, Lin. // *Inlé, Oshún, Yemayá
Zumo de las hojas.

Mastuerzo* / Lepidium virginitum, Lin. // *Babá, Elegguá
Cocción de la planta.

Con esta planta se hacen trabajos brujos para enamorar. La persona pulveriza la planta y se la unta en la mano para saludar a la persona que desea conquistar, y se coloca una ramita en la boca para hablarle. Debe cogerla del monte, donde está limpia y pura, en la madrugada de un viernes antes de que salga el sol, se le toca tres veces con la mano antes de arrancarla y se le dice a ella para que se va a usar.

Ocuje* / Calophyllum antillanum, Britton. // *Todos los santos
Friegas de la planta macerada con alcohol.

Romero* / Rosmarinus officinalis, Lin. // *Yemayá
Friegas de la planta macerada con alcohol.

Sus ramas son magníficas para los «despojos». La virtud de su aroma es un gran secreto que, los que lo poseen, no divulgan jamás.

Yedra* / Auredera spicata, Pers. // *Obatalá
Friegas de las raíces maceradas con alcohol.

La yedra se pega a lo que toca y difícilmente se desprende, por eso se hacen algunos «trabajos» para estar pegado como esta planta a la persona que uno quiere.

Vetiver* / Andropogon muricatus, Retz. // *Oshún
Friegas de las raíces maceradas con alcohol.

Tábano* / Pavonea typhalaea, Lin. & Cav. // *Todos los santos
Cocción de la planta.

Bejuco verraco* / Chiococca alba, Lin. Hitchc. // *Elegguá
Cocción de la planta: destruye los cálculos.
Se le llama verraco o cochino a este bejuco porque huele a este animal (puerco, chancho, cerdo, etc.). Asoma la raíz al mediodía y luego se esconde. Es una planta venenosa para el ganado.

Bija* / Bixa orellana, Lin. // *Changó, Elegguá
Cocción de las raíces más hojas alivia dolores.
La bija se utiliza en las rogaciones a Changó, pues es la que colorea la comida de algunos orishas.

Caña coro* / no encontrado // *Changó, Yemayá
Cocción de la planta: alivia los dolores.

Caña fístola* / Cassia fistula, Lin. // *Todos los santos
Cocción de la planta: elimina los cálculos.

Cucaracha* / Zebrina pendula, Schnize. // *Yemayá
Cocción de las hojas más azúcar: elimina cálculos.
En Omiero, para lavar las piezas de este orisha.

Cilantrillo de pozo* / Adriantum tenerum, Sw. // *Oshún
Cocción de la planta: elimina dolores.
Para Omiero del orisha y «rogar» cabezas con flor de agua (helecho de río), vinagre y algodón.

Chayote* / Sechium edule, Sw. // *Oshún, Yemayá
Cocción de la planta: expulsa cálculos.
Las hojas tiernas y frescas se cortan por la mañana, antes de que salga el sol, y un día que no sea viernes, y con ellas se preparan las comidas de estos orishas. Es una buena forma de proceder cuando el consultante desea obtener grandes soluciones a sus problemas, pues ésta es una de las comidas más apetitosas.

Frescura* / Pilea microphylla (L.) Liebm. // *Oshún, Yemayá
Beber infusión en lugar de agua: alivia los dolores.

Guamao o guamaro* / Lonchocarpus sericeus, Lin. // *Todos los santos
La cocción de sus raíces con ateje, raíces de palma y hierba fina elimina los cálculos.

Güara* / Cupania cubensis, Maza et Molt. // *Dadda, Oyá
Cocción de las hojas: elimina los cálculos.

Figura entre los «palos» que compone el caldero mágico de los mayomberos. Combinada con la yaya y rompe saragüey, se utiliza en las lustraciones previas al juramento de una «moana-nganga». Es excelente para los «despojos».

Güira cimarrona* / Calopogorium coeruleum, Benth. // *Elegguá, Osaín
Infusión de la corteza más raíces: elimina los cálculos.

Con el güiro se practican innumerables brujerías para atraer a las personas. El fruto de esta planta es más pequeño que el fruto de la güira criolla. Este pequeño güiro (egwa pikuti) es el preferido por estas deidades para sus amuletos y resguardos. El «Osaín conversador» se mete en ellos.

Guisazo de caballo* / Xanthiub chinense, Mill. // *Oggún
Elimina cálculos: beber la cocción de las raíces en lugar de agua.

Llantén cimarrón* / Echinodorus grisebachu, Small. // *Oshún
Cocción de la planta: elimina los cálculos.

Maíz* / Zea mays, Lin. // *Todos los santos
Cocción de pelusa para enfermedades renales.

Mastuerzo* / Lepidium virginitum, Lin. // *Babá, Elegguá
Cocción de la planta más raíces: disuelve los cálculos.

Con esta planta se hacen trabajos brujos para enamorar. La persona pulveriza la planta y se la unta en la mano para saludar a la persona que desea conquistar, y se coloca una ramita en la boca para hablarle. Debe cogerla del monte, donde está limpia y pura, en la madrugada de un viernes antes de que salga el sol, se le toca tres veces con la mano antes de arrancarla y se le dice a ella para que se va a usar.

Pendejera* / Solanum torvum, Sw. // *Eshú
Infusión de las raíces: disuelve los cálculos.

Sábila* / Aloe vera, Lin. // *Yemayá
Cocción de las hojas: sirve como depurativo.
«Espanta todo lo malo» si se ponen unas pencas detrás de la puerta.

Tábano* / Pavonea typhalaea, Lin. & Cav. // *Todos los santos
Cocción de la planta: alivia los dolores.

Ronquera

Ají guaguao* / Capsicum baccatum, Lin. // *Elegguá, Oggún, Osaín
Zumo en atomizaciones.

Es un alimento restaurador de las «ngangas». La «chamba», el aguardiente que padres y mayordomos derraman sobre las cazuelas, calderos y amuletos de Mayombe y que se vierte sobre el escuezo del gallo o animal sacrificado cuando éstos se desangran sobre la «nganga», se carga de ají guaguao para que sea más potente.

Almácigo* / Elaphrium simaruba, Lin. Rose // *Changó, Elegguá
Cocción de la planta: quita ronquera.

No debe olvidarse que el almácigo tiene más virtudes el Viernes Santo, como otras plantas medicinales, y que, para curar, no se ofende a Dios cortándolo, pues su misión es curar y sobre todo, que se sepa, con este palo no se hace nada malo, es un palo médico nada más. El fuego no lo ataca, acaba con todos los matojos y palos que están a su alrededor, pero a él no se le arrima por nada y lo respeta donde quiera que esté. Es espantabrujos y purificador. Se mezcla con la cuaba, la aguedita y el yagrumo. El humo que desprende la resina quemada con un diente de ajo ahuyenta las malas influencias.

Naranja* / Citrus aurantium, Lin. // *Oshún
Cocción de hojas secas: como gargarismo, alivia dolores de garganta y quita la ronquera.

Es el fruto que tantas veces reclama «Yeye» cuando «baja a bailar con sus omos» y adoradores; es muy recomendable ofrendar a Illalodde una canasta de naranjas en la orilla del río.

Sangre

Agalla de la costa* / Ficus carica, Lin. // *Elegguá
Se purifica con tisana de hojas más raíces.

Avellano de la costa* / Omphalea frichotoma, Muell. Arg. // *Obba, Osaín, Oshún
Tisana de las raíces: sirve como depurativo.

Bejuco colorado* / Serjania diversifolia, Jacq. // *Changó, Elegguá, Orisaoko
Cocción de la planta: sirve como depurativo.

Bejuco tortuga* / Bauhinia heteroplylla, Kth. // *Changó, Yemayá
Cocción de la planta: sirve como depurativo.

Este bejuco es del diablo, para trabajar con los «ikutu», para ponerlo en la «nganga».

Boniato* / Ipomaea batatas, Lamk. // *Orisaoko, Oshún
Fortifica la sangre el zumo de la planta diluido en leche.

Osaín lo come y, cuando se quiere hablar con él, se lleva a la sabana un boniato bien untado con manteca de corojo y se le llama. Es una ofrenda gustosa para todos los orishas, menos a Obatalá y Oyá. El día de «Itá», el tercer día de la consagración en «Regla de Ocha», el «Asentado» escuchará la lectura del porvenir y le son revelados los diversos «auos» o prohibiciones relacionadas con su destino y que deberá observar toda la vida.

A las iyalochas, en su mayoría, les está prohibido comer boniato, pero frecuentemente se privan de este gusto cuando se presenta la oportunidad; entonces dicen que desean comer «papas dulces».

Caña fístola* / Cassia fístula, Lin. // *Todos los santos
En infusiones, como depurativo.

Caobilla de la sabana* / Rondeletia stellata, Sauval. // *Eshú
Se purifica en infusión de las raíces o en tisanas.

Cayaya* / Tournefortia bicolor, Sw. // *Elegguá
En cocción de la planta, como depurativo.

Coco* / Cocos nucifera, Lin. // *Obatalá
Como depurativo, la cocción de la corteza.

Mangle* / Rhizophora mangle, Lin. // *Inlé, Oshún, Yemayá
Se purifica con la cocción de las raíces.

Orozuz de la tierra* / Limpia dulces, Trec. // *Oshún
Elimina impurezas tomada hervida, en lugar de agua.

Palo cochino* / Tetragastris balsamifera, Sw. // *Changó, Oggún, Yemayá
Cocción de las raíces más la corteza: sirve como depurativo.

Palo verraco* / Hypericum styphelioides, A. Rich. // *Yemayá
Como depurativo, sirve la tisana de la corteza, las ramas y las raíces.

Pendejera* / Solanum torvum, Sw. // *Eshú
Infusión de las raíces: sirve como depurativo.

Platanillo de Cuba* / Canna indica, Lin. // *Changó
Purifica la sangre la cocción de las raíces.

Lo que tiene de bonita esta planta lo tiene por igual de «seria», para realizar trabajos de brujería y santería en «amarres y cuidado» de las personas.

Tomate* / Lycopersicon esculentum, Mill. // *Changó, Los ibeyis
Enriquece la sangre la cocción del fruto maduro.

Sapillo

Bija* / Bixa orellana, Lin. // *Changó, Elegguá
Aceite de la planta más miel de abejas.

La bija se utiliza en las rogaciones a Changó, pues es la que colorea la comida de algunos orishas.

Sarna

Cascabelillo* / Crotalaria lotifolia, Lin. // *Oshún
Baños tibios con la planta triturada.

Gandul* / Cajanus indicus, Spreng. // *Babalú Ayé
Baños con cocción de la planta: alivia la picazón.

Sarnilla

Ceibon de arroyo o drago* / Bombax emarginathum, Dene. // *Aggayú
Aplicar la planta quemada y pulverizada.

Sarpullido

Álamo* / Ficus religiosa, Lin. // *Changó
Limpiar piel con cocción de ramas más hojas.

El álamo es uno de los árboles principales consagrados a este orisha, del «Omiero del Asiento» y del «Omiero», con que se sacramentan y lavan sus atributos. Cuando este orisha está enfadado, se apacigua con las hojas del álamo, añadiendo rompe saragüey y cilantrillo.

La primera vez que tocaron los tambores para este orisha, fue a la sombra de este árbol, al cual se le conoce también como el «Manto de Changó». La pequeña batea de cedro pintada de rojo y blanco en que se guarda su piedra se cubre de hojas de este árbol, y con ellas se adornan altares y el trono de sus elegidos. A Changó le gusta «comer» en el álamo, y allí se le llevan las ofrendas habituales atadas con cintas rojas.

Al carnero que siempre se inmola, se le ofrecen hojas de álamo antes de conducirlo a la habitación donde será simbólicamente sacrificado por el mismo Oggún, frente al «otan» del orisha. Si el animal «mensajero», ya preparado por los santeros, para el sacrificio las come, es señal de que el «dios» las acepta complacido; de lo contrario, el carnero no será degollado. Se ha de destacar que los «mayomberos» no emplean el álamo en sus «trabajos».

Arroz* / Oriza sativa, Lin. // *Obatalá
Aplicar con harina de arroz.

El arroz con leche es una ofrenda a Obatalá. A la semana siguiente del «levantamiento del plato», ceremonia que se hace al año de la muerte de un iyalocha, después de una noche en «vela» en que se tocan los tambores «Batá» exclusivamente para el muerto, asistirán a las honras fúnebres, que deben realizarse en la iglesia y, a su regreso, se cocina este arroz sin sal y con la carne sobrante del cerdo que se haya sacrificado al difunto el día anterior. Se riega por las cuatro esquinas de su casa para dar paz y prosperidad.

Cuajaní* / Prumis occidentales, Sw. // *Todos los santos
Baños con cocción concentrada de toda la planta.

Daguilla* / Lagetta lintearea, Lam. // *Eshú
Ungüento con la corteza.

Seborrea

Malvira* / Bauhinia megalandra, Gris // *Oshún
Lavados medicinales con cocción de las hojas.

Sedante

Cuajaní* / Prumis occidentales, Sw. // *Todos los santos
Cocción de la planta.

Miraguano* / Trinax argentea, Mart. // *Aggayú, Changó
Baños sedantes con cocción de la planta.

Con el miraguano se hacen flecos «malipo» para adornar el «Igbodu» cuando se «asienta» a Yewá, ceremonia muy secreta y a la que se invita a contadas personas. Estos flecos también decoran casas de santos, colgando de la parte interior del marco de las puertas en honor a Aggayú.

Mirto* / Muraya exótica, Lin. // *Oshún
Baños sedantes con cocción de la planta.

Senos

Jazmín de la tierra* / Jasminun grandiflorum, Lin. // *Obatalá
Aplicar zumo de las flores: proporciona tersura.

Siete cueros

Camalote* / Cyperus articulares, Lin. // *Ochosi
Baños de cenizas de la planta en agua hervida.

Sífilis

Ayúa* / Zanthexylum martinicense, Lin. // *Todos los santos
Infusión de las hojas más la corteza.

Es un buen resguardo para alcanzar un gran problema: se mezcla con cuaba negra, carcoma y avispas.

Calagüala* / Polypodium aureum, Lin. // *Oshún
Tisana de toda la planta.

Sabina* / Juniperus lacaya, Brittom. // *Yemayá
Cocción de la madera.

Solitaria

Granada* / Punica granatum, Lin. // *Changó, Oyá
Cocción de las hojas más aceite de ricino las expulsa.

Su fruto se le ofrece al orisha Changó. Con las ramas se alejan los fantasmas que vienen a veces a perturbar nuestro reposo.

Sudorífico

Bejuco colorado* / Serjania diversifolia, Jacq. // *Changó, Elegguá, Orisaoko
Cocción de la planta.

Jengibre* / Zingibre, L. Karst. // *Oggún
Infusión de rizomas, tres tazas al día

El fruto de esta planta, mezclado con la «Caña Santa», enfurece a este orisha, por lo que se recomienda tener mucho cuidado cuando un santero vaya a hacer un «trabajo», porque se puede «volver» contra uno mismo.

Taquicardia

Aguinaldo blanco* / Ribea corymbosa, L. // *Obatalá
Se elimina con cocción de las flores.

Para «despojar» malas influencias, baños lustrales y baldeos purificadores de la casa.

Paraíso* / Origanun majorana, Lin. // *Changó
Hojas frescas sobre el pecho.

El paraíso es tan sagrado en la religión yoruba como el cedro, y tiene más misterios que éste. Los mejores días para usarlo son los lunes y viernes.

Los pisos de las casas se limpian del interior hacia la puerta con agua y hojas de paraíso. Con las ramas, se deshollinan los techos diciendo «Paraíso santo, como tú subes yo quiero subir». El dueño de esta planta debe cuidarla mucho, pues, si se seca, indudablemente sufrirá un serio problema y se le alterará el curso de su vida.

Tatuajes

Cardón* / Euphorbia lactea, Haw. // *Oggún
Con la savia de la planta sobre el tatuaje los elimina en varias aplicaciones.

Testículos

Ají agujeta* / Capsicum frutescens, Lin. // *Osaín
Zumo de las raíces, las hojas y los frutos: fortalece el tejido.

Tétanos

Bejuco güaro* / no localizado // *Elegguá, Oke
Infusión de la planta.

Tiña

Bejuco prieto* / Hippocratea volubilis, Lin. // *Eshú
Zumo de toda la planta en aplicaciones tópicas.

Escoba amarga* / Partenium hysterophorus, L. // *Babalú Ayé
Ungüento de pasta de polvo de toda la planta.

Es una de las hierbas favorables con las que Babba «despoja y limpia» a los enfermos. Con esta planta se cubren los dos jícaras que, en «Regla Arará», contiene el orisha.

Tónico

Árbol de la vida* / Platycladus orientalis, L. // *Obatalá, Oddúa
En Semana Santa, se le extrae la savia, que se expondrá al sol y al sereno durante cuarenta días, y se obtendrá un magnífico tónico regenerador para el organismo.

Baría o Varía* / Cordia geraschantus, Lin. // *Changó, Elegguá, Oyá
Friegas de toda la planta macerada con alcohol.

Cedro* / Cedrela mexicana, M.J. Roem. // *Changó
Baños con la corteza más las hojas.

El cedro es uno de los árboles más sagrados que existen para los lucumíes. Changó fugitivo reposó en su sombra. No puede quemarse su santa madera y es la indicada para construir reliquias y atributos del orisha. Son muchos sus misterios, es «awo». Los mayomberos construyen con sus maderas sus nkisi malongo, de la misma familia de los muñecos Ita, chichirecu de los locumíes que caminan de noche y van a hacer maldades por cuenta de sus dueños. El cedro es uno de los iggi más nobles del monte, porque cura muchos males.

Tos

Aguacate* / Persea gratissima, Gaertn. // *Changó, Elegguá, Oggún
Calma y alivia la cocción del cogollo de la planta.

El fruto morado del aguacate pertenece a Oyá.

Algarrobo* / Pithecolobium saman, Jacq., Benth. // *Bokú, Changó, Oggún
Cocción de las hojas, sasafrás y limoncillo.

No debe faltar en un «Omiero de Asiento». Es una planta muy venerada. Con sus hojas, se cubre a Changó. Las raíces son muy valiosas para «prendas y resguardos». Otras «prendas» que se entierran a la sombra de este árbol obtienen una gran potencialidad, es como si se cargaran de energía.

Almendrillo* / Rhamnidium refusum, Grises // *Babalú Ayé, Obatalá
Cocción de las hojas.

Las hojas se emplean para lavar la cabeza, refrescar a Elegguá y, en «despojos», baños y baldeos para purificar la casa y atraer a la buena suerte.

Bejuco colorado* / Serjania diversifolia, Jacq. // *Changó, Elegguá, Orisaoko
Cocción de la planta.

Bejuco güaro* / no localizado // *Elegguá, Oke
Cocción de la planta.

Cordobán* / Rhoeo discolor, Hance. // *Changó, Oggún, Yemayá
Cocción de las hojas.
En «Omiero», para lavar las piezas y reliquias del orisha.

Cuajaní* / Prumis occidentales, Sw. // *Todos los santos
Cocción de las ramas, la corteza y hojas frescas.

Güira cimarrona* / Calopogorium coeruleum, Benth. // *Elegguá, Osaín
Jarabe de pulpa más miel de abejas.
Con el güiro se practican innumerables brujerías para atraer a las personas. El fruto de esta planta es más pequeño que el fruto de la güira criolla. Este pequeño güiro (egwa pikuti) es el preferido por estas deidades para sus amuletos y resguardos. El «Osaín conversador» se mete en ellos.

Jengibre* / Zingibre, L. Karst. // *Oggún
Decocción de rizoma, hojas de curujey y miel de abejas.
El fruto de esta planta, mezclado con la «Caña Santa», enfurece a este orisha, por lo que se recomienda tener mucho cuidado cuando un santero vaya a hacer un «trabajo», porque se puede «volver» contra uno mismo.

Tosferina

Aguinaldo morado* / Ipomaea erassocaulis, Berth. // *Oggún, Orunmila, Yewá
Calmar el dolor: cocción de las ramas más las raíces.

Calabaza* / Corcubita maxima, Duchesne. // *Oshún
Cocción de las flores.
A los «Asentados» en Ita, si les sale la letra o signo de Obbaramelli, deberán respetar las calabazas, no pueden comerlas, ni regalárselas a nadie, pues son hijas legítimas de Changó.
La primera cazuela de congo fue una calabaza, mucho antes que en cazuela de barro, la «nganga» se guardó en ella.

Cordobán* / Rhoeo discolor, Hance. // *Changó, Oggún, Yemayá
Cocción de las hojas para estado incipiente de la enfermedad.
En «Omiero», para lavar las piezas y reliquias del orisha.

Cuajaní* / Prumis occidentales, Sw. // *Todos los santos
Cocción de la planta.

Diamela* / Jasmimur sambac, L. // *Obatalá
Cocción de las raíces.

Se usan las hojas y las flores para baños de «despojos». Con el aroma exquisito de la flor se prepara un «amuleto» amoroso.

Lirio* / Casasia calophylla, A. Rich. // *Obatalá
Jarabe con la planta más azúcar.

Tuberculosis

Camagüira* / no encontrado // *Yemayá
Jarabe de las hojas y las raíces con azúcar.

Plátano* / Musa paradisiaca, Lin. // *Changó
Savia de cepa de plátano manzano.

El plátano sirve de «ebbo» de salud o de muerte. Su fruto gusta a todos los orishas. Cuando alguna persona va a consultarse, se le pide que dé una ofrenda de esta fruta, entre otras cosas. Las iyalochas y los babaloches, con una pomada especial a base de manteca de corojo y de cacao con cascarilla, se frotan las manos y, rezándole a Changó, frotan cuatro plátanos verdes de arriba hacia abajo para que interceda por el consultante en sus peticiones.

Tumores

Abrojo terrestre* / Kallstroemia maxima, Lin. // *Todos los santos
Los madura con cataplasma de la planta.

Es muy bueno para todo lo malo. Es una de las hierbas naturales de la sociedad secreta «Abakuá», en la que recibe el nombre de «mendinga».

Agapanto* / Agapanthus umbelatus, Lin. // *Obatalá
Tumores de cabeza: los elimina la savia en apósito.

Algodón* / Gossypium Barbadense, Lin. // *Obanlá, Obatalá
Cataplasma de semillas machacadas más sebo caliente.

Las hojas del algodón se emplean en el «Omiero de Asiento», no puede disociarse de Obatalá, pues es imprescindible.

Añil* / Yndigosfera sulfruticosa, Mill. // *Oshún, Yemayá
En formación, se eliminan con cocción de la planta.

Ateje amarillo* / Cordia alba, Jacq. Roem et. Sch. // *Oshún, Osaín
Cataplasma de pulpa de las hojas.

Bledo* / Amaranthus virdis, Lin. // *Obatalá
Cataplasma con hojas cocidas.

Existen varias clases de bledo que se echan en el «Omiero de Asiento». Los cogollos se emplean para las comidas de los orishas.

Carambola* / Averhoa carambola L. // *Changó
Cocción de la raíz más la corteza de la planta.

Cebolla* / Allium cepa, Lin. // *Todos los santos
Aplicaciones en cataplasma con aceite de linaza.

La pequeña, molida y pulverizada con los palos «fuertes y sollanga» –bichos– de la nganga, se da a tomar y enloquece. Aleja las malas influencias mezclada con incienso, y aplicada a las personas y en casa.

Escoba amarga* / Partenium Hysterophorus, L. // *Babalú Ayé
Cataplasma de toda la planta.

Es una de las hierbas favorables con las que Babba «despoja y limpia» a los enfermos. Con esta planta se cubren las dos jícaras que contiene el orisha en «Regla Arará».

Girasol* / Helianthus annuss, L. // *Oshún
Cataplasma de la planta en tumores tórpidos.

Maravilla* / Marabilis jalapa, Lin. // *Obatalá, Oyá, Yewá
Zumo de toda la planta en fomentos.

Cuando los ojos de un cadáver se han quedado abiertos, se les cubre con hojas de esta planta, que tiene la propiedad de cerrárselos suave y lentamente.

Úlceras

Copey* / Clusia rosea, Jacq. // *Orula
Cataplasma de jugo más resina de la planta.

Se emplea para hacer «prendas», porque es muy poderoso. Donde nace, se apodera de la tierra y ningún otro «palo» puede vivir por allí; por eso es muy bueno en la agricultura.

Guisazo de caballo* / Xanthiub chinense, Mill. // *Oggún
Beber cocción de la raíz en lugar de agua.

Uñeros

Cebolla* / Allium cepa, Lin. // *Todos los santos
Aplicada en cataplasma con aceite de linaza.

La pequeña, molida y pulverizada con los palos «fuertes y sollanga» –bichos– de la nganga, se da a tomar y enloquece. Aleja las malas influencias mezclada con incienso, y aplicada a las personas y en casa.

Vagina

Abey macho* / Jacranda sangraeana, D. C. // *Inlé
Para lavados, con cocción de las hojas más raíces coladas.

Aguacate* / Persea gratíssima, Gaertn. // *Changó, Elegguá, Oggún
Elimina las «flores blancas» la cocción de cogollo de la planta en lavados.

El fruto morado del aguacate pertenece a Oyá.

Almendro* / Terminalis catappa, Lin. // *Ifá, Obatalá
Lavados con decocción de corteza, raíz y hojas, todo filtrado.

El aceite de almendra se emplea para las lámparas que se le encienden a Obatalá. Sus hojas se le incluyen en el «Omiero».

Altea* / Hibiscus syriacus, Lin. // *Obatalá, Orunmila
Lavados con cocción de raíces hervidas coladas.

Girasol* / Helianthus annuss, L. // *Oshún
Cocción de la planta en lavados vaginales.

Higuereta* / Ricinos communis, Lin. // *Obatalá
Untar aceite de la planta.

Malva blanca* / Waltheria americana, Lin. // *Obatalá
Cocción de las hojas en lavados vaginales.

Manzanilla* / Chysanthellum americana, Lin. // *Oshún
Baños de asiento con cocción de la planta: alivia dolores.

Vejiga

Caña coro* / no encontrado // *Changó, Yemayá
Cocción de la planta.

Chayote* / Sechium edule, Sw. // *Oshún, Yemayá
Expulsa cálculos: cocción de la planta.

Las hojas tiernas y frescas se cortan por la mañana, antes de que salga el sol, y un día que no sea viernes, y con ellas se preparan las comidas de estos orishas. Es una buena forma de proceder cuando el consultante desea obtener grandes soluciones a sus problemas, pues ésta es una de las comidas más apetitosas.

Güira cimarrona* / Calopogorium coeruleum, Benth. // *Elegguá, Osaín
Infusión de la corteza más la raíz.

Con el güiro se practican innumerables brujerías para atraer a las personas. El fruto de esta planta es más pequeño que el fruto de la güira criolla. Este pequeño güiro (egwa pikuti) es el preferido por estas deidades para sus amuletos y resguardos. El «Osaín conversador» se mete en ellos.

Sábila* / Aloe vera, Lin. // *Yemayá
En cocción como depurativo.

«Espanta todo lo malo» si se ponen unas pencas detrás de la puerta.

Venenoso

Arcediana o acediana* / Pluchea odorata, Cass. // *Aggayú, Orula
Gotas de zumo en exceso.

Venéreas

Cuaba* / Anyris balsamifera, Lin. // *Todos los santos
Cocción de corteza para enfermedades venéreas.

Este árbol, llamado también palo güachinango y cambia voz, se esconde o se hace invisible al que no sabe cómo tratarlo. No es un árbol de gran tamaño o corpulencia, pero es tan prodigioso que ningún «nganga» trabaja bien sin éste.

Si el «palero» va a buscarlo al monte y no se hace una herida previa y le ofrece unas gotas de su propia sangre, este árbol retira todas sus virtudes de aquellas partes que él haya tomado, por lo que ninguno de los embrujos o medicinas que haga con esas partes surtirán efecto para el consultante. Se recomienda que, cuando una persona vaya a un «palero» para utilizar este palo en su remedio, le pregunte qué rito hizo. Así podrá estar seguro de que el «palero» sabe lo que está haciendo, pues existen muchos farsantes que se aprovechan del desconocimiento de los consultantes.

Jiba* / Erithroxylon havenensis, Jacq. // *Orisaoko
Tisana de la raíz, para enfermedades venéreas.

Es espantabrujo y la raíz tiene grandes secretos. Por eso, en centros espirituales, para evitar que acudan espíritus oscuros, se colocan cruces en los cuatro ángulos en que se celebran esas sesiones. Los «Aye» no se acercan donde vean una cruz de «jiba».

Palo verraco* / Hypericum styphelioides, A. Rich. // *Yemayá
Tisana de corteza, ramas y raíces: elimina las enfermedades.

Vermífugo

Apasote* / Chenopodium ambrosioides, Lin. // *Babalú Ayé
Tomar de 10 a 15 gotas de aceite esencial de la planta.

Las hojas sirven para condimentar la comida de este orisha. Esta planta se usa mucho para «amarrar» y se utiliza el «diloggún» caracol o el «obi» coco para determinar dónde se depositan los animales sacrificados cuando se hace este «ebbo» trabajo.

Copetuda* / Calendula officinalis, L. // *Oshún
Cocción de las semillas.

Cundeamor* / Momordica charantia, L. // *Todos los santos
Cocción de la planta.

Pica pica* / Stizolobium pruritum, Wrigt. // *Babalú Ayé, Elegguá
Pelos de la vaina más pasta de guayaba como píldoras.

Es el transmisor de algo malo. El que lo lleva y guía es el muerto. En polvo, mezclado con pimienta, se usa como «maleficio», y origina discusiones y riñas que tienen malas consecuencias.

Piña de ratón o Maya* / Bromelia pinguin, Lin. // *Elegguá
Frutos pelados y molidos más azúcar.

Piscuala* / Quisqualis indica, Lin. // *Changó, Oyá
Zumo de los frutos.

Yaba* / Andira jamaicensis, W. Urb. // *Changó
Cocción de corteza más semillas.

Verrugas

Cardo santo* / Argemone mexicana, Lin . // *Obatalá, Oggún
Las elimina con el zumo de la planta en aplicaciones tópicas.

Cayajabo* / Canavalia cubensis, Grises. // *Elegguá
Zumo aplicado varias veces: las elimina.

Es un gran amuleto que veremos con frecuencia en las muñecas de santeros, devotos y profanos, para ahuyentar las malas influencias.

Guao* / Kallstroemia maxima, Lin. // *Oggún
Resina de las plantas: las elimina.

Con este arbusto no puede hacerse más que daño. Su contacto, su sombra, sus efluvios, todo en él es maligno. No hay «palo» más endiablado en el monte ni mejor para matar, desbaratar, reventar y acabar con todo. El espacio de tierra en que brota es igualmente pernicioso. La maldad es natural en el guao y nadie se atreve a tocarlo. El más ligero contacto con este matojo, inflama y a veces produce fiebre. Por ello, es conveniente saber cómo evitar los efectos desagradables de esa diabólica planta e inmunizarse contra posibles y furiosos contactos.

Si el guao le pica a usted, vuelva de inmediato con un «fuete» o palo. Insúltelo, péguele duro y después escúpale. Si al tocarle se le había hinchado la mano o cualquier miembro del cuerpo y si siente picazón, ésta se cura enseguida después de la paliza y ya nunca más, aunque lo toque, volverá a hacerle daño. Esta operación debe hacerse con precaución donde quiera que haya guao.

Vértigos

Capulina o capuli* / Muntingia calabura, Lin. // *Eshú
Decocción de las flores.

Vientre

Anís* / Pimpinela anique, Lin. // *Oshún
Cocción de la planta: alivia el dolor.

Camarón* / Acrostichum excelsum, Masón. // *Oggún, Yemayá
Baños de cocción de la planta: calma los dolores.

Sagú* / Maranta arundinacea, Lin. // *los Ibeyis
Cocción de la raíz: evita las patadas de la criatura en mujeres embarazadas.

Vigorizante

Castaño* / Castanea sativa L. // *Obba
Baños con cocción de la raíz.

Palo mulato* / Excothea peninculata, J. Radlk. // *Oshún
Cocción de la planta.

Virilidad

Huevo de gallo* / Tabernae montaña citrifolia, L. // *Elegguá, Osaín
Cocción de la planta.

Es muy empleado en la hechicería.

Vista

Albahaca* / Ocymun basilicum, Lin. // *Todos los santos
Fomentos fríos de la flor: alivian el cansancio.

En los templos «kimbisa», cuando un iniciado entra en trance y ya se sabe el padre que va a poseerlo, se le rocía el cuerpo junto a la «nganga» –caldero– con la «chamba» –el aguardiente del ritual–. Ya en posesión del nuevo «ngombe» –médium– inmediatamente se lavan los ojos con «mamba» –agua preparada con albahaca, grama, vino seco y otros ingredientes–, para que vean las cosas del otro mundo. Tres baños de albahaca de todas sus especies, azucenas y rosas blancas bastarán para saturarse de sus grandes virtudes y atraer buenas influencias, alejando los malos espíritus y el mal de ojo.

Hinojo* / Foeniculum vulgare, Mill. // *Obatalá
Aceite de la planta en gotas.

Es el «palo» de la muerte. Se utiliza en las ceremonias que se le hacen al cadáver de los mayomberos judíos antes de darle sepultura. Este orisha trabaja con este árbol para acabar con la «karakambula», o sea, destruir la acción de una brujería.

Tomate* / Lycopersicon esculentum, Mill. // *Changó, Los ibeyis
Enriquece la cocción del fruto.

Vomitivos

Cardón* / Euphorbia lactea, Haw. // *Oggún
Cocción de la semilla.

Combustera cimarrona* / no encontrado // *Changó, Oyá
Corteza reducida a polvo tomada con leche.

Lirio* / Casasia calophylla, A. Rich. // *Obatalá
Zumo de la planta.

Salvadera* / Hura crepitans, L. // *Todos los santos
Cocción de las hojas.

Cuando el cadáver de una persona abandona la casa o cuando los amigos regresan del entierro, se «limpian y purifican» con gajos de esta planta y con escoba amarga.

Verbena* / Verbena officinalis, Lin. // *Yemayá
Zumo de la planta a cucharadas.

Tabaco* / Nicotiana tabacum, Lin. // *Elegguá, Ochosi, Oggún, Osaín
Infusión de una breva a cucharadas.

Como hemos visto, es la ofrenda que más aprecian las divinidades masculinas. Todos los orishas varones fuman y mastican tabaco. También les gusta mucho el rapé.

Toronjil* / Melissa officinalis, Lin. // *Todos los santos
Cocción de hojas, hierba Luisa y cáscaras de naranja china.

Da buena suerte cuando se emplea en baños para despojos.

Vómitos

Canela de monte* / Laurus cinnamomun, L. // *Oshún
Jarabe de la planta, para eliminar vómitos sanguinolentos.

Es el árbol por excelencia de este orisha. Con este árbol se preparan polvos y talismanes amorosos. Hecha polvo y mezclada con aguardiente es alimento de «prendas».

Cilantro* / Eryngium Foetidum, Lin. // *Yemayá
Cocción de tres raíces.

Con las hojas tiernas se condimenta la comida de los orishas.

Hinojo* / Foeniculum vulgare, Mill. // *Obatalá
Cocción de la planta.

Es el «palo» de la muerte. Se utiliza en las ceremonias que se le hacen al cadáver de los mayomberos judíos antes de darle sepultura. Este orisha trabaja con este árbol para acabar con la «karakambula», o sea, destruir la acción de una brujería.

Mejorana* / Origanun majorana, Lin. // *Todos los santos
Cocción de la planta.

Una ramita sirve de amuleto, puede llevarse en una bolsita en el bolsillo. Cuando la planta crece mucho es sinónimo de abundancia, tanto en bienes materiales como en salud y prosperidad; cuando ocurre lo contrario, cuando se marchita y no prende al sembrarla, es augurio de mala suerte y ruina.

Capítulo 5

Los orishas, sus orígenes y tradiciones Historias para entretener

¿Quién es Ifá para los yorubas?

Ifá para los yorubas no es una divinidad orisha. Es protector de Orunmila y de otros dioses. Orunmila suele llamarse a menudo Olofin, que es uno de los nombres de Obatalá u Oshala, divinidad de la creación.

En caso de duda, Ifá es consultado por las personas que tienen que tomar una decisión, que quieren estar seguras respecto a la oportunidad de emprender un viaje, de contraer matrimonio, de concluir una venta o una compra importante, bien por aquellos que buscan una causa de una enfermedad, o saber si es necesario hacer sacrificios u ofrendas a una divinidad.

El babalawo –padre del secreto– recibe las indicaciones necesarias a las respuestas por los signos oddus de Ifá.

Cada oddu está formado por un conjunto constituido por dos sistemas verticales y paralelos de cuatro indicios cada uno. Cada indicio se compone de un trazo vertical o de dos trazos verticales y paralelos, que el babalawo traza sobre el polvo –Iyerosun– extendido sobre una bandeja de madera labrada –Ipon Ifá–. El babalawo encuentra estos oddus por la manipulación de Nueces de Ifá o el tiro del Rosario de Ifá –Opelele Ifá– siguiendo ciertas reglas.

Existen 256 oddus diferentes; a cada uno de ellos corresponden leyendas más o menos numerosas. Una de ellas indica la respuesta a dar, por analogía, con el caso que se pretende resolver. La exposición de esas leyendas comprende los sacrificios y ofrendas; éstas son determinadas por el contexto de las leyendas y con los símbolos de ellas. El consultante liga su suerte a la de oddu, por la ejecución de los sacrificios prescriptos. Por tanto, Ifá es un guía y consejero, es también el destino, la personalidad de las gentes.

Un hombre deseoso de conocer su identidad profunda y de saber cómo comportarse en la vida debe adquirir su Ifá personal, que consiste en dos manos de 17 nueces de palma descortezadas y consagradas a Orunmila en el curso de una ceremonia, hecha en el bosque de Ifá –Igbodu– . El propietario de ese Ifá busca, bajo la protección de un babalawo, conocer el signo –oddu– que preside su existencia, determina cuál es su divinidad tutelar y cuáles sus alimentos prohibidos y otras cosas. Estas nueces de palma son la prueba material de esta ceremonia.

La leyenda de los oddus de Ifá se trasmite oralmente (no había escritura para recogerlas), fuera del interés que presentan en sí mismas, han trasmitido hasta nosotros y preservado del olvido las indicaciones sobre las antiguas tradiciones y las nociones preciosas sobre la historia de las divinidades.

Para los fons, Ifá se llama Fa; para los ewes es Afa; los babalawos son llamados allí bokonons y Olofin se convierte en Metoloufi. El conjunto del sistema de adivinación queda igual. Cuenta la leyenda que, en Brasil, ya no hay babalawo que se sepa servir del opelele Ifá, el último que quedó en Bahía, extremadamente reservado, no supo mantener la autoridad y el prestigio que rodea a los de la generación precedente y murió hace una decenas de años. Él hizo su aprendizaje en Nigeria, pero no formó discípulos. La adivinación se hace allí con la ayuda de 16 conchas. Este sistema es utilizado en África en el país de los yorubas, bajo el nombre de diloggún –abreviatura de Meridiloggun–.

Esas conchas son lanzadas sobre el suelo o sobre una mesa, y su posición da las indicaciones solicitadas. No es Ifá el que sirve de intermediario, sino Eshu Elegba, que acompaña siempre a Ifá. Los oloshuns –Sacerdotisas de Oshún– son calificados para hacer la adivinación bajo esta forma.

La leyenda de Eshu-Elegba

La leyenda dice:

> «Eshu-Elegba tenía, en otro tiempo, además de ser mensajero de los dioses, la facultad de adivinar, pero solicitó a Orunmila que trasmitiera sus poderes a Ifá a cambio del privilegio concedido a Eshu de recibir siempre, antes que otros dioses, las primeras ofrendas y sacrificios.
>
> »Oshún era la acompañante de Ifá, y los hombres constantemente la solicitaban para que respondiera a sus preguntas. Ella le contó a Orunmila que le concedió hacer la adivinación con la ayuda de 16 conchas, pero las respuestas serían indicadas por Eshu. Éste fue, por tanto, obligado a volver a tomar sus antiguas funciones y a responder a las preguntas de Oshún».

Sólo después de esta época, por espíritu de venganza, se dice que él atormenta con más rabia a los iyawos de Oshún. En África, como en Brasil, existe otra manera de comunicarse con los dioses, siendo con la ayuda de nueces de kola, de las que cuatro partes son tiradas al suelo, al pie del altar, y siguiendo su posición relativa, los dioses responden sí o no a las preguntas hechas. Esta forma de adivinación es de uso constante en el curso de las ceremonias de iniciación, y permite asegurar que el ritual seguido es el deseado por la divinidad.

Entidad de las hojas medicinales y litúrgicas

Osanyín es la entidad de las hojas medicinales y litúrgicas, su importancia es siempre primordial, ninguna ceremonia puede hacerse sin su consentimiento. Es el detector del aché (fuerza, poder, vitalidad), de la cual los mismos dioses no pueden pasarse. Este aché reside en varias hojas y hierbas. El nombre de estas hojas y su empleo es la parte más secreta en el ritual del culto de los orishas y voduns. El símbolo de Osanyín es una caña de hierro vencida por 7 puntas dirigidas hacia arriba como las varillas de un paragua al revés, la del centro tiene la figura de un pájaro.

Osanyín es el compañero constante de Ifá, está representado por una campanilla de hierro fundido, que termine con una caña puntiaguda enfilada dentro de una gruesa simiente. La caña está plantada en el suelo a los lados de Oshún –assen de los fons– del babalawo.

Por su presencia, Osanyín aporta la influencia de las hojas a las operaciones de la adivinación. Las hojas juegan un rol en la farmacopea africana. El conocimiento que los negros tenían de las virtudes benéficas y nocivas de las plantas es demasiado conocido.

Cada divinidad tiene sus hojas particulares. El empleo de una hoja contraindicada pudiera tener efectos nefastos, también la recolección es hecha con extremo cuidado, siempre en un lugar salvaje, maleza o bosque, donde las plantas crecen libremente. Las que son cultivadas en los jardines deben ser desechadas, porque Osanyín vive en el bosque.

Éste está representado por Aroni, un pequeño hombre que sólo tiene una pierna y que, dicen en Brasil, fuma siempre una pipa hecha de un caracol ensartado en una caña hueca y rellena con sus hojas favoritas. Los encargados de recoger las hojas deben hacerlo en estado de pureza, deben de abstenerse de relaciones sexuales la noche precedente, ir al bosque muy temprano por la mañana sin dirigir la palabra a nadie y tiene necesidad de dejar una ofrenda de plata al regresar.

Los cazadores y su dios Ochosi suelen estar ligados a Osanyín, debido a su presencia continua en el bosque; en Ketu hay un Olosanyin –sacerdote de Osanyín– que es el guardián de Ochosi.

Cada hoja está dotada de una cierta virtud: existen las hojas de la fortuna, felicidad, gloria, fecundidad, alegría, suerte, frescura, flexibilidad, longevidad, coraje, de las vestimentas del cuerpo, de los pies, etc. Pero también existen las hojas de la miseria, charlatanería y de otras cosas más terribles aún. Las hojas se cuecen, en los baños de purificación o, más exactamente, en los destinados a establecer un lazo «mágico» entre la divinidad y ciertos objetos que le son consagrados y los fieles. Este lazo será confirmado, en algunos casos, por libaciones de sangre de una misma víctima.

En el curso de las ceremonias de consagración de un novicio a una divinidad, es fundamental el empleo de las hojas, porque han servido para elaborar el aché de la divinidad y él recibe de ellas un acrecentamiento de la fuerza, que crea un primer lazo de interdependencia entre el futuro iyawo y su orisha.

La trituración de las hojas destinadas a los baños es hecha con tanto cuidado como su recogida. Se cantan cánticos celebrando las virtudes y los poderes de cada una de ellas por los oficiantes, que están en signo de respeto con el torso desnudo y descalzos, como si estuvieran en presencia de un rey.

Bautismo de sangre

La ceremonia «Sundide» –bautismo de sangre– se produce entre los siete y ocho meses después de la «resurrección» de los novicios y cuando las familias han conseguido reunir todo lo necesario.

Sundide constituye la primera etapa de retorno de los novicios a su condición de hombre. Por la mañana, cinco novicios, hombres y mujeres, salen del convento, en fila, con un gran velo extendido sobre sus cabezas; van vestidos con paños viejos y caminan con aire de sonámbulos, entran en una choza vecina al templo de Changó, en la cual se ha hecho un poco antes la trituración de las hojas, y salen al cabo de un momento. Cada uno de ellos tiene en las manos una vasija que contiene la cocción de las hojas trituradas, luego se paran ante el umbral de la puerta el sacerdote de Changó y algunas viejas mujeres ponen sobre sus cabezas cojines de fibra que sirven de esponjas vegetales, de las cuales penden, atados por las patas, pollitos de cinco días, e hileras de 40 conchas; las vasijas se colocan encima.

La fila se rehace y los novicios parten hacia una pequeña extensión de agua en el bosque sagrado. Son acompañados hasta el lindero por una orquesta de calabazas, seguidos de adeptos de Changó, que cantan y bailan durante todo el camino.

El dios del Trueno de los yorubas

Changó, viril y gallardo, violento y justiciero, castiga a los mentirosos, los ladrones y los malhechores, es el dios del trueno de los yorubas.

Por este hecho, la muerte por rayo es inflamante. Una casa tocada por un rayo es una casa marcada por la cólera de Changó, el propietario deberá pagar fuertes multas a los sacerdotes de este orisha y hacer ofrendas para apaciguar al dios. Además, los sacerdotes de Changó hacen búsquedas en los lugares donde ha caído un rayo; ellos quieren encontrar allí las piedras o hachas de rayo –edún ara– lanzadas por Changó y que quedan en la tierra, allí donde el suelo ha sido tocado, en los escombros de las casas destinadas y destruidas o en los huecos de los árboles abatidos por los rayos.

Esos edún ara –hachas neolíticas– son depositados sobre el altar de Changó, hecho de un mortero de madera esculpida, alusión a las piedras del rayo brutal y quebrante como la acción del pilón lanzado en el mortero. Esos edún ara son la emancipación de Changó y contiene su aché.

La sangre de los animales que le son sacrificados es vertida sobre esas piedras para mantenerles la fuerza y vitalidad. El carnero, cuyos cabezazos tienen lo repentino del trueno, es el animal cuyo sacrificio más le conviene.

El emblema de Changó es la doble hacha estilizada –oshe– que sus iyaworishas llevan en la mano mientras están en trance. El oshe representa, a menudo, un personaje llevando el fuego sobre la cabeza. Este fuego es, al mismo tiempo, la doble hacha.

En un aspecto de la ceremonia llamada –Ajere– los novicios de Changó deben llevar sobre la cabeza una vasija agujereada –Ajere– en la que arde un fuego vivo. No deben sentirse incómodos. Esta prueba demuestra que el trance no es simulado y está completado por otra llamada –Akare– en la que tienen que tragarse llamas de fuego. Estas mismas pruebas existen en Bahía, en uno de los «terreiros» de origen Ketu.

Changó baila en África al ritmo del tambor Batá. En Brasil, aunque se usan otras formas de tambores, se tocan los mismos ritos muy vivos y guerreros –aluja y tonibobe–. Durante el baile, Changó blande un oche con firmeza, después, cuando los ritmos se aceleran, hacen el gesto de tomar un saco imaginario de piedras del rayo y de lanzarlas a la tierra; el carácter de la danza hace aparecer su lado libertino y gallardo.

Mujer de Changó

Oyá o Yansan es una de las mujeres de Changó, es la divinidad del río Níger, del viento y las tempestades, es una orisha de temperamento ardiente e impetuoso.

Las leyendas cuentan que Changó la mandó al país de Bariba para que, a su regreso, le llevara el talismán que le permitiera lanzar fuego y llamas por la boca y nariz. Oyá, infringiendo las instrucciones de Changó, usó los talismanes y tuvo, ella también, una respiración de fuego, con gran disgusto de Changó, que quería conservar para él esta facultad.

En Brasil, Oyá es a menudo llamada Yansan, sus vestidos simbólicos comprenden una corona en que las franjas de perlas le disimulan el rostro, adorno reservado a los reyes yorubas y nagos. Ella lleva un sable y tiene en la mano la cola de un caballo en signo de dignidad.

Sus danzas son guerreras, imita con sus movimientos las tempestades y los vientos desencadenados, baila también con los brazos extendidos y las manos hacia delante, como si rechazara a los eggúns –alma de los muertos– porque tiene la particularidad de tenerlos a raya y dominarlos.

Sus adeptos llevan collares rojos granates; en Bahía, está identificada con santa Bárbara, su día consagrado es el miércoles, como Changó, y cuando se manifiesta es saludada con gritos de «Epa he».

Dios de la creación para los yorubas

Obatalá –Lissa– llamado también orishanla –el gran orisha.

Olodumare y Oshanla es el dios de la creación para los yorubas, es el que ayuda a Olodumare –el señor– a crear al hombre y la mujer. Olodumare hizo los bosquejos en arcilla y Obatalá formó la boca y la nariz, los ojos, las orejas, el cráneo y fijó los miembros; Olodumare les dio la vida.

Obatalá, en su templo de Ile Ife, lugar de origen de todas las cosas, siguiendo la tradición yoruba, se le imagina sentado, teniendo a su lado una mujer Ye Mowo o Yeye Mowo, forman juntos la pareja creadora, simbolizando la dualidad cielo-agua.

Las tradiciones conocidas sobre este mito de la creación son las de un dios creador –Olorun o Olodumare para los yorubas y Mawo Segbolissawo Dasda Segbo entre los fons y los ewes–, dios supremo único, omnipotente, pero lejano, indiferente, ni bueno ni malo, inaccesible a las plegarias de los hombres. Sólo los orishas o los vodúns pueden atenderlo.

En Ile Ife hay otra pareja creadora, Oduduwa y su mujer Olokun, donde aparece la oposición tierra-agua.

En esta ciudad, las diversas migraciones de pueblos venidos con diferentes mitos religiosos se han influenciado recíprocamente, o bien esas contradicciones y esos puntos comunes no son la consecuencia de esfuerzos de armonización de las tradiciones históricas con las tradiciones religiosas; es esta tendencia que sustituye la leyenda de los antecesores divinizados a mito de los dioses. En efecto, Oduduwa es también considerada el ancestro de siete o dieciséis (según la región) reyes yorubas y aliados.

Él era hijo y príncipe heredero de Lamorudu, rey de Meca; Oduduwa renunció al islamismo, su padre fue muerto y él capturado; al cabo de noventa días llegó a lle Ife y allí encontró a Orunmila Agbomi Eggún, el fundador de la adivinación. Según otras fuentes, los yorubas vendrían del Este, pero de una región situada en Sudán o en el alto Egipto, punto de partida de las migraciones hacia el Norte y el Oeste.

Obatalá y Oduduwa están asociados en diversas formas en los mitos, siguiendo alguno de ellos. Los dos fueron enviados juntos sobre la tierra o para crearla por Olodumare. Durante el camino bebieron vino de palma, Obatalá se embriagó y se durmió, Oduduwa se apoderó del saco de la existencia y continuó su ruta hacia el lugar que se llama hoy Ile Ife. Obatalá, una vez despierto, no encontró el saco de la existencia, subió al cielo detrás de Olodumare. Por eso se dice en recuerdo a esta debilidad de Obatalá que sus adeptos no pueden beber vino de palma.

De las aventuras de estos orishas resultó una oposición cielo-tierra. En otros mitos, esta oposición es una pareja de la creación cielo-tierra. Oduduwa se conovirtió en un orisha femenino. Obatalá y Oduduwa están representadas por dos medias calabazas cerradas una sobre la otra, Obatalá está simbolizado por la mitad superior, representando la bóveda celeste, que toca por los bordes la tierra, representada por la mitad inferior que simboliza Oduduwa.

El cielo fecunda la tierra de donde salen los otros orishas, los hombres y todas las cosas. En Porto Novo, en Dahomey, los dos orishas se confunden en uno solo, Oduduwa, de quien algunos hacen un dios andrógino.

Según la leyenda, entre los descendientes de los yorubas establecidos, hace tiempo, en las riberas de Mono, en Dume, los componentes de la pareja creadora tomaron los nombres de Lissa y Mawou. Lissa, el príncipe masculino, representa el Occidente, y el Sol está representado por el camaleón que recuerda las diversas coloraciones que toma cada tarde en el horizonte hacia el Oeste. Mawou, el príncipe femenino, representa el Oriente y la Luna. El culto de Lissa y Mawou fue importado al Abomey, la antigua capital del Dahomey, por Na Wangelo, madre del rey Tegbessu (1728-1775). Las oraciones y las alabanzas a los dioses de este templo son hechas en el viejo Naga de la región de Dume.

Oshala, otro nombre de Obatalá, es, en Brasil, el orisha de la creación; sus adeptos llevan collares de color blanco y van vestidos de blanco, color de este orisha. En Bahía se identifica con el Cristo de Bomfim, el día que le está consagrado es el viernes y, cuando se manifiesta, es saludado con gritos de «Epa Babá».

Está representado bajo dos formas, vestido de blanco, enfermo, viejo y encorvado –Oshulufan– sosteniendo sus pasos bamboleantes con la ayuda de un largo bastón de estaño –pashoro– sea bajo la forma de Oshagiyan, llamado también Adjagunan, joven guerrero, vestido de blanco, armado en una mano de mortero y de una espada de metal plateado. Todos estos nombres son conocidos entre los yorubas de Nigeria y en el país de Nago, en Dahomey; Oshalufan en Ifon, Oshagiyan en Ejigbo y Ogbomosho y Adjagunan en Ketu y Save.

Una leyenda contada en Bahía, y conocida también en Nigeria, dice que, en otro tiempo, Oshalufan, padre de Oshagiyan, rey de Ejigbo, proyectó dejar el reino a su hijo para ir a visitar a su amigo Changó, rey de Oyo, el país vecino. Antes de partir, fue, como se debe, a ver a un babalawo, que consultó a Ifá y le declaró que él no debía emprender ese viaje.

Oshalufan insistió y demandó si algunas ofrendas o algún sacrificio no podían hacer la suerte más favorable. El babalawo le confirmó que el viaje sería desastroso, que él sería la víctima de numerosos disgustos, que le esperarían aventuras llenas de disgustos y que, si no quería morir, debería hacer todo lo que se le pidiera; no rehusar un servicio y no quejarse jamás de lo que le sucediera, además debería llevar tres vestidos de cambio, jabón indígena y mantequilla de caridad.

Así partió Oshalufan: como era viejo, caminaba lentamente y se apoyaba en su pashoro. Bien pronto encontró a Eshu sentado en el borde del camino y a su lado se encontraba una gran barrica de aceite de palma. Éste le rogó que le ayudara a cargar su fardo sobre la cabeza. Él lo hizo, Eshu vertió el contenido de la barrica sobre él y se echó a reír, a burlarse de Oshalufan que no se quejó, sino que fue hasta el río vecino y tomó un baño, se lavó, se puso mantequilla de caridad sobre el cuerpo, vestimenta limpia y dejó la antigua ofrenda.

Volvió al camino penosamente y dos veces más encontró a Eshu, que le jugó la misma pasada, la misma treta: una vez, con una carga de carbón y la otra con una carga de aceite de almendras de palma. Oshalufan hizo como la primera vez y continuó su camino. Poco tiempo después, entró en el reino de Changó.

Pasando cerca de un campo de maíz, vio el caballo de Changó, que se había escapado; entonces cogió algunas espigas y se las dio a comer. Los servidores de Changó, lanzados a la persecución del animal, llegaron pronto y tomaron a Oshalufan por ladrón del caballo, le dieron golpes con garrote, le rompieron los brazos y las piernas, lo pusieron en prisión y llevaron el caballo a su amo.

Siete años de desgracia pasaron sobre el reino de Changó, la sequía acabó con las cosechas, las epidemias diezmaron los rebaños, las mujeres fueron estériles; Changó hizo consultar a Ifá, quien reveló que todas estas angustias provenían de que un hombre viejo había sido puesto en prisión injustamente. Tras muchas búsquedas y averiguaciones, finalmente Oshalufan fue llevado ante Changó, donde reconoció de inmediato a su amigo.

Desesperado y avergonzado de lo sucedido, dio la orden a sus súbditos de ir, todos vestidos de blanco y en el mayor silencio, en signo de respeto, a buscar agua para lavar a Oshalufan.

Éste regresó después a casa de Oshagiyan; él no había tenido más noticias de su padre, a pesar de las búsquedas emprendidas para encontrarlo, celebrándolo con grandes fiestas e hizo distribuciones de alimentos entre los suyos.

Esta leyenda se conmemora todos los años en Bahía, en numerosos «terreiros» y particularmente en los de origen Ketu.

Los asheses de Oshala son retirados de Peji y se quedan durante siete días en otra choza, en recuerdo de los siete años de prisión. Las gentes pertenecientes al «terreiro» van, como en la leyenda, a buscar agua a una fuente sagrada, vestidos de blanco y en el mayor silencio; esta agua sirve para lavar los asheses de Oshala. Una procesión simboliza más tarde el retorno de Oshalufan.

La semana siguiente tiene lugar una fiesta durante la cual todos los asistentes reciben el alimento de Oshagiyan, recordando el festín organizado al retorno de su padre.

La leyenda agrega que, como Oshalufan había quedado medio inválido después de los golpes de garrote, Changó le dio un servidor llamado Aira, para sostenerlo y llevarlo. Aira incitaba siempre a Oshalufan a reclamar y demandar venganza contra los que le habían dejado en aquel estado. Pero recordándose de las recomendaciones de babalawo, él rehusaba porque, si no quería morir, debía aceptar sin quejas las consecuencias de su empeño en viajar. Sin embargo, le dio vueltas a esta dificultad e hizo construir una choza que tenía un talismán.

Sus antiguos agresores eran traídos allí y salían jorobados, tuertos, mancos, lisiados o con la boca torcida. Oshala cantaba entonces un cántico conocido todavía en Bahía, donde se trata de esta choza en el bosque y de las personas que no tienen más que una pierna, un ojo, una oreja o son jorobados, los bailes imitan la marcha lenta y traqueteante de los lisiados.

Cuando Oshalufan se manifiesta en los «terreiros» de Bahía y se produce un trance de Aira, éste se acerca a él, lo sostiene y lo lleva. Esta leyenda muestra que, en África, los albinos, los jorobados y los lisiados son consagrados a Oshala.

Observamos una prohibición respecto a esta leyenda; en Ilesha, los adeptos a este orisha no pueden servirse de un caballo, ni comer su carne. La aventura del tonel de aceite, en esta leyenda, alude a la prohibición de hacer ofrendas a Oshala conteniendo aceite.

Una leyenda de un Oddu de Ifá nos dice igualmente lo que sigue:

> «Cuando Obatalá vino al mundo, fue a consultar a Ifá para conocer su suerte. El babalawo le dijo: "Debes hacer una ofrenda de sal en una calabaza y un paño de

> noche". "¿Por qué, preguntó el otro, debo hacer esta ofrenda?" "Para no encontrar la vergüenza sobre la tierra." Sin embargo, Obatalá rehusó a hacerla.
>
> Al llegar a su casa fue a sentarse y todo el mundo lo fue a ver. La noche cayó, todos dormían salvo Eshu, que se deslizaba a escondidas dentro de la casa, toma la calabaza que Obatalá ha rehusado ofrecer y la pone sobre la espalda del durmiente, que cubre con un paño blanco.
>
> Cuando éste se despierta, está jorobado. Le preguntan cómo le ha sucedido esa deformación y todos escapan. Eshu le dice: "Tú has rehusado ofrendar una calabaza, serás siempre jorobado (es por eso que hasta hoy tiene esa joroba) y también sal, no la comerás nunca".»

Hay, en efecto, una prohibición de ofrecer alimentos con sal a Oshala. El marfil, por su blancura, es uno de sus símbolos. En Ile Ife, los sacerdotes de Oshala, cuando salen al pueblo durante ciertas ceremonias, se cubren la cara y el cuerpo de puntos blancos.

Esta costumbre persiste en Brasil, es visto en las ceremonias de iniciación de los novicios. En segundo plano aparece una mezquita construida cerca del templo de Oduduwa, aquel que, siguiendo la leyenda, renunció al islamismo y que, después de huir de la Meca, fundó Ile Ife.

La presencia de estos templos erigidos uno al lado de otro es un símbolo de persistencia de la rivalidad de las dos religiones, después de muchos siglos de lucha.

Oraniyan

Oraniyan fue el séptimo hijo de Okambi, hijo de Oduduwa, primer rey legendario de los yorubas; él fue igualmente el segundo rey y el padre del tercero, Ajeka llamado también Dadda y del cuarto Changó.

Oraniyan, de temperamento guerrero, estableció la soberanía de los reyes yorubas sobre los países que tenían todos a Oduduwa como ancestro común. Algunas tradiciones dicen que, cuando Okambi murió, los seis hijos mayores repartieron entre ellos todos los bienes y tesoros. Olowu tuvo la corona, Alakatu los vestidos, Omiso, rey de Benin, la plata, Orangun, rey de Ifá, las mujeres, Onishabe, los rebaños, Olupopo, las perlas y no quedó más que la tierra para Oraniyan, que se encontraba en una expedición guerrera en el momento de la repartición.

Él se mostró satisfecho de su lote porque, como dueño de la tierra, recibía de sus hermanos rentas y tributos. Esta supremacía de Oraniyan sobre sus hermanos nos ha llegado mediante la siguiente leyenda:

«Al comienzo, la tierra coexistía, arriba estaba el cielo, debajo estaba el agua. Ningún ser anidaba en el agua ni en el cielo. Entonces el omnipotente Olodumare, el dueño de todas las cosas, creó primero siete príncipes coronados; para alimento y para entretenimiento de los príncipes creó siete calabazas muy gruesas llenas de akassa –papilla a base de maíz– y siete sacos, dentro de los cuales había conchas, perlas, telas, una gallina y veintiuna barras de hierro.

»Creó también, dentro de una tela negra, un paquete voluminoso del que no se veía la naturaleza. Creó además una cadena muy larga de hierro a la cual amarró las provisiones, los tesoros y los siete príncipes. Después, dejó caer todo desde lo alto del cielo. Al final del espacio sólo había agua.

»Olodumare, desde lo alto de su divina morada, lanzó una nuez de palma que cayó en el agua. Al momento, una gigantesca palmera se elevó hasta los príncipes, ofreciéndoles abrigo vasto y seguro entre sus ramas.

»Los príncipes se refugiaron y se instalaron allí con su equipaje, abandonando la cadena que remotó hacia el omnipotente Olodumare. Todos eran príncipes coronados y, en consecuencia, como todos querían mandar, resolvieron separarse. Los siete príncipes se convirtieron en reyes de distintas regiones cuyos nombres eran: Olowu, se hizo rey de Ugba; Osabo, se hizo rey de Sabe; Orangun, se hizo rey de Ila Ife; Oni, se hizo rey de Ife; Ajero, se hizo rey de Igero; Alaquetu, se hizo rey de Ketu; y el último creado, el más joven, Oraniyan, se hizo rey de Oyo y de todos los yorubas, es decir, de toda la tierra, con supremacía sobre todos los demás reyes.

»Antes de separarse para seguir su destino, los siete príncipes decidieron repartirse los tesoros y las provisiones que el todopoderoso les había dado. Los seis mayores tomaron las conchas, las perlas, las telas y todo lo que juzgaron precioso o bueno para comer. Dejaron al más pequeño el paquete de la tela negra y veintiuna barras de hierro. Los seis príncipes partieron dentro del encubrimiento de las ramas de la palmera.

»Cuando Oraniyan estuvo solo, sintió deseos de ver lo que había dentro del paquete que estaba envuelto en la tela negra; lo abrió y vio un montón de una materia negra que él no conocía, procediendo a sacudir la tela. La materia negra cayó al agua, convirtiéndose en un montículo que emergía de ella; la gallina voló y se posó. Cuando se encontró allí, se puso a raspar con las patas y el pico, la materia negra se esparció a lo lejos y el montículo se agrandó y tomó el lugar del agua. Y he aquí que nació la tierra, siguiendo la voluntad del Todopoderoso. Oraniyan se puso contento. Encerró en su pedazo de tela las veintiuna barras de hierro que le pertenecían y se apresuró a descender sobre el dominio producido por la materia que él había desconocido.

»Así tomó posesión de la tierra. Los otros príncipes también descendieron de la palmera y quisieron quitársela a Oraniyan, como le habían quitado ya, en la palmera, su parte de concha, de perla, de tela y su parte de alimentos. Pero Oraniyan tenía armas. Sus veintiuna barras de hierro, siguiendo la voluntad del Todopoderoso, se habían transformado en lanzas, venablos, flechas y en la mano blandía una larga espada extremadamente filosa que la convertía en un arma terrible.

»Él les dijo: "Ésta tierra es sólo mía, allí arriba, cuando ustedes me robaron todo, no me dejaron más que esta tierra y el hierro que llevo. La tierra ha crecido y crecido, pero también el hierro ha crecido y me servirá para defenderla. Los voy a matar". Y marchó sobre ellos con la espada en alto; los seis príncipes pidieron gracia, se arrodillaron con las manos unidas, y se arrastraron suplicando a los pies de Oraniyan. Le rogaron que le cediera una parte de la tierra para poder vivir, para que pudieran vivir como príncipes.

»Oraniyan les concedió la vida y les dio la tierra. Exigió solamente una sola condición: esos príncipes y sus descendientes serían siempre inferiores a él y a sus descendientes, cada año debían venir a rendirle homenaje, a pagar tributo a la ciudad, a fin de mostrar y recordar que habían recibido como gracia la vida y su parte de tierra.»

He aquí como Oraniyan se hizo rey de Oyo y soberano de todo el país yoruba, es decir, de toda la tierra.

La tradición plantea que él ha partido de Ile Ife a la cabeza de una expedición hacia el Este para vengar a su abuelo Lamurudu. No pudo llevar su proyecto a buen fin, por estar cortada la vía por una interminable columna de hormigas negras, que le obligó a cambiar de itinerario.

Otra leyenda dice:

«En un lugar llamado Igangan, surgió una disputa entre sus hermanos por un jarro de cerveza y Ogodo, el mayor de los que le habían acompañado, dejó la expedición.

Oraniyan trató de seguir a través del país de Tapa, pero sus habitantes le cerraron el camino. Después de otras deserciones, su primo Akijonle, hijo de Ogiriniyan, el más joven de los hijos de Oduduwa, le dejó también y fue a fundar Ejigbo, instalando allí a Oshagiyan, el orisha de su padre.

»Oraniyan renunció a sus proyectos y fue a fundar la ciudad de Oyo, que se convirtió en la capital de los reyes yorubas. Ile Ife quedó como capital religiosa. Dejó a su hijo Ajaka como rey –alafin– de Oyo y él continuó guerreando.

»Convertido en el segundo rey de Benin, abdicó y dejó sobre el trono a su hijo Ewewka, cuyos descendientes reinan aún. Volvió a Ile Ife, donde capturó a uno de sus hermanos, Obalufon, que había tomado el trono y lo hizo huir a Ido. Oraniyan se mantuvo como rey de Ile Ife, teniendo un hijo rey de Oyo y otro rey de Benin. Aún se ve en Ile Ife una gran piedra enderezada, conocida con el nombre de Opo Orinayan, cuyo significado exacto es difícil de saber.»

El sable de Oraniyan, llamado «sable de la justicia», parece que está guardado en Ife, y los reyes de Oyo deben tenerlo en la mano durante las ceremonias de entronización para asegurar su autoridad futura. Oraniyan fue concebido en condiciones muy particulares.

En efecto, una leyenda dice:

«Oggún, hijo de Oduduwa, el orisha de los guerreros y herreros, conquistó la ciudad de Ogotun, la saqueó y tomó un botín importante. Una prisionera llamada Lakanje le gustó y sostuvo relaciones amorosas, pero cuando Oduduwa la vio, se turbó y declaró que haría de ella una de sus mujeres y esperaba que nadie hubiese abusado.

»Oggún, asustado, no osó confesar nada. Nueve meses más tarde, Oraniyan venía al mundo. Su cuerpo estaba dividido verticalmente en dos colores, blanco a la derecha, porque Oduduwa era de piel muy clara, y negro en el lado izquierdo porque Oggún tenía un tinte muy oscuro. Oduduwa exclamó: "Entonces tú tuviste relaciones con Lakanje ese día". La leyenda agrega que Oggún, confundido y apurado, no supo qué responder y se quedó callado. Es en recuerdo de este aspecto de Oraniyan, que los cuerpos servidores de Oni de Ile Ife están pintados mitad negro y mitad blanco.

»Ese día, en el lugar llamado Oke Mogun, Oggún se metamorfeó en una piedra dividida. Oni, rey de Ile Ife, descendiente y sucesor de Oduduwa sobre el trono, cruza su sable en signo de alianza de Oshogun, el sacerdote de Oggún. Esta unión entre Oggún y Oraniyan aparece en la leyenda de la creación de la tierra citada anteriormente.

»Oggún está simbolizado por la cadena de hierro, siempre está delante y abre el camino, y por las veintiuna barras de hierro en las cuales están las armas de Oraniyan. Oggún es, entre los yorubas y los nagos, el orisha de los guerreros, los herreros, los agricultores y todos los que trabajan y utilizan el hierro (peinadores, carniceros, cazadores, pescadores, etc.).

»Oggún es uno, pero se le dan siete nombres, porque el número siete le está asociado. Gusta de comer perros, caracoles, frijoles blancos, algunas salsas a base de legumbres preparadas con aceite, y bebe vino de palma. Además, está representado por instrumentos de hierro fundido, en número de siete, catorce, veintiuno, ensartados sobre una caña de hierro.

»Lleva voluntariamente una vestimenta con flecos de hojas de palma deshilachadas, llamada mariwo por los yorubas y azán por los fons. La presencia de estos flecos sobre una puerta o sobre la entrada de un camino basta para evocar a Oggún y alejar las malas influencias; puestas más cerca del suelo, prohíben el paso; ir en contra sería exponerse a la cólera del orisha.

»Oggún, hijo de Oduduwa, era un guerrero realmente temible, sanguinario e insaciable, siempre lograba en sus expediciones un botín considerable. Conquistó la ciudad de Ile Ife, mató al rey y puso en su lugar a su hijo mayor, que tomó el título de Onira, él partió para batirse en otra parte, hizo otras conquistas y retornó a Ile Ife, de donde había partido. Mucho tiempo después decidió volver. Por desgracia, llegó durante una ceremonia en la cual los asistentes no debían hablar bajo ningún concepto y no podían expresarse más que con gestos. Oggún tenía hambre y sed; vio jarras que habían contenido vino de palmas, pero ignoraba que estaban vacías; y no conocía los lugares porque hacía mucho tiempo que no iba.

»Llevado por la cólera, ante el silencio general, que tomaba por desprecio, comenzó a romper a golpe de sable las

> jarras que creía llenas, donde no encontró nada; después, llevado por esa violenta acción, se puso a cortar cabezas hasta el momento en que su hijo Onire apareció y le ofreció los alimentos que le gustaban, entre los cuales había una buena cantidad de perros y caracoles, todo acompañado de vino de palma.
>
> »Mientras saciaba su hambre y su sed, la gente de Ile Ire cantaba sus alabanzas. Ya calmado, lamentó su violencia y declaró: "Cualquiera que sea la bravura y valentía de un hombre, un día le es necesario encontrar un lugar donde descansar, ya he probado hasta aquí bastante coraje".
>
> »Bajó su sable hasta el suelo y se hundió en la tierra. No obstante, antes de desaparecer, dijo algunas palabras, pero éstas no pueden ser repetidas a la ligera, porque, cuando se pronuncian en el curso de una batalla, se dice que Oggún aparece enseguida en ayuda del que así le ha llamado.
>
> »Desde ese día, los mercaderes de vino de palma tienen cuidado de volver hacia el suelo las jarras vacías, a fin de evitar todo desprecio o dificultad con Oggún, si pasa. En Brasil, Oggún precede a las demás divinidades, es saludado primero después de Eshu Elegba; abre el camino en todas las circunstancias. Durante los sacrificios a los otros orishas, recibe alabanzas y ofrendas porque, sin el cuchillo forjado por él, el sacrificio no sería posible.»

Durante las danzas que él hace «montado» sobre los iyaworishas, recuerda la guerra, blande y toma una expresión feroz con el sable. Sus adeptos llevan collares de color azul oscuro; está identificado con san Antonio en Bahía y con san Jorge en Río de Janeiro. Su día consagrado es el martes, y cuando se manifiesta, es saludado con gritos de «Oggún ye».

Dos de las ceremonias observadas en Pai Nago, en Dahomey, región fronteriza con Nigeria, son presentadas en esta obra. La primera se celebra muy a menudo, una vez por semana. La semana yoruba tiene solamente cuatro días, cada uno de ellos consagrado a uno o más orishas. Ese día tiene lugar el Osse, el domingo del orisha en el que le son hechas las ofrendas alimenticias.

Existen en el pueblo dos tipos de ceremonias importantes, Ossenla –el gran domingo– alterna con un Osse Kekere –el pequeño domingo–. El pueblo de Ishede está compuesto por musulmanes, católicos y algunos protestantes; otros son animistas y, de ellos, unos pocos consagrados a Changó y otros a Oshún, todos los demás están colocados bajo la protección de Oggún.

Oggún es originario de Ile Ire, él hace alusión a ello en su Oriki, éste es igualmente de origen lejano de los habitantes del pueblo, son todos más o menos de la misma familia y vivieron largo tiempo en Holi Dje, región pantanosa que separa Pobe de Ketu.

Ishede es un excelente ejemplo de lo que eran los pueblos Yoruba y nagos antes de la llegada de los europeos. El alashe –guardián del ashe– de Oggún tiene allí el rol de jefe tradicional, sometido a un consejo de viejos, casi todos babalawos; son los ishoros del orisha los que interpretan y ejecutan la voluntad del orisha. Siempre se ve, en los días consagrados a Oggún, a cuatro o cinco de ellos sentados permanentemente en la galería exterior de la choza habitada por alashe, consultando a Ifá y mirando las cosas del pueblo. La autoridad está fundada en el poder del orisha, ancestro lejano civilizado.

Veremos en la descripción de la segunda ceremonia que la elección de un nuevo alashe es hecha por la misma voluntad divina. El alashe es calificado de kabiyesi por los que se dirigen a él, y se ponen boca abajo sobre el suelo para saludarlo, apelación y salutación reservadas a los reyes.

Él es así respetado como representante del dios. Las decisiones tomadas por el consejo de viejos, de acuerdo con el alashe, están sometidas a la adivinación. De esta forma, son expresiones de la voluntad de Oggún Igbo Igbo. Prácticamente todos los habitantes son agricultores y viven del producto de sus campos y de la venta de una parte de su cosecha de maíz, ñame, habichuelas y nueces de palma en los mercados vecinos.

Todos trabajan hasta una edad muy avanzada, los hijos ayudan a los padres y están sometidos a la autoridad paternal, que es muy fuerte. El alashe también trabaja en el campo.

La ceremonia hecha los días de Ossenla tiene lugar en el templo de Oggún situada en el gran claro del bosque vecino. El santuario en que son venerados los hierros de Oggún, que soportan su aché, es una choza redonda de techo cónico, precedida de galerías, cuyos techos de paja son sostenidos por cuatro pilares de madera tallada. Ante el templo, a la izquierda, está un banquillo de madera redondeado y rodeado de estacas, el Ido Oshún; es el lugar donde son colocados los ossuns de cada uno de los dignatarios durante la ceremonia.

Son barras de hierro fundido, representando a los antecesores muertos que, en otro tiempo, tenían las mismas funciones. Se han fabricado otros edificios a los orishas secundarios; Eshu Elegba, el mensajero de los otros orishas y Ode, el cazador y un refugio para los egbenlas, los soldados de los orishas.

Algunos troncos de árboles acostados sobre el suelo en puntos determinados hacen el oficio de bancos para diversos dignatarios. Al alba, resuena una serie de llamadas de un tambor okpossi. Hacia las nueve de la mañana, llegan los sacerdotes y los dignatarios, acompañados de niños portando calabazas que contienen ofrendas de alimentos, se saludan unos a otros y van a sentarse en los lugares que les están reservados.

Ellos son: Alashe, el guardián del ashe de Oggún; Saba, el sustituto de Alashe; Okere, el sustituto de Saba; Ashogun, encargado del orisha y Ode, el cazador; oluponan, encargado de Eshu Elegba; Iyafero, la mujer encargada de calmar a Oggún cuando se pone muy violento; Alakpossi, que toca el tambor akpossi; los egbenlas, soldados del orishalos, Ishoros, que interpretan la voluntad del orisha Arosheku, que en ciertas ocasiones lleva sobre la cabeza los asheses del orisha; las iyaworishas, mujeres dedicadas al orisha y que canta para él.

Cuando todos están presentes, van primero a saludar a Eshu Elegba, posternados sobre el suelo y le hacen ofrendas de alimentos que son recibidos por oluponan, Eshu Elegba reparte las ofrendas de Oluponan y una parte de las que ha recibido entre los diversos signatarios y en algunos lugares sagrados.

Cada uno de estos dignatarios vuelve a sentarse en el lugar que le está reservado y reparte a su vez entre los otros, a nombre del orisha que representa a la función que él lleva. Estos cambios son más que una muestra de cortesía. Es una comida comunal en la cual participan todos los asistentes y el orisha.

La orquesta se compone, de izquierda a derecha, de un agogo –campanilla de hierro–, de un akpossi –pequeño tambor– cuyo cuerpo es de alfarería, un oxidan –tambor grande– y un kele –tambor pequeño sobre pies–. Los primeros tambores forman un conjunto hablador, emiten modulaciones de sonidos por las presiones más o menos acentuadas de las manos de los tocadores sobre las pieles, llaman a los dioses y comentan su acción.

El tercero –kele– tocado en una cadencia extremadamente rápida por largas varillas de madera, crea por su tono agudo una atmósfera de tensión y de angustia difícil de explicar; se convierte en ciertos momentos casi insoportable, ella le toma de las entrañas; el oyente tiene la impresión de que los sonidos le penetran derecho en el vientre como puñetazos e, involuntariamente, se echa hacia delante, crispado y con los dientes apretados.

Los períodos en que los tambores baten, son entrecortados por silencios, al momento de la adoración de Oggún por los sacerdotes encargados del culto en el interior del templo.

Los asistentes se quedan en el exterior, posternados en el suelo y oyendo, sólo de tiempo en tiempo, débiles campanadas –adja– que vienen del santuario. Es necesario decir que el tambor akpossi, que queda fuera del templo, acompaña con algunos golpes cortos y sonoros.

Poco después, los dignatarios han ganado sus respectivos puestos, la orquesta entra en acción y llama, con un redoblado frenesí, la presencia de los dioses. Sucede que, a menudo, Oggún no contesta a esta llamada y la ceremonia termina poco después; pero si él responde, Saba da un grito que es tomado por Okere, Ashogun, Oluponan e Iyafer entrando en trance los cinco. Los iyaworishas hacen oír las aclamaciones y cantan las danzas de Oggún con cantos graves y fervientes que revelan un aspecto de la música africana, ignorando al gran público.

Los cinco sacerdotes, con un gorro puntiagudo sobre la cabeza, en estado de trance agarran las tres primeras adjas –campanas– y sus cuchillas, iyafero –un abanico– y olopunan –su garrote–. Agitados de sobresalto, se levantan con gestos sinuosos y refrenados, se reúnen delante del templo y danzan. Así lo hacen en un conjunto perfecto, al son de los tambores.

Van alternativamente a saludar los lugares sagrados del clero y a los asistentes. Uggún Igbo Igbo y sus auxiliares están satisfechos de las ofrendas recibidas, en contrapartida, con sus fieles seguros de protección, el lazo de interdependencia subsiste, afirmando así cada semana.

La segunda ceremonia, más excepcional, tuvo lugar en Ilodo; los habitantes de este pueblo distante apenas 2 km de Ishede tienen el mismo lejano origen. El orisha protector de Ilodo se llama Oggún Edeyi. Se trataba de encontrarle un nuevo alashe. Hacía un año que el antiguo se había muerto y el culto suspendido. El templo, abandonado y sin guardián, estaba prácticamente en ruinas, completamente invadido por la vegetación, había retornado a la maleza. El orisha iba a designar al hombre que llenaría esta función. Los sacerdotes animistas de toda la región estaban reunidos en la gran plaza, delante del pueblo. Por la noche, cerca de las diez, las ofrendas de ñame y de aceite de palma, acompañadas de sacrificios de pollos, fueron hechas a Eshu Elegba y a los ancianos dignatarios difuntos, representados por los ossuns.

La adoración por las nueces de kola recibió respuestas favorables; la ceremonia sería coronada por el éxito. La orquesta, compuesta por akpossi, oxidan y keke, tocan, los sacerdotes agitan sus adjas y las iyaworishas cantan las alabanzas de Oggún y de los otros orishas. Todo el conjunto espera la desaparición de la luna tras el horizonte.

Los ishoros, aquellos que son admitidos a penetrar en la choza del orisha, preparan una gran hoguera. La luna se pone hacia la una de la mañana. Saba, el auxiliar del alashe, exige que todas las luces se apaguen, formula votos, nada de hambre, nada de enfermedad, nada de muertos, que todo vaya bien y que al levantar el día, el orisha de un sustituto al alashe difunto.

Estos votos eran acompañados de ruido de las adjas entrechocadas, de baterías de tambores, de alabanzas a los orishas y de cantos y danzas de los egbenlas.

En la completa oscuridad de un dignatario, Oba canta y demanda a Aroni de traer el fuego. Aroni es una especie de duende que tiene una sola pierna, vive en el bosque y posee todos los secretos de Osanyín, divinidad de las hojas.

Una llama aparece a lo lejos en el bosque al lado de las ruinas del templo de Oggún Edeyi, camina entre los árboles y se para en el límite del bosque. Los isheros van a recibirla y alumbran la hoguera. Los tambores tocan a un ritmo extremadamente rápido, los egbenlas bailan alrededor del fuego.

Numerosos sacerdotes de los orishas entran en trance, van y vienen a grandes pasos entre el círculo formado alrededor del fuego y un grupo de los dignatarios sentados cerca de los ossuns. Los sacerdotes de los orishas extremadamente sobre excitados, tienen los ojos desorbitados, parpadean sin cesar, abren la boca y agitan la lengua y gritan estridentemente.

Los iyaworishas trataban de calmarlos con cantos. Hacia las dos y media de la madrugada, los egbenlas, acompañando a los oshoros, irán a la maleza, traerán hierba seca y hojas, recogidas antes, y las tiraran sobre la hoguera. Las danzas continúan toda la noche, los oshoros deslizan, de tiempo en tiempo, en el fuego pequeños paquetes de hojas que provocan grandes llamaradas trepidantes mientras formulan votos.

A las cinco y media de la mañana, reunieron las cenizas e hicieron un paquete que fue llevado a la maleza, al lado del templo de Oggún Edeyi, y posteriormente, cerca de las ocho de la mañana, el paquete cubierto de mariwos –flecos de palma– y pollos vivos atados por las patas, retorna al templo. Todas las personas reunidas se inclinan ante él. Él contenía el ashe, la fuerza reconstruida de Oggún Edeyi, siendo puesto sobre la cabeza de Arosheku –el portador del cráneo– que, al cabo de un momento, entra en trance, y vacilando sobre la carga, marcha a pasos, primero titubeante, después más enérgico, como empujado hacia delante por una fuerza sobrenatural.

Va a saludar diversos lugares sagrados y se dirige con paso decidido, seguido por una multitud sobreexcitada, hacia el pueblo vecino de Were. Saluda al rey, después toca tres veces, con el paquete, el muro de la casa del hombre que Oggún elegirá para convertirse en el nuevo alashe.

Entre los fons, Oggún es llamado Gu, tiene las mismas características que entre los yorubas, a los cuales se lo han pedido prestado.

El orisha de la caza

Ochosi es el orisha de la caza. Debe su importancia entre los yorubas a diversas razones; la primera es de orden material, porque es Ochosi el que hace las cacerías fructíferas y, por lo tanto, asegura la alimentación abundante; la segunda es de orden médico, porque los cazadores están a menudo en el bosque, están relacionados con Osanyín, divinidad de las hojas medicinales y litúrgicas.

En Ketu es un Olosanyín experto en hojas y en talismanes; el guardián de Ochosi. La tercera es de orden social, porque casi siempre es un cazador quien, bajo la protección de Ochosi durante sus correrías en la persecución de la caza, descubre un lugar favorable para el establecimiento de una nueva finca o de un futuro pueblo, donde él va a instalarse con su familia, se convierte en el primer ocupante del lugar y dueño de la tierra frente a aquellos que vendrán a instalarse después.

Los cazadores usan gorros de piel de mono, atributo de su actividad. El lugar de origen de Ochosi es Ikija, cerca de Ijebu Ode. El soporte de su aché es un arco y una flecha de hierro fundido. En Brasil, en el curso de sus danzas, sus adeptos imitan la caza, la persecución de la presa y el tiro con arco. Los jueves es el día que le está consagrado. En Bahía está sincretizado con san Jorge. Sus adeptos llevan cuentas de color verde. Cuando se manifiesta durante una ceremonia, es saludado con gritos de oke.

Ochosi es igualmente conocido en Brasil bajo los nombres de Inle o Ibualama, es un cazador que Ochún sedujo y atrajo al río donde ella habita. Su emblema es un cazamoscas de cuero con tres tiras con las que él se golpea durante sus trances. En Nigeria tiene un templo en Ilobu, donde es conocido bajo el nombre de Erinle o Ibualama.

En Brasil, un orisha llamado Logun Ede es conocido por ser el hijo de Ochún e Ibualama. Tiene la particularidad de ser, durante seis meses, un hombre, viviendo en la maleza, alimentándose de la caza, los otros seis meses es mujer, vive en el agua y come pescados.

En Nigeria, el templo de este orisha está en Ilesha. En los «terreiros» de Djedje, en Bahía, Ochosi lleva el nombre de Aghe. Ese vodún es conocido en Dahomey, tiene su templo en Abomey, en el barrio de Djena. Lissa y Mawu son los padres y él es su hijo mayor. Este vodún va de buena gana a la caza y, dicen, lleva el producto a Mawu, su madre.

Mensajero de los otros orishas

Eshu Elegba es el mensajero de los otros orishas; es también el guardián de los templos, de las personas, de las casas y de los pueblos. De carácter irascible, es la cólera de los orishas y de los hombres, gusta de suscitar las disensiones, las querellas y de provocar los accidentes y las calamidades públicas y privadas. Obtiene esos resultados creando los malentendidos con astucia.

He aquí varias leyendas sobre esto:

> «Una muy conocida, de las que existen numerosas variantes, cuenta cómo enemistó a dos amigos que trabajaban en campos vecinos. Se puso un gorro rojo de un lado y blanco del otro, y atravesó por un sendero que separaba los campos. Al cabo de unos instantes, uno de los amigos hizo alusión al hombre del gorro blanco, el otro le hizo notar que el gorro era rojo, el primero insistió manteniendo su afirmación, el segundo su rectificación, como los dos hablaban de buena fe, se empeñaron

en su punto de vista, lo sostenían con calor primero, después con cólera. Se fueron a las manos y se mataron.»

Otra leyenda muestra a Eshu más maquiavélico:

«Él fue a buscar una reina abandonada desde hacía algún tiempo por su esposo y le dijo: "Tráeme algunos pelos de la barba del rey, córtaselos con este cuchillo, yo haré un amuleto que le devolverá su antigua solicitud hacia ti". Se dirigió después a casa del hijo de la reina, que era un príncipe heredero, vivía en un palacio fuera del dominio del rey. La costumbre requería que así fuera, a fin de prevenir cada tentativa de dar muerte al rey por un príncipe impaciente por subir al trono.

»"El rey va a partir a la guerra –le dijo–, y te ruega que vayas esta tarde al palacio acompañado de tus guerreros". Fue después a hablar con el rey, diciéndole que la reina, herida por su frialdad hacia ella, quiere matarlo para vengarse, que tuviera cuidado esta noche. Vino la noche, el rey se acostó, fingió dormir y bien pronto vio a la mujer aproximársele con un cuchillo a la garganta: ella quería cortar un poco de su barba, él creía que ella quería asesinarlo. El rey la desarmó y pelearon con mucho ruido. El príncipe, que llegaba al palacio con sus guerreros, oyó los gritos donde el rey y corrió hacia allí; viendo al rey con un cuchillo en la mano, el hijo pensó que aquél quería matar a su madre; el rey viendo entrar en su habitación en plena noche a su hijo armado y seguido de sus partidarios, creyó que venían por su vida. Pidió ayuda, acudieron sus gentes y se produjo una pelea y una masacre general.»

Una leyenda más simple muestra la actividad de Eshu en su vida cotidiana:

«Mientras una mujer estaba en el mercado vendiendo sus mercancías, Eshu le daba fuego a su casa, y al ver el fuego que se desataba en su vivienda, se precipitó hacia allí abandonando sus negocios en la plaza. Llega demasiado tarde, la casa está quemada, durante este tiempo el ladrón le roba las mercancías.

»Todo eso no habría pasado; los amigos no habrían peleado, el rey y el príncipe masacrados y la vendedora no se encontraría en la ruina si ellos hubieran hecho a Eshu las ofrendas y los sacrificios adecuados. Es a él primero a quien deben ser hechas las alabanzas y las ofrendas, antes de toda ceremonia. En Brasil se llama a esto «expedir» a Eshu, que tiene un doble propósito, primero enviarlo como mensajero para llamar y convocar a los orishas a la ceremonia, y también de alejarlo para que no vaya a perturbar el orden de la fiesta con algunas bromas de mal gusto.

»Deben ofrecerle, además, antes de su partida, alimentos y bebidas y llevarlo fuera para indicarle bien que no debe volver. En Brasil, las cuentas de los collares del protegido por él son rojas o negras, el lunes es el día que le está consagrado y está sincretizado con el diablo. No obstante, no inspira gran terror.

»Se sabe que, tratado convenientemente, Eshu «trabaja» para el bien, es decir, que hace mal a las malas personas. Se le llama familiarmente compadre, o el nombre del cruce del camino; es allí donde son colocadas las ofrendas de se le destinan. En razón a esta identificación, o bien porque sea considerado como un buen diablo, pocos iyaworishas le son consagrados oficialmente, la tendencia es que cuando él se manifiesta, calmarlo con sacrificios y de hacer la iniciación en provecho de Oggún, del que es pariente próximo o con el que tiene muchos puntos comunes.

»Eshu es representado por un pequeño cerro de tierra que tiene vagamente la forma de un hombre agachado, es el soporte de su ashe. Está instalado en una pequeña choza especial fuera de la casa. Otros Eshus son colocados detrás de la puerta.

»Cuando Eshu Elegba se manifiesta entre los yorubas y los nagos de Afrecha, lleva en la mano un garrote o unos pendientes que también se encuentran en Brasil. Ese garrote –ogo– tiene la virtud preciosa de mensajero, de transportarlo en apenas horas cientos de km y de atraer también rápidamente, por poder magnético, los objetos colocados a la misma distancia.

»Tiene un papel importante en la adivinación, porque, siguiendo ciertas leyendas, de él Ifá ha recibido ese don. En Nigeria, en lka, región de Ijebu, se dice que fue puesto en el mundo de Ile Ife por Olosa –propietario del mercado–. Fue el primer rey de Ketu –Alaketu– y el antecesor del primer rey de los egbas.

»En Dahomey se dice también que fue un hombre que se transformó en ijebu, en el país de Ayo, a varios días de cami-

> no de Ife Ile, es decir, en Nigeria. Es de allí que su culto se extendió por Dahomey. Entre los fons se le llama Elegba y tiene el mismo papel que el Eshu Elegba de los yorubas. Sin embargo, tiene allí un carácter más fanático, las elevaciones de tierra que se le representan están siempre adornadas con voluminosas varas de madera. Esto hace de él, como han afirmado algunos viajeros, ni el dios de la fecundidad, ni el de la copulación; es la marca de su carácter truculento, violento y sinvergüenza y de su deseo de enfrentarse a las buenas costumbres.»

Las estatuas de los elegbas de Zangbeto son particularmente llevadas al exhibicionismo y a los recreos eróticos.

Ayizan es un vodún muy antiguo de Allada; fue, dicen algunos, llevado por Adjahuto, viniendo de Tado. Otros afirman que Ayizan estaba ya en el país antes de su llegada y que él representa la esfera de la tierra, su corteza terrestre. Ayizan está representado por una elevación de tierra coronada por una jarra llena de pequeños huecos y de tiras de hojas de palmera –azan–. Se encuentra en los mercados de las grandes poblaciones. Se dice además que son los protectores de la población, los dueños del suelo.

Algunas familias tienen un ayizan particular que es su sostén, que los dirige y castiga las faltas de los niños, una especie de antecesor. La tierra, la creación de un ayizan no podría hacerse sin sacrificio humano previo y sin la presencia de tierra y arena de diversas procedencias, de ciertas hojas, de aceite, de talismanes y de objetos difíciles de conseguir.

El vodún de la viruela: Sakpata Chapanan

El lugar de origen es Dahomey, en Kpein Vedje, cerca de Dass Zoume, en el país Mahi. Sakpata es calificado generalmente como el vodún de la viruela y de las enfermedades contagiosas, pero sería más exacto llamarlo la divinidad de la tierra, siendo la viruela el castigo que impone a los malhechores y a los que le han faltado el respeto.

Ese nombre Sakpata –igual que Chapanan, entre los yorubas– podría significar en el viejo Nago, que corta y mata, alusión a su acción justiciera y vengativa. Este nombre es temible y peligroso de pronunciar, de hecho lo llaman con gusto Ayinon, el propietario de la tierra.

Forma una familia de vodúns cuya composición varía según las regiones. En Abomey está compuesta de una pareja, Kohosu, el padre que provoca la viruela y la esposa Nyowe Ananu, de los hijos, Da Sodji, que produce la disentería y los vómitos que desembocan en la muerte, Da Langan, Da Singji, Aglosunto, que produce llagas incurables y Gbosu Zuhon, su hermano gemelo, Ahosu Ganga, que provoca hinchazones mortales, Avimadje, ligado con los Tohossus, Alokpe, un Tohossu, Nudjenume.

Hay una tercera generación de la que forman parte, por un lado, los hijos de Da Sodji, el mayor de los cuales es Adan Tagni, que produce la lepra y corta los pies y las manos; por otro lado los hijos de Da Langan, llamados Gbazu, Da Magbekan y Suviningin.

Los cuerpos y los bienes de las víctimas de la viruela pertenecen por derecho a los sacerdotes de Sakpata. Éstos, como representantes del rey de la Tierra, tuvieron en diversas ocasiones dificultades con los reyes de Dahomey, mucho de los cuales fueron atacados o muertos por la viruela.

El acceso a la capital Abomey, les fue prohibido a menudo y, bajo el rey Adandozan, fueron echados del reino por el soberano que no quería en el país más reyes que él. Actualmente, las ceremonias hechas en honor a Sakpata, particularmente aquellas en las que tienen lugar las «resurrecciones» de los novicios atraen siempre a muchas personas.

Los sakpatasis (dedicados a Sakpata) vestidos siempre con telas muy bellas, están adornados con joyas de plata y llevan botones como signo de dignidad.

En el curso de las ceremonias hacen escuchar canciones mordaces y satíricas que provocan la diversión de los asistentes; en otros cantos más serios, dan consejos morales, amenazan a los que tienen malas conductas y los invitan a reformar su forma de vida, so pena de incurrir en la cólera de Sakpata. Danzan con ardor para mostrar su fuerza y potencia y probar que son invulnerables a los ataques de sus enemigos celosos y envidiosos.

Entre los yorubas, Sakpata lleva el nombre de Chapanan, pero por las mismas razones que entre los mahis, es llamado con más gusto Obaluaé –rey del mundo u Omolú–. Es sobre todo bajo estos dos nombres que es conocido en Brasil, donde aparece vestido de paja, cubierta la cabeza para disimular su rostro roído por la lepra.

Lleva en la mano una cuchara, vara de nervadura de palmas decoradas con conchas. Baila doblado en dos, como preso de dolores, e imita los sufrimientos, las convulsiones, las comezones, los temblores de fiebre. La orquesta toca para él un ritmo especial llamado Opanije, que en yoruba significa: él mata a alguno y se lo come.

En Bahía sus adeptos llevan collares negros y blancos y/o rojos y negros. El día que le es consagrado es el lunes, como para Eshu, y está sincretizado con san Roque y san Lázaro y algunas veces con san Sebastián. Es acogido cuando se manifiesta con gritos de Atoto.

Nana Buruku

Es una divinidad cuyo carácter es difícil de definir, porque cambia según los lugares donde le son consagrados los templos. Ni siquiera es fácil determinar su lugar de origen. Partió de Ile Ife y llegó hasta la región de Adele, en el Togo británico, durante las antiguas migraciones de los ifes hacia el Oeste. Es, por el contrario, originaria de esta región y encontró fieles hacia el Este. La pregunta está todavía sin respuesta. Su mismo nombre varía según el lugar. En Adele, Nana Buruku es considerada como la divinidad suprema de la creación; los tres años de peregrinación que sólo sus adeptos pueden seguir tienen lugar allí. Van conducidos por Oli Buku, sacerdote de Nana Buruku en Atakpame, en gran número. Éstos deben ir tres veces seguidas al lugar de esa peregrinación si quieren respetar escrupulosamente sus obligaciones hacia la divinidad.

Más al Este, en la región de Dume, Nana Buruku habría creado la pareja Lisa Mawu; ella está en contacto con las divinidades Sakpata y Dan, de las poblaciones Mahi. En el país Naga, Yoruba y Abeokuta en Ketu, Nana Buruku se convierte en la madre de Omolú u Obaluaé –Chapanan– más lejos todavía, hacia el Este, en Oshogbo, Nana Buruku se convierte en Chapanan, divinidad de la viruela.

En Brasil, como en Ketu, es tenida por la madre de Omolú (cuando es viejo) Obaluaé (cuando es joven). Está considerada como la más vieja divinidad de las aguas; está identificada como santa Ana; las cuentas llevadas por sus adeptos son blancas, rojas y azules, su día consagrado es el sábado.

Baila con dignidad, sus manifestaciones son saludadas con gritos de saluba. Su altar está siempre vecino al de Omolú y Oshumare, porque, en Bahía, estos tres orishas son conocidos por ser de la región de Djedje Mahi.

La divinidad del río

Ochún es la divinidad del río del mismo nombre que corre en Nigeria. Se dice que, en vida, era la esposa de Changó. Ya hemos visto una versión de su metamorfosis en orisha. He aquí otra muy conocida en el país Yoruba y entre los descendientes de africanos en el Brasil:

> «Changó tenía muchas mujeres a cuyas casas iba sucesivamente a pasar sus días y sus noches, pero amaba particularmente a Ochún, que sabía complacerle con ademanes amables y su temperamento voluptuoso. Ella usaba las armas de que dispone una mujer bonita y coqueta para retener a un hombre. Todo esto excitaba los celos de sus compañeras y una de ellas vino un día a preguntarle cuál

era el secreto que le aseguraba tantos favores de su esposo común Changó.

»Ochún le explicó que era necesario retener a los hombres por el estómago y que su secreto consistía en servirle sus manjares favoritos. Agregó, no sin malicia, que una buena coesposa, como era ella, le enseñaría cómo preparar cierta sopa que haría maravillas en Changó, siendo invitada a regresar algunas horas más tarde.

»Oba regresó en el momento indicado, Ochún se había anudado alrededor de su cabeza un pañuelo que le escondía las orejas y hacía una deliciosa sopa donde nadaban dos setas. Ochún se las enseñó a Oba diciéndole que eran sus orejas las que se había cortado y puesto en la marmita, agregó que Changó estaría muy encantado de esta delicada atención.

»Changó llegó pronto, probó la sopa, la encontró en efecto excelente y se retiró con Ochún. Algunos días después, llegó el tiempo en el cual Oba debía ocuparse de Changó; ella puso en práctica los consejos de Ochún; se cortó una oreja y la hizo cocinar en una sopa destinada a Changó. Éste no demostró ningún placer al ver a Oba desfigurada, cubierta de sangre y encontró repugnante el plato que ella le servía.

»Ochún apareció en ese instante, retirando su pañuelo, mostrando que tenía las dos orejas intactas y se puso a burlarse de Oba; ésta, furiosa, se precipitó sobre su rival y hubo una batalla entre ellas. Changó montó en cólera, lanzó fuego por la boca, tronó contra las mujeres que, asustadas, huyeron y se transformaron en dos ríos y que hoy llevan sus nombres».

Al cruzar el río Ochún, nunca se debe pronunciar el nombre de Oba, si no ésta, furiosa, lo ahoga inmediatamente. Recíprocamente, no se debe hablar de Ochún, al pasar por el río Oba. Estos dos ríos desembocan el uno en el otro, y, en su confluencia, las aguas son extremadamente agitadas y se entrechocan furiosamente en recuerdo a su pasada aventura.

En Brasil, cuando Ochún y Oba se manifiestan conjuntamente en un «terreiro», siempre quieren pelearse y es necesario separarlas. Oba disimula una de sus orejas para recordar la leyenda. Cuando Ochún baila, imita a una mujer coqueta y vanidosa, que va a bañarse en el río y se adorna con collares, agita los brazos para hacer sonar sus brazaletes, se abanica graciosamente y se mira con satisfacción en un espejo.

El ritmo es del tipo llamado Igesha, lugar de Nigeria por donde corre el río Ochún. Está identificada con la Virgen de la Candelaria. Sus adeptos llevan collares de cuentas de color amarillo oro, el día que le está consagrado es el sábado. Está simbolizada por güijarros pulidos de río, sobre los que están dispuestos los brazaletes, los collares y los abanicos de cobre.

En Nigeria, en Oshogbo, la fiesta anual de las ofrendas a Ochún es una reactualización del pacto que liga al primer rey local con el río. Laro, el antecesor del rey, después de largas peregrinaciones en la búsqueda de un lugar favorito donde instalarse con sus gentes, llegó junto al río Ochún, cuyas aguas corrían sin interrupción. Se dice que, algunos días mas tarde, una de sus hijas, mientras se bañaba en el río, desapareció bajo las aguas. Poco tiempo después reapareció soberbiamente vestida y declaró a sus padres que había sido admirablemente recibida y tratada por la divinidad que allí residía.

Laro hizo ofrendas de gratitud al río. Muchos peces, mensajeros de la divinidad vinieron a comer en señal de aceptación de lo que él había lanzado del agua. Un gran pez vino a nadar más próximo y escupió agua, que Laro recogió con una calabaza, haciendo así un pacto de alianza con el río. Él extendió las dos manos y el gran pez saltó entre ellas, tomó el título de Ataeja, contracción de la frase yoruba «A tewo Oba Eja», él extiende la mano y toma el pescado y declaró Ochu Gbe, es decir, Ochún está en estado de madurez, sus aguas serán siempre abundantes. De ahí el nombre de la ciudad de Oshogbo.

El día de la fiesta, el actual Ataeja viene con gran pompa junto al río, al lugar exacto donde estuvo Laro. Esta fiesta es completada por las ofrendas hechas al río en el mismo punto cada cuatro días.

Los tesoros de Ochún son guardados en el palacio de Atoja. El templo del orisha está situado enfrente; contiene extraordinarias series de estatuas esculpidas en madera, representando diversos orishas.

Ochún tiene grandes orejas para oír bien las oraciones, grandes ojos para verlo todo y una espada para defender a su pueblo. Alege, una heroína que salvó a Oshogbo cuando los fulanis trataron de conquistar la ciudad por sorpresa. Todas esas estatuas, Oshala y Yeyemono, Aniyan que protege a los tocadores de tambor orisha, Oko, divinidad de la agricultura, Osanyín y Tefande, representados con jarros de talismanes en las manos, están adornadas con puntos blancos, iguales a los que aparecen dibujados sobre el cuerpo de los sacerdotes de Oshala, que son, sin duda, los símbolos de este orisha de la creación. Esos mismos puntos blancos decoran ciertas estatuas en Brasil y, los cuerpos de los novicios durante los siete primeros días de su salida después del Sundide.

La divinidad de las aguas del mar y de las aguas dulces

Yemayá es la divinidad de las aguas del mar y de las aguas dulces. Reside en Abeokuta, en Nigeria, en el río Ochún (no confundirlo con el orisha.) Es la madre de los demás orishas. Nada puede existir sin agua. Tiene el mismo papel que Yeye Mowo y Olokun en Ile Ife, pero no parece que tenga un orisha masculino complementario. Ella tendría, por tanto, la posición de Nana Buruku en Edele.

Una leyenda dice:

> «En los tiempos antiguos, cuando el agua faltaba y Yemayá estaba acostada y dormía, las fuentes brotaban cuando ella se viraba de derecha a izquierda. Simboliza la maternidad; las estatuas la representan encinta, las manos a los lados del vientre, con senos voluminosos, a los que hacen alusión los cantos, nuestra madre de las mamas llorosas, senos de los cuales algunas leyendas hacen brotar las aguas».

En Brasil, Yemayá es igualmente la divinidad de las aguas saladas y de las dulces y la madre de los otros orishas. Está identificada con la virgen de la Inmaculada Concepción, el día que le está consagrado es el sábado, sus adeptos llevan cuentas transparentes como el cristal, así como brazaletes de metal plateado. Está simbolizada por pechinas marinas pelonas y caracoles.

Cuando se manifiesta, lleva un abanico en la mano y sus iyawos imitan el movimiento de las olas, doblando y elevando el cuerpo encogido con gritos de Adoya –la madre de las aguas–.

Es una divinidad extremadamente popular. En Bahía le son dedicadas grandes fiestas el 2 de febrero y el 8 de diciembre, junto al mar en la playa de Río. Es, por tanto, que el sincretismo religioso asimila a Yemayá con la Virgen de la Inmaculada Concepción, festejada el 8 de diciembre y Ochún a la Virgen de la Candelaria, festejada el 2 de febrero.

Las dos divinidades están asociadas en ese mismo culto de las aguas dulces y saladas. La muchedumbre viene a participar, en una ofrenda a la Mae D'Agua –madre de las aguas–. Está representada bajo una forma un poco latinizada por una estatua de sirena con largos cabellos flotantes. Los regalos que son colocados dentro de un inmenso cesto, contienen jabón, perfumes, flores naturales o artificiales, pañuelos de encajes, retazos de tela, revistas de moda, collares, brazaletes, plata, todo acompañado de cartas y de súplicas de fieles que tienen alguna gracia que pedirle.

Hacia el fin de semana, el cesto, transformado en un inmenso haz de flores, es llevado en procesión hasta la playa, en medio de los aplausos, los cánticos y las alabanzas a la Madre de las Aguas. La ofrenda es embarcada a bordo de un velero, seguida de una flotilla de veleros locales donde se aglomeran los fieles entusiastas cantando y tocando tambores. El cesto es lanzado al mar. Para que sea aceptado por Yemayá, es necesario que se hunda en las aguas; si sobresale, es signo de negativa y son necesarias nuevas ofrendas para atraer su protección.

Agbe y la ceremonia de Gozin

Según la leyenda, Agbe o Hu es la divinidad del mar para los hulas. Éstos le hacen en raras ocasiones ofrendas durante una ceremonia llamada Gosin –tinaja.

Es Hunon Dagbo un gran sacerdote de Ouidaha, de origen Hula, el que hace esta ofrenda. Antes, en tiempo de los reyes de Abomey, Hunon iba montado sobre un buey blanco, llegando al mar a la orilla de las olas y, al pronunciar ciertas palabras mágicas, las aguas se abrían ante él, que proseguía la ruta sobre el fondo del mar, seguido de los sacerdotes que llevaban ofrendas y animales para sacrificios.

Él iba lejos a ver el vodún, ancestro de los hulas, que en otro tiempo había venido del mar. Algunas horas más tarde, Hunon volvía a la tierra, montado sobre la espalda de un portador y seguido por los sacerdotes que traían una parte de la carne de los animales sacrificados en el mar y cocinados allí.

Las ceremonias actuales no tienen el esplendor de antaño, pero todavía son muy brillantes y numerosos sacerdotes animistas de la región participan en ellas.

Hunon Dagbo va hacia la playa protegido por una gran sombrilla, está adornada con un sombrero alto con bordados; los portadores de Assen y de los objetos sagrados de los vodúns hulas. Le preceden los dignatarios y los guardianes de las divinidades de Whydah (Ouidah) que lo rodean. Es detenido tres veces en el camino por estacadas que lo obligan a pagar los derechos de paso. A ratos monta sobre la espalda de un hombre, que representa al buey de otros tiempos. La marcha hasta el mar es acompañada de cantos, gritos y alabanzas a los vodúns.

La ceremonia de ofrenda se hace al borde del mar; es precedida de libaciones para los muertos, vertida sobre los sáenz plantados sobre un montículo. Hunon va enseguida a «presentar» un cabrito al mar; habiendo sido perdido el secreto de la separación de las aguas, el sacrificio se hace en tierra.

El agua de mar es traída en una tinaja –gozin–. Al retorno de Ouidah tienen lugar grandes fiestas. Hunon Dagbo recibe las salutaciones de todos los sacerdotes de los vodúns. Es un desfile extraordinario, algunos llevan tavoduns, una especie de tinajas o achinas, grandes alas de pluma colocadas sobre paquetes. Tinajas y paquetes contienen objetos cargados de la fuerza sagrada de los vodúns.

Los que se presentan bajo esta forma son generalmente originarios del país de Aizo y de la región del río Ueme; tales como Gnange y Masse, ancestros divinizados de una familia de herreros, que llevan bastones de madera esculpida, símbolos de su dignidad.

Durante varias semanas, los vodúns van a bailar en las playas de Ouidah. En el curso de esta ceremonia se producen numerosos trances, seguidos de entradas de novicios al convento, asegurando así la continuidad del culto a los vodúns.

Assen-Ossun

Los assen entre los fons, y los ossuns entre los nagos, son especies de bastones de hierro que representan un ancestro y que sirven igualmente en altares portátiles para honrar al muerto. Los assen pierden algunas veces su carácter de bastón y conservan sólo el de altar sobre el que se hacen las ofrendas a los antecesores muertos.

Está colocado dentro del De Hoho, cámara reservada al culto de los ancestros muertos. Cada assen sirve solamente para un muerto; pero un muerto puede tener numerosos assen ofrecidos por distintos miembros de la familia o por una misma persona en diversas circunstancias.

Tienen sobre ellos, cuando se trata de reyes o de una persona de importancia, un motivo simbólico, haciendo alusión al muerto. El assen de aquí está dedicado al rey Agonglo, es el representante de una sentencia pronunciada por él «el rayo cae sobre la palmera, pero respeta la piña», alusión hecha a un incidente de su vida pasada.

El incidente en cuestión decía que un día de tormenta el rey se había refugiado bajo una palmera. El rayo cayó sobre el árbol pero no fue tocado ni incomodado, como la piña, que tiene fama de no poder ser tocada por el rayo. El assen Dan Ayido Wedo está dedicado por el rey Glele a su padre Ghezo, que en vida se había comparado con esta divinidad.

Los jimaguas Ibeyis y Hohoui

Los jimaguas (Ibeyis) entre los yorubas y (Obi) entre los fons, son objetos de culto; no son orishas ni vodúns, el lado extraordinario de esos nacimientos dobles, prueba viva del principio de dualidad, les concede una parte de sobrenaturalidad que resalta en parte sobre el niño que viene al mundo después de ellos. Está indicado tratar siempre a los jimaguas de igual forma y repartir equitativamente todo lo que le es ofrecido.

Cuando uno de los dos muere joven, el ritual requiere que sea esculpida una pequeña estatua representando al difunto y que la madre la lleve siempre sobre ella; más tarde, el superviviente, ya mayor, tendrá que ofrecer siempre a la efigie de su hermano una parte de sus alimentos y de sus bebidas.

Los jimaguas son para los padres una garantía de oportunidad y fortuna. En Brasil, el culto a los Ibeyis (Araba-varón y Ayma-hembra) está sincretizado con el de los santos Cosme y Damián. Las semanas cercanas al 27 de septiembre, su día consagrado, son señaladas en Bahía por fiestas muy alegres, donde el manjar favorito de los Ibeyis –el caruru– es ofrecido a las imágenes de los dos santos y a los niños reunidos para esta celebración.

Eggún

Los muertos de la familia deben ser honrados. Estos muertos se manifestaron a sus descendientes entre los yorubas por el mediador de una entidad llamado Eggún. Son los espíritus de los muertos que vuelven a la tierra, bajo la forma de lindas telas decoradas con aplicaciones de telas recortadas y bordadas, ornamentadas con conchas y lentejuelas. Alrededor de Eggún, se han constituido sociedades estrictamente reservadas, son ellas las que evocan a los muertos, los llaman y cuidan de ellos en la tierra.

Eggún sirve de intermediario con las almas del más allá. Aparece cerca de algunas familias varios días después de la muerte de uno de sus miembros, o en el curso de las ceremonias hechas para honrar su memoria; viene también a traer la bendición de los antecesores a los matrimonios de sus descendientes.

Cuando «aparece», le son hechas ofrendas en alimentos, bebidas y plata. Eggún habla con voz ronca y profunda; baila con gusto, preferentemente al son de tambores Batá, o en su defecto, de tambores Ogbon; el contacto con su tela –mariwos– puede ser fatal a los vivos. Los miembros de la sociedad Eggún los acompañan provistos de grandes varillas –Ichan– para apartar a los imprudentes.

El viento, levantado por sus telas cuando baila arremolinadamente, es por el contrario, benéfico. Cuando ha cantado y bailado Eggún, el «aparecido» se sienta y descansa como en la época en que estaba vivo. Eggún no significa esqueleto, como han afirmado algunos autores.

En Brasil, Eggún no se manifiesta más que en los descendientes de los yorubas, que se han mantenido fieles a las tradiciones africanas y que saben tratarlo en las formas requeridas. Existe otra entidad entre los yorubas que tiene el poder de comunicarse con los muertos; es Oro. Sólo se manifiesta por lamentos estridentes, aullidos y gritos inarticulados.

Cuando se deja oír de noche o de día, las mujeres y los no iniciados deben encerrarse en las casas, con todas las puertas cerradas. Sólo los miembros de la sociedad Oro pueden salir a saludarlo. En otros tiempos, Oro tenia un papel justiciero, mataba a los ladrones y los brujos y castigaba a las mujeres adúlteras.

Capítulo 6

Secretos para «ebbós mágicos»

Cuando pensábamos en cómo recopilar estos «ebbós» y la efectividad de los mismos, siempre nos preguntábamos si era oportuno o no comentar su verdadero alcance; es por esa razón que recomendamos al lector que proceda con cautela, buena fe y saque sus propias conclusiones. En nuestro caso particular, como manifesté en la introducción de la Obra, hice exactamente los «ebbós» recomendados por el babalawo que consulté, cuando enfrenté a las angustias por las cuales pasé. Puedo afirmar nuevamente que me sentí satisfecho con el desarrollo de los acontecimientos que se sucedieron con posterioridad. Debo manifestar que actué con mucha fe y recalcar, además, que las ceremonias que se hicieron durante mi «consulta» contribuyeron a obtener esos resultados.

Por todo esto, me veo obligado a manifestar la importancia de tener presente el consejo del santero o del babalawo, de la persona espiritual que nos «registre» En sentido general, de ser posible, recomiendo realizar estos «ebbós» bajo las orientaciones previas de la persona a la que hemos ido a «consultar» y no aplicar los «ebbós» por los «ebbós», como si se tratase de una receta de cocina para preparar un plato a la hora de cenar.

No tengo la menor duda de que, si procedemos de la forma más correcta y siempre guiándonos en cada momento por los más nobles sentimientos, podremos obtener respuesta a nuestros problemas. Generalmente, las personas relacionadas con estos ritos y ceremonias son personas de corazón abierto, es decir, siempre tratan de hacer el bien a sus semejantes. Debemos ir siempre con ese pensamiento positivo, nunca tener dobles intenciones, ni tratar de hacer daño por el mero hecho de perjudicar. Cada «consultor» posee un conjunto de experiencias que pudieran aplicarse muy bien a nuestros pesares; de hecho, podemos observar la cantidad de opciones que existen para lograr un supuesto objetivo. Por ese motivo, repito, creemos que la «consulta» es necesaria, ya que la persona que se va a «mirar» puede explicar bien lo que le sucede y aqueja. De esa forma se tendrán más elementos de juicio para dar un buen consejo.

Una relación cercana a doscientos «ebbós mágicos» se exponen como los más frecuentes. Están clasificados para facilitar la búsqueda de los mismos de acuerdo con los intereses de los necesitados.

Abrir el camino

(1)

Se consigue una calabaza, se le abre un hueco en forma de tapón y se le saca un poco de tripa; posteriormente se le echa dentro un poco de cerveza, de miel de abejas, cinco bollos, cinco dulces finos, harina de maíz, vino dulce, esencia de cinco clases, grageas, aceite de almendras; se tiene diez días delante del altar de Ochún y, antes de echarlo se pide lo que se desea.

(2)

Se busca un pollo negro y blanco que se pasará por el cuerpo y se le da a Elegguá, posteriormente se mata y se pone entero dentro de la cazuela con oni, eku, epo, omi, aguardó, obi, oti, agua y una galleta, después se pone todo al fuego y, cuando rompa el primer hervor, se baja y, así caliente, se le presenta a Elegguá, se le enciende una vela y después se le pregunta el camino que coge.

(3)

Se va junto a una palma real, se le ofrece a Ochún el sacrificio de un gallo, una calabaza, ñame, plátano; allí se hará un pequeño fuego, donde quemará la ropa que lleva puesta y, luego del trabajo, se vestirá de blanco.

Abrir las puertas

(1)

Se toma de la planta maravilla sus semillas y se tuestan, posteriormente se colocan dentro de una taza blanca algodón y se le añade ese polvo tostado. De igual modo, dentro de la taza se echa además cascarilla y manteca de cacao, se tapa con un paño blanco y se le coloca una hoja de prodigiosa encima; se pone delante de Babá y todas las mañanas se rocía la puerta de la casa.

(2)

Dentro de una cazuela nueva se echa un huevo de gallina, azogue, aguardó, un parguito asado, maíz fino o canela en rama, siete céntimos, cáscara de iguin, una pluma de paloma, otra de gallo y otra de Guinea, oni, una vara de tela roja; se ata todo con un pedazo de tela roja, y se llevará al monte después de haberlo colocado cinco días delante de Babá.

Acelerar un matrimonio

Se toma un poco de albahaca, se pone a destilar y se le extraen algunas gotas de aceite esencial, se une con heno tostado y molido, se agrega agua bendita y agua de azahares, todo esto se mezcla con una cucharada de vino seco y agua de la tinaja de Ochún; preparamos una loción en una botella. La persona que quiere acelerar ese matrimonio se aplicará este perfume.

Agonizante (que muera)

Se quema una rama de «palo hediondo» con plumas de gallina en la cabeza del agonizante para darle camino a su espíritu y que abandone el cuerpo.

Alejar a la policía

(1)
Excrementos secos de gallina, almagre, cascarilla, cenizas, eku, eyá, aguardó; todo hecho polvo y se sopla hacia la calle.

(2)
Doce quimbombó a Changó y luego se forma un collar y se pone detrás de la puerta.

(3)
Se liga el agua de orille con el tapacaminos, se hace polvo y se sopla hacia la calle.

(4)
Hojas de salvia, se ponen a secar y después se hacen polvo y se soplan hacia la calle.

(5)
Se coge una rama de caimito, un papel de cartucho o papel de estraza, se pone el nombre del que nos persigue o la palabra «policía»; se ata bien y se entierra cerca de la raíz del árbol, se enciende una vela al revés, se escupe en el nudo y después de tapado se le dan tres patadas al lugar. El que lo busca ya no lo reconocerá.

(6)

Se coge orozúz de la tierra, se hace una bolsita y se lleva como amuleto, se le ruega a Ochún que lo proteja de la policía, se le echa humo de tabaco todos los martes a las doce de la noche. Da buen resultado si el babalawo se lo trabaja previamente.

Amarrar

(1)

Siete muñecas de sal, cinco muñequitas de azafrán, anís, siete piedras de las cuatro esquinas, tres palos viejos, un macao, nombres y apellidos de la persona, tierra de la huella de la persona; se hace una bolsita blanca y negra, se mete dentro de otra bolsa, se le echa vino seco y después se pone en las cuatro esquinas de la persona.

(2)

Hierba de la niña, uñas de los pies y de las manos, 3 maníes, pelos de distintas partes del cuerpo, amor seco, amansa guapo; todo se tuesta y después se da a tomar a la persona en café o en chocolate.

(3)

Amansa guapo, paramí, excrementos de león y de gallina, pelo de todas partes del cuerpo, uñas, corazón de paloma seco, el pellejo de la molleja de la Guinea; todo hecho polvo y se le da en refresco en la comida o en el café.

(4)

Se cogen siete lombrices de tierra, excrementos de la persona, sangre del período, pelos de todas partes del cuerpo; todo se reduce a polvo y se le da a tomar.

(5)

Un tarrito de aroma, excrementos de perro, aceite de comer, pica pica y miel del diablo.

(6)

Una tijera en cruz, el semen de la persona, el pelo, un pedazo de suela de zapato, amansa guapo, cambia voz, piedra de imán, hilo negro, rojo y amarillo; todo se deja colgado detrás de la puerta.

(7)

Hierba de la niña, amansa guapo, amor seco, cambia voz, piedra imán, paramí, pelos del cuerpo y tres maníes.

(8)

Caña de maíz, fécula de maíz, vergonzosa, maíz de yuca, bleo, una mazorca, rabo de zorra, jengibre, cinco caracoles, pelo de la parte del sexo de la mujer cuando tiene el período, un capullo de algodón.

(9)

Paño con un poco de semen, media botella de aguardiente, alcanfor, dos raíces de apazote, siete tiras para mí y siete para ti.

(10)

Adormidera, bálsamo tranquilo, azogue, aceite de almendras, valeriana y el nombre de la persona en cruz en el fondo de dos papeles con el nombre de las dos personas.

(11)

Plantilla de los zapatos, siete alfileres, un pedazo de camiseta, una paja de maíz, amansa guapo, pelo de la persona; se ponen los nombres de las dos personas en cruz y se ata con una madeja, luego se entierra y se le paga al Santo que salga de protector.

(12)

Pelo de las axilas y de sus partes genitales, uñas de los pies y de las manos y un par de palomas.

(13)

Se toma un manojo de amansa guapo, paja de maíz, la plantilla de los zapatos y un poco de pelo de la persona que se quiere amarrar. El pelo se ata con hilo del color del Santo al cual se le pide este trabajo junto con el pelo de la otra persona que queremos unir en este amarre.

(14)

Se cogen uñas, cabellos y vello de sus partes genitales, haciendo polvo las uñas, de desprende de la mata de platanillo de Cuba la cebolla que tiene en la raíz y se mete dentro todo lo antes mencionado, se vuelve a cubrir todo cuidadosamente con tierra.

(15)

Para amarrar solidamente una lengua indiscreta se cogerán dos raíces de apasote, la lengua de una lagartija, una vara de tela blanca, media botella de aguardiente, el nombre de la persona escrito con lápiz sobre papel de estraza, alguna cosa que le pertenezca a esa persona; todo eso se ata fuerte. Con caracoles o cocos se pregunta dónde debe guardarse ese amarre, y dónde se depositarán los sacrificios que acompaña a ese ebbó.

Amuleto para alejar la mala suerte

(1)

En una bolsita de tela blanca se guarda una cabeza de ajo con hierbabuena y perejil. Antes de usarse, es importante llevarlo a siete iglesias y humedecerlo con agua bendita de esas iglesias; mientras esto se hace, se va diciendo: «Líbrame de mis enemigos y de cuantos me quieran mal y dame salud y suerte».

(2)

Se coge un pedazo de bejuco de san Pedro, se coloca durante cuarenta y dos días en aguardiente, invocando y llamando a san Pedro. Es necesario «rogarle» mucho al bejuco y saturarlo de la emanación del Santo. Con este trabajo la persona se librará de muchas tragedias, sobre todo de aquellas que se desenvuelven en ambientes de bronca y peleas. Para que además aparte el peligro y la muerte por accidente, es necesario «rogar» e invocar muy fuerte a Oggún.

(3)

Se cogen siete gajos de anamú y se atan con una cinta roja, se pondrán detrás de la puerta de la casa donde viva la persona que es perseguida por espíritus malignos.

(4)

Se cogen tres raíces de astronomía los lunes o los viernes en cuarto menguante, antes de que el sol alcance las doce del día, y, después de lavarlas bien, se pican en pedacitos pequeños y se le ofrecen a Orunmila, después se atan entre sí y se hace un collar que se coloca en el cuello. Este resguardo es muy usado por aquellos que son trabajadores marítimos o marinos que salen a la mar. Se invoca antes a los orishas del agua que los proteja.

Amuleto poderoso

Se coge una horquilla de madera de guayacán, palo fuerte y brujo del monte, y en una cazuela se coloca la punta del rabo de un alacrán negro, cabeza de araña peluda, un caballito del diablo, un ciempiés, cabeza y corazón de aura tiñosa y de lechuza, corazón y uñas de gavilán, siete bibijaguas que deben cogerse cuando van cargadas de comida hacia la bibijagüera y todo eso se quema y reduce a polvo. Se hace una bolsita de cuero adornada con cuenta y un caracol y se guardan estas cenizas. Una vez hecho esto, se le pide a todos los orishas que lo protejan a uno para cualquier cosa que necesite y que implique una situación de riesgo.

Asegurar una casa

(1)

Molleja de la gallina de Guinea, tierra de bibijagua, huevos de comején, amor seco y peonía.

(2)

Para que en una casa no entre ningún maleficio, se pone detrás de la puerta principal una cruz de madera hecha con un palo rompe saragüey (tallada, sin clavarla y de una sola pieza), y se unta debajo y en la esquina derecha inferior de esa puerta una cruz con manteca de cacao.

Atraer a una persona

(1)

Hojas de resedá, mejorana, cascarilla, llamao, paramí, amansa guapo, y flores no me olvides; todo hecho polvo y soplárselo o echárselo.

(2)

Se pone el nombre y el apellido en el suelo, encima una tijera en cruz y al lado de las tijeras una vela hecha con manteca de corojo.

(3)

Se coge un mamey y se le hacen seis rayas con cascarilla pintada por fuera, echarle dentro manteca de corojo, de cacao, almagre, miel de abejas, oti, una piedra de la calle y se toca con ella tres veces en el suelo llamando a la persona que desea atraer, se prende una vela seis días seguidos, diciendo cada día al encenderla, lo siguiente: «Según ablando china pelona como santa Rita, que ablande el corazón de "fulano de tal"», se menciona el nombre de la persona.

(4)

A una tinajita se le echa azogue, piedra imán, tres agujas, precipitado rojo, vino dulce, el nombre del hombre o de la mujer en cruz, el de la mujer arriba y el vaso de agua al lado.

(5)

Esperma de ballena, el nombre de la persona que se llama, aceite de almendras, de comer, aceite tranquilo, aceite de corojo, azogue, agua de la pila y se llamará a Changó.

(6)

Una calabaza, cinco pezuñas de gallo, un huevo, pimentón, agua de rocío, mejorana, un pedazo de la banda del sombrero y se escupe tres veces dentro, aceite de linaza, todo se echará dentro de una calabaza nueve días con el nombre de la persona y su apellido debajo de la calabaza; a los nueve días se llevará al río.

(7)

El nombre y el apellido de una persona escrito en cruz en el suelo, atare, amansa guapo, jengibre, una vela encendida en el medio. Cuando se termine la vela, se le echa un jarro de agua sobre el nombre y se borra y los demás ingredientes se echarán hacia la calle.

(8)

Pelo de la persona, azufre, tierra de la huella de la persona, precipitado rojo, aceite de comer y el nombre de la persona.

(9)

Un corazón de paloma, siete alfileres, aceite tranquilo, de comer y de almendras, precipitado rojo, miel de abejas; dentro del corazón de la paloma se pone el nombre de la persona que se desea atraer y el de la interesada en el papel, sin romperlo; a los cinco días se entierra y se llama a la persona.

(10)

Se coge un vaso de agua y el nombre de la persona, siete agujas, azogue, una vela, pelo de la persona, todo en un plato de agua y la vela se enciende en el medio.

(11)

Limaya, tapa caminos, excrementos de gato y de perro, pimienta de Guinea, rabo de gato negro y tierra de las cuatro esquinas.

(12)

Siete clases de esencias, benjumí, mirra, flores amarillas, oti, vino seco, agua, limaya, y jengibre.

(13)
Una cazuela nueva, aceite de comer, vino tinto, aguardiente, hilo negro y blanco, siete agujas; todo se pone dentro de la cazuela nueve días y después de esos días se sacan las agujas y se entierran; dentro de la cazuela se pone el nombre y apellidos entizados con el hilo.

(14)
En una taza bola, se echa el jugo de la verbena, miel de abejas, anisado, flores cordiales, clavo de comer, cinco precipitados rojos, nuez moscada, canela en polvo, manteca de cacao, los cinco sentidos y la oración de san Patricio.

(15)
Una copa de pie corto con agua, alcohol, tres cucharadas de azúcar blanco, precipitado rojo, flores cordiales, cinco hojas de siempre viva, una vela picada en nueve pedazos; todos los días se le enciende un pedazo con precipitado rojo, canela y azúcar, una oración a santa Marta y san Aparicio. Se baña cinco veces con anís, hierbabuena, mejorana, azúcar, esencia de jazmín y se le pone un girasol a la Virgen de la Caridad.

(16)
Se coge una astilla de una planta llamada yamao o yamagua y se coloca en una vasija con un huevo y vino seco. La persona que anhela el retorno de un ausente, o la que está separada de su amante y desea unirse nuevamente a él, le ofrece este «trabajo» a todos los orishas y le llamará tres veces con esta astilla. A la tercera vez que lo llame, aquél le escuchará y no tardará en volver, obediente a la voluntad y al embrujo de yamao.

Atraer al espíritu de una persona alejada

Se va al campo y, donde se encuentre la hierba bruja, con las ramas al poniente, se le dice: «Con el permiso de Dios y de los santos y con el que usted me da, yo la arranco». Se arranca y se entierra con las ramas hacia abajo y la raíz hacia arriba, teniendo siempre en cuenta que la distancia desde donde la arrancó hasta el lugar donde la oculte ha de ser de 15 cm y al naciente. Donde antes estaba la hierba, se enciende una vela de cera. Se camina en dirección a poniente y, de rodillas y de espaldas a la mata, se llama al espíritu del ausente. Inmediatamente se enciende otra vela y se tiene preparado un espejo nuevo donde nadie se haya mirado; con la mano izquierda se sostiene la vela, llevando detrás de la cabeza, de modo que la luz se refleje en el espejo y se verá aparecer la imagen del individuo a quien se haya llamado. Después de contemplarlo, se despide en el nombre de Dios y de todos los santos. Esto debe hacerse solamente a las doce del día o de la noche.

Atraer la suerte

(1)

Se coge una hoja de algodón y se le echa cascarilla, manteca de cacao, semillas tostadas y pulverizadas de maravilla blanca. Se cubre toda la hoja con un lienzo blanco. Sobre ésta se coloca una hoja de prodigiosa y otra de abre caminos y se pone encima de la piedra de Obatalá. Pasado una semana, se coloca detrás de la puerta para que entre la suerte.

(2)

Se coge un cigarro, un plátano verde, todo esto se muele y reduce a polvo; se espolvorea de vez en cuando en la casa y se le implora por la suerte a Changó.

(3)

Se hacen cuatro bolsitas de papel, en cada una de ellas se echa un puñado de frijoles negros, garbanzos y maíz tostado, se coloca encima un centavo a cada una y luego se tira en las cuatro esquinas de la casa donde se quiere que llegue la suerte.

(4)

Se coge un manojo de albahaca (que puede ser de cualquier variedad) y se coloca durante siete días detrás de la puerta principal de la casa y al mismo tiempo en la mesita de noche, cerca de la almohada se coloca durante cinco días un vaso que contenga una yema de huevo y tres cucharadas de miel de abejas. Pasado ese tiempo, se tirará ese manojo de albahaca en un monte.

(5)

Se cocinan sin condimento siete pelotas de maíz y se dejan en siete esquinas, calculando que su casa esté situada en el centro de esas siete calles.

Baños de despojo

Se cogen ramas y hojas de la planta, se echan en un cubo de agua y, con una jarrita, se vierte sobre la persona que se quiere «limpiar».

Cambio de vida

Se va a un santero para que le haga el siguiente «trabajo»: se cogen nueve cujes de la planta llamada «rasca barriga», vestidos de nueve colores y en la punta de cada uno se prende un cascabel. El babalawo se pinta con cascarilla siete rayas en las mejillas y se pasa toda la noche despojando al enfermo de gravedad, pasándole los cujes y haciendo sonar los cascabeles, se le pasan nueve huevos y nueve pedazos de coco que asustan a la muerte. Después de esta limpieza, que también se realiza con animales de pluma, se lleva todo a enterrar al cementerio cuya ceremonia, muy secreta, debe terminarse antes de las doce del día.

Casar a una persona

(1)

Heno tostado, tres gotas de orín, tres de sangre del período, saliva de ella y se rezan cinco Credos.

(2)

Cáscara de huevo quemada, se hace polvo; se frota en las manos y se pasa por el pañuelo.

(3)

Se cogen las plantas paramí, amansa guapo y bejuco congo; todas estas plantas se dejan secar al sol durante tres días, luego se tuestan y se reducen a polvo. De toda esta mezcla se echa un poco en el polvo que usa esa persona a la que se quiere enamorar y uno además se espolvorea con el preparado. Da buenos resultados, se le hace una «rogación» a Ochún para que ayude a la conquista.

(4)

Se prepara con albahaca una esencia muy efectiva para tales circunstancias con su jugo, heno tostado, agua bendita y agua de azahares, agua de la tinaja de Ochún, vino seco y siete gotas de aguardiente.

Cautivar a una persona

Se liga la adormidera con caraguá (que es un parásito del cedro y de la guásima), uñas de los pies, pelo del que nace sobre la frente o la nuca y de los sobacos de la persona que se desea cautivar; todo se reduce a polvo y este polvo se mezcla con café, chocolate o vino dulce. Cuando se emplea vino dulce, se le echa un poquito de canela. Si se desea cautivar a una mujer, se emplea adormidera macho, y si se desea cautivar a un hombre, se emplea adormidera hembra.

Conseguir a un hombre

(1)

Se hierven cinco mazos de perejil, cinco rajas de canela, limo macho, miel de abejas, rosura de venado, azogue, anís estrellado y amansa guapo; después se unta en la cara polvo de talismán de belleza.

(2):

En la madrugada de un viernes, cuando aún no ha salido el sol, se va a buscar una hierba llamada sensitiva o vergonzosa, se le toca tres veces con la mano, se le habla para que le ayude a conseguir el hombre o la mujer que desea y después se arranca y se frota por la cara. Hay que cuidar que no le dé el sol, se lleva para la casa, se deja secar a la sombra, luego se hace polvo y se echa en un frasco de perfume con valeriana, polvo de piedra imán y de girasol. Uno se echa este polvo y va al encuentro de su hombre o de la mujer.

Conseguir lo que se desee

En un vaso de agua, se mete una vela encendida con dos cucharadas de azúcar, se mete un papel de estraza escrito a lápiz con el nombre de la persona que se desea endulzar y se pide a Changó lo que se desea de esta persona.

Conseguir novio

Esencia de pompeya ligada con vino seco, agua de rocío, albahaca fina, una piedra de la calle, agua bendita, agua de azahar, paramí y llamao.

Convencer a una persona

Se mete en la boca una astilla de palo cuaba cuando va a proponerse un negocio o a pedir un favor, es ideal para abogados y para todo el que defiende una causa con razón o sin ella, pues el «guachinango» en la boca de quien habla sugestionará al que escucha y éste quedará sometido a la voluntad del que habla, porque ésa es la gran virtud de este palo.

Curar a un enfermo

Se coge un mazo de escoba amarga y maíz tostado. Babá limpia y cura enfermos, para ello se hacen unos despojos sobre la persona, después se lleva un huevo a la carretera y allí se estrella diciendo: «Babalú Aye, cómete la masa y deja el hueso, líbrame de "fulano de tal" y dame salud», posteriormente, durante siete días, se pasa por el cuerpo del enfermo un huevo y se frota el cuerpo con escoba amarga.

Curar a una persona que esté tullida

Se busca una piedra de sulfarato y se da baños de asiento todos los días sin secarse, después se da friegas con alcohol de lavanda, anamú, vino aromático, alcanfor, feravento; después de las friegas, se untará pomada de azahar.

Curar la impotencia

(1)

Palo de paramí, canela, azúcar blanco, ron, se hierve todo bien y se toman dos cucharaditas al día, una por la mañana y otra al acostarse.

(2)

Bejuco garañón hervido con vino seco, tres atares, se endulza con miel de abejas, lo revuelve con una vela y después se enciende esta vela a Oggún; tomará tres yemas de huevo crudas por la mañana.

(3)

Paramí, cuerno de venado; todo esto se raspa y se le echa vino seco y se toma una cucharadita todos los días por la mañana.

Curar la locura

Se coge un jabón de pompodur y la espiga del melón de la parte saliente y del poniente, se lava la cabeza; primeramente se «ruega» esa espiga desbaratándola en la jícara, se coge un ratón y se «ruega» al pie de Elegguá y se mata, después se cocina bien y se le da de comer y, según los días que marque el Santo, se bañará el loco con campana blanca.

Destruir a un enemigo

(1)

Se mezclan polvos de guao, aromo y los huesos de las cabezas de un perro y de un gato, además se mezclan pimientas de China, de Guinea, araña peluda, macao, piedra de alumbre, azufre, sal, tierra de cementerio y carbón vegetal; todo esto se echa dentro de un cartucho al pie de una «gnanga» y se invoca al diablo Eluda y, en su nombre, se le pide que destruya a «fulano de tal» o que ocasione la ruina a toda la familia.

(2)

Se hace un preparado de polvo de cuaba negra y se mezcla con avispas, carcoma y huesos humanos triturados hecho polvo. Con este maleficio se espolvorea con mucha cautela a la persona que queremos destruir.

(3)

Se hace una bolsita de tela blanca, dentro se coloca el nombre de la persona escrito con lápiz sobre papel de estraza o cartucho, se coloca una cabeza de ajo, hierbabuena y perejil. Todo se humedece con agua bendita de siete iglesias distintas y cada vez que se humedezca se dirá: «Dame salud, suerte y líbrame de "fulano de tal"». Luego se entierra en el cementerio y se dan dos patadas sobre el lugar.

(4)

Se escribe el nombre de la persona en un papel de cartucho, preferiblemente con lápiz, se ata con fibras de mata de majagua, se atraviesa luego con siete alfileres. Se toman dos velas, una de ellas se enciende a Yemayá, la otra se enciende al revés durante dos minutos, se apaga. Se coge un poco de añil y se mezcla con la cera de la vela que se encendió a Yemayá, luego esta masa la embarramos a las fibras y la enterramos. Después se le dan tres patadas encima al lugar y se dice: «Así como te destruyo, quiero que destruyas a "fulano de tal"».

(5)
A las doce del mediodía se le dan tres golpes con un machete a un moruro, luego se corta y el machete se deja clavado hasta las doce del día siguiente. Se lleva escrito el nombre del enemigo en papel de estraza o de cartucho, se saca el machete de la herida del árbol, se introduce el papelillo y se tapa con tierra del cementerio. Se dan tres golpes más y se maldice el nombre del enemigo.

(6)
Se coge excremento de esa persona, se le echa sal y se hierve en una lata con un poco de aguardiente y agua; luego esa mezcla se entierra con lata y todo boca abajo en el cementerio, pidiendo desgracia para esa persona.

Destruir una brujería

(1)
Se mezclan las hojas de álamo con salvadera y hierbabuena, prodigiosa, abre caminos y una piedra de alcanfor y se limpia la casa con esto.

(2)
Para alejar los malos espíritus de una casa y destruir una brujería, es muy bueno hacer polvo y cernir hojas de álamo, de plátano y, después de hacer una «rogación», echar este polvo en las esquinas de la casa.

(3)
Se prepara una vasija con agua de donde vive una jicotea, se mezcla con orín, ceniza, anamú, cabo de tabaco y se arroja a la puerta de la casa donde uno vive. De esa manera el maleficio de otro brujo no puede entrar en la casa. Para que dé mejores resultados, es conveniente dejar que este preparado se pudra por tres días.

Destruir una casa

(1)
Cáscara de huevo que haya sacado pollitos, avispero, sal en granos, carbón de piedra y pimienta de Guinea; todo se hace polvo y se echa por la casa.

(2)
A un huevo de pato se le abre un hueco con un clavo oxidado y se le echan tres precipitados, azogue, polvo de caña brava, rosura de venado, toda clase de pimientas, pica pica, aceite de alacrán; des-

pués se pone a Elegguá tres días y, al cumplirse, se revienta en la puerta del interesado.

(3)
Excrementos de cerdo, de chivo y de perro, pimienta de todas clases, cenizas, todo se tuesta, se reduce a polvo y se tira.

(4)
Siete pizcas de comino de siete bodegas diferentes, avispero, tierra de cementerio, pica pica, miel de abejas, atare, semilla de ají picante, ají guaguao; y se riega dentro de la casa.

(5)
Agua de río y de mar, aceite de comer, siete claras de huevo de guanaja, tizna de carbón; se bate bien dentro de una palangana que no salpique nada al suelo, agua de la pila, pimienta de Guinea; cuando ya esté todo bien batido, se tira con fuerza en la puerta de la casa de la persona.

(6)
Se busca un pollo grifo y con él se da una vuelta a la casa, luego se mata, quema y se hace polvo, después se sopla dentro de la casa.

(7)
Se machaca un plátano verde y después se asa, se hace polvo, siete granos de pimienta y el signo que salió y se riega en la puerta de la casa.

(8)
Pimienta de Guinea y de China, tierra de cementerio, semilla de cardo santo, todo se tuesta y luego se machaca y se riega en la puerta de la persona.

(9)
Se cogen dos botellas, una blanca y otra negra. Se muele un poco de sal de nitro, sal en grano, pica pica, jengibre, pimienta de Guinea, ajonjolí; se muele bien y después se mezcla y se riega en la puerta de la casa de la persona.

(10)
Se hace un polvo con salta perico, hojas de yagruma y tres clases de pimientas. Se echa tres viernes seguidos en la puerta de la casa de la persona.

(11)

Se coge un huevo, se le saca la clara y se rellena de pimienta de Guinea, pimienta china y pimienta de la bodega, rompe saragüey que sea macho, sacu-sacu, excrementos de gato y de perro, tierra de cementerio, sal en grano, tres gotas de tinta negra y se escribe el nombre de las dos personas y se quema, la ceniza se echa dentro del huevo, se tapa con cera de vela, se embarra todo con manteca de corojo y se le enciende una vela durante siete días al pie de Eleggua.

(12)

Se cogen siete hojas de calabaza bien seca y se muelen en un mortero de madera con 21 granos de pimienta de Guinea; todo se reduce a polvo mezclándose entre sí, luego este polvo se echa a las cuatro esquinas de la casa que se quiere destruir, rogándoselo así a Ochún.

Dominar a una persona

(1)

Se coge un palo de paramí, se une con amansa guapo, se escribe el nombre de la persona en papel de estraza con lápiz, se le añaden uñas de los pies y manos de la persona a quien queremos dominar; todo esto se tuesta y se hace polvo. En cantidades muy discretas, se echa este polvo en el café cada día hasta que pase una semana.

(2)

Se escribe el nombre de la persona con un lápiz en un papel de cartucho o papel de estraza. Con este papel se enrollan unas ramitas de amansa guapo con hilo blanco y negro y se entierran durante 7 días, después se saca y se coloca en una jícara de güira cimarrona, se le añade un poco de vino seco, aguardiente, miel de abejas y canela, y se mantiene el tiempo necesario hasta que domine a la persona.

(3)

En una cazuela, se coloca un papel de estraza o de cartucho con el nombre de la persona que se quiere dominar, se añaden pedazos de «palo» de guayacán, ceiba, majagua, yamao, amansa guapo, cambia voz y verbena, también se añade una culebra y tierra de tres sepulturas y a todo eso se le prende fuego. Cuando todo esté hecho cenizas, se saca de la cazuela con cuidado el polvo, se entierra y se le dan tres patadas diciendo: «Que estos palos te encierren, la culebra que te apriete y que no salgas del entierro». Es un «trabajo» muy fuerte y peligroso.

Echar a una persona de la casa

(1)
Babosas, bejuco mastuerzo, valeriana; se tuesta todo y se le echa polvo de olor, aceite, vinagre y se riega en la puerta de la casa.

(2)
Polvo de nido de avispas, carbón de piedra, cuatro pimientas de Guinea, sal en grano; todo ligado y soplarlo, después poner un huevo con aceite con almagre durante tres días con sus noches y se revienta en la puerta de su casa.

(3)
Se busca comida en bodegas distintas, tierra del cementerio, pimienta de Guinea, excrementos de perro y de gato secas; todo esto se mezcla, se tuesta y se reduce a polvo y se sopla todos los días un poco en la puerta.

(4)
Cabeza de aboni melli, que es el cuscurro del pan, un huevo de gallina se preparará en una taza, siete gotas de oni, siete de tinta, un pedazo de género con siete pintas de almagre, pica pica, (igual sirve la hoja que la vaina), cáparazón de jicotea, paja de maíz, tres granos de maíz que esté separado de la cáscara y esa persona tiene que decir: «La codorniz, cuando desprecia sus huevos, no vuelve a recogerlos y, cuando el cernícalo baja a la tierra, no lo hace por gusto y el "trabajo" que va para adelante no se detiene ni vuelve hacia atrás.

(5)
Pelos de gato y de perro que sean de la cabeza, se tuestan y se hacen polvo, después se le sopla a la persona.

(6)
Lámpara para Elegguá con tres mechas, poso de café, manteca de corojo, se escriben siete papelitos con el nombre y apellidos de la persona, se cortan los papelitos después y se quema en la lámpara debajo de Elegguá un papel con el nombre de la persona muchas veces, se echa aguardiente. Al lado de la lámpara, un vaso con agua para refrescar al Ángel de la Guarda, se reza la oración de san Alejo, a los siete días se tira la lámpara para la calle así como el agua.

(7)
A un huevo se le saca la clara por la punta, si es mujer se utiliza un huevo macho, siete agujas, pica pica, limaya, azogue, tierra de las cuatro esquinas, pimienta de varias clases y plumas de gallina de Guinea quemadas.

(8)
Se cogen siete hojas de platanillo de Cuba y se tuestan con el rabo de un perro negro, de un perro blanco y pica pica; todo eso después se reduce a polvo y ese polvo se le echa encima, poco a poco, a esa persona, sobre todo en la cama donde duerme, sin que se entere.

(9)
Se coge la corteza de una mata de yaba, se reduce a polvo y se echa con disimulo en la cama de la persona que se quiere echar de la casa.

Eliminar a una persona

(1)
Piel rumbo, cenizas, cascarilla, cebadilla, se reduce todo a polvo y, al soplarse, se dirá: «Luna nueva, cuatro vientos, santo Tomás, ver para creer, según el viento se lo lleva, así que se aleje "fulano de tal"».

(2)
Cáscara de huevo de gallina negra que haya sacado pollito, pendejera, seda; se hace todo polvo y se sopla dentro de la casa.

Embrujar a una persona

Se le da de beber a una persona la hervidura de anamú, hierba fina y sanguinaria, mezclado con vino seco y agua de rocío como si fuera un refresco.

Encontrar trabajo

(1)
Siete baños con anís estrellado, toronjil, hierbabuena, rompe saragüey y albahaca de la fina bien hervida.

(2)
Hierba de pata de gallina, un carrete de hilo blanco y negro, el nombre y apellidos de la persona a quien se le va a pedir trabajo, se entiza el nombre con la hierba y se pone debajo de Elegguá para que lo esté pisando.

Entrar dinero en casa

Se cogerá un palo de yamao o yamagüa, se hace polvo y se mezcla con benjuí, cascarilla, maíz y piedra imán. Todo se regará dentro de la casa y se dirá: «Talismán de Portugalete, haz que entre dinero en mi casa».

Enviar mala suerte a una persona

(1)

Tierra del cementerio que tenga el mismo nombre de la persona a quien se le va a hacer el «trabajo», hueso molido, pica pica, caparazón de cangrejo y se le echa en la puerta de la casa

(2)

Babosa, aceite y vinagre, bejuco mastuerzo, hojas de mala cara, jabón de color y ajonjolí, atare, sal en grano y almagre; se escribe el nombre de esa persona en papel de estraza y todo eso se mete en un caparazón y se pone en la puerta de la casa.

(3)

Una cáscara de huevo, avispero, comején, tierra de bibijagua, atare y el nombre de la persona escrito en papel de estraza o de cartucho con lápiz.

(4)

Caña brava y tierra de la caña brava, semillas de algodón, tres clavos, dulces de comer, entizados al algodón y empapados con oni, se entierra en la casa de la persona y se dice: «Que cante aquí como cantó el gallo, hombre y dueño de mi señor, dé humanidad y paciencia».

(5)

Hueso de la cabeza de un muerto, hierbas del cementerio, un pedazo de palo podrido de una cruz, colmillo de perro, un diente de un muerto, raíz de legaña o lagraña, agua hervida y manzanilla de la costa.

(6)

Pimienta china y de la India, de la bodega, sal en granos, carbón, cenizas, tinta negra, tierra de ladrillo, limaya, fango, vidrio molido, tierra de las cuatro esquinas, un huevo de gallina clueca, el nombre de la persona escrito con lápiz y sobre papel de estraza. Se saca la clara del huevo, se liga con todas las cosas y se tapa con un paño negro, después se lleva a una sepultura que esté abierta con el nombre de la persona a quien se le quiere hacer el trabajo.

Evitar que lo cuiden a uno y lo perjudiquen

Se busca un huevo de paloma que ésta haya abandonado y, con la cáscara, se hace polvo y se ruega al pie de Babá y se le da a la persona para que se le sople todos los días a la persona que le interesa.

Evitar que una persona embarque

Se escribe en papel de cartucho o estraza el nombre de la persona puesto en cruz y colocado al revés en el fondo de un vaso, después se le echa encima poso de café y agua, se enciende una vela hecha con manteca de corojo al pie de Eleggúá y se le pide.

Éxito en los negocios

(1)

Se coge arabo de piedra, una de las plantas más mágicas de Oggún, y se trabajan estas raíces al pie del Santo.

(2)

Se coge árbol bonito y, bajo la influencia de Ochún, se efectúan los ritos y ceremonias para que éste propicie el éxito en los negocios, así como en el amor.

Hacer daño a alguien al pie de Oggún

En una cazuela de hierro se pone el nombre de la persona tres veces, aceite de comer, una cadena, tres clavos, tres trozos de carne y se pican siete veces con una navaja oti, atare, tres espuelas de gallo; se mantienen tres noches encendidas con sus tres días seguidos y después se echará en la esquina de la persona.

Hacer el amor contra la voluntad de una persona

Tómese un objeto del enamorado (a) y átese envuelto en la barriga de un sapo, después átense las patas del sapo con una cinta roja metiéndole dentro tierra mezclada con leche de vaca. Después se dicen las palabras siguientes: «Fulano (diciendo el nombre de la persona), así como tengo a este sapo preso dentro de esta olla, sin que vea el sol ni la luna, sólo tú habrás de fijar tu pensamiento en mí, y así como este sapo tiene sus patas atadas, así serán aprisionadas tus piernas y no podrás dirigirlas sino hacia mi casa solamente y así como este sapo vive dentro de esta olla consumido y mortificado, así tú vivirás mientras no te cases conmigo». Con estas palabras mágicas se deja la olla bien tapada, para que el sapo no vea la claridad del día hasta que se haya conseguido lo que se desea, después se soltará al sapo, sin hacerle daño, teniendo entendido que, de otro modo, la persona sufrirá la misma molestia que el sapo. Este remedio es igual para el hombre que para la mujer.

Hacer que le paguen

Se coge un vasito mediano de agua, se le echa cinco céntimos de miel rosada, un papel escrito con el nombre de la persona y tres agujas negras prendidas en el papel; al lado del vaso se enciende una vela y se pide lo que se desea.

Hacer que un hombre dé dinero a una mujer con regularidad

Se necesita una moneda que el hombre le haya dado, se entiza con hilo de dos colores, después se introduce en un recipiente que contenga una masa de almagre con aceite y se deja dentro durante siete días, luego se le da a la mujer para que la guarde como reliquia sin que nunca gaste esa moneda, porque perderá la gracia; esta prenda la puede llevar encima o ponérsela a los santos.

Hacer un candil

Tres cabezas de gallo secas, azufre, pabilo, pimienta de Guinea, de China y de la bodega, una cazuela, azogue, un coco, aceite de linaza, tierra de la huella de la persona, tres plumas de tiñosa, tierra de cementerio, pólvora, ajonjolí, tres hojas de caimito, un pargo seco, maíz de ceiba y de China.

Hallar dulzura en un hombre o en una mujer

Bejuco de boniato silvestre o cimarrón, se le saca bien el jugo, se le agrega agua de Ochún, ori, efún, eku, eyá y se cuela y se vacía en una botella. Se le añade bastante esencia para que no tenga mal olor y esto se le da a la persona y se le unta un poco cuando vaya a hacer vida. Cuando el trabajo sea de la mujer para el hombre, se mojará un pedazo de algodón y se lo introduce en el momento de hacer vida con el hombre.

Iniciar una revolución

(1)
Tierra donde hayan luchado dos perros, mostaza, sal en granos, semillas de quimbombó secas, pimienta de Guinea, pelo de gato, hormiga roja; todo se reduce a polvo y se echa dentro de la casa.

(2)
Hierba de pica pica, excrementos de gallina y de perro, caparazón de jicotea, excrementos de mona y de león; todo se tuesta y se reduce a polvo, se sopla en el lugar que uno quiere formar la revolución.

Inquietar a alguien

Mantequilla que esté rancia, oni, aceite de comer, trece hormigas locas y se hace la lámpara con esas hormigas dentro de la lámpara. Se pone al pie de Elegguá.

La mujer de negocios

Se busca polvo de talismán, pelo de perra que esté vieja, cáscara de huevo de paloma clueca, rosura de venado, incienso, valeriana en polvo, cinco caracoles, canela en polvo, precipitado blanco, cascarilla y yamao; todo reducido a polvo y se le da a la mujer para que se lo unte cuando esté de negocios.

Lámpara de Ochún

(1)
Aceite de comer, miel de abejas, un flan, canela, agua de río, harina de maíz, tres días encendida y después se echa en la pila.

(2)
Un día un flan, el segundo día una panetela, el tercer día unos bollitos, el cuarto día calabacitas, oni, cerveza, aceite de comer; mantener cinco días prendida y al final llevarlo al río.

(3)
Tres huevos del país, oni, cinco rajas de canela, aceite de almendras y de comer, tres mechas, dos para Ochún y una para el Ángel de la Guarda de la persona que hace la lámpara.

Lámpara para aplacar

Siete clases de bebidas, varias clases de aceite y el nombre de la persona.

Lámpara para atraer

En una manzana se echa aceite, epo, seis quimbombó, harina de maíz, azogue y se enciende durante seis días seguidos al pie de Changó.

Lámpara para destruir

(1)

Una cazuela pequeña, vinagre, sal en granos, aguardiente, tres agujas, tres ajos, manteca de maja, tinta negra, vino tinto, tierra de una sepultura de alguien a quien hayan matado, guisazo, pimienta de Guinea y de China, de siete bodegas distintas, el nombre de la persona en cruz escrito en papel cartucho o de estraza, nueve alfileres y aceite de comer.

(2)

Una cazuelita de barro, pimienta china y de la India, de siete bodegas distintas, tinta negra, roja y azul, azufre, molvina, aceite de comer, aceite de almendras, aceite de alacrán, tierra del cementerio que sea de uno que hayan matado y haga nueve días que haya sido enterrado, carbón, cenizas, nueve mechas de algodón, el nombre de la persona nueve veces escrito en papel de estraza y a las doce de la noche; se llama a Satanás tres veces y a las nueve ánimas del purgatorio, agua de mar y de río.

(3)

Cáscara de maní, ceniza de carburo, vidrio molido, el colmillo de un tiburón, un diente de perro y de gato, un panal de abejas y de zaza peonía, quimbombó seco, un macao, cangrejo de caño y fondo de una cazuela que haya cogido bastante candela, pólvora, palo batalla, vencedor, palo calmante y palo caja; se escribe en papel cartucho el nombre de la persona que se quiere destruir, se le clavan siete alfileres y se entierra en el cementerio.

Lámpara para Oyá

En una lata de sardinas vacía se coge ese mismo aceite que tiene la lata, con aceite de comer, tierra de cementerio y el colmillo de un muerto, se preparan nueve mechas encendidas y se mantienen por nueves días al lado del cubo de la basura.

Lámpara para Yemayá

(1)

Se coge la mitad de un melón, se le echa agua de azahar, agua de mar, agua de río, agua de las dos vidas de las mujeres, agua de rocío, aceite de comer, melado, maíz tierno, siete céntimos y siete mechas; a los siete días se llevará a la mar envuelto en un paño azul y se tirará.

(2)

En un plato de lata se echará maíz seco o fino, manteca de cerdo y de corojo, sal, azúcar prieta, añil, manteca de cacao y de coco; a los tres días se envuelve en un paño azul y se lleva al mar.

Mal de ojo

Se cogen tres gajos de albahaca, un vaso de agua, un crucifijo que se introduce en el vaso con la albahaca, una vela y la oración de san Luis Beltrán. El enfermo sostiene la vela y el vaso; el santiguador recita la oración tomando con una mano un gajo y con la otra el crucifijo. Si no sabe de memoria la oración, la leerá empuñando juntos la albahaca y el crucifijo. Mientras hace esto, va haciendo cruces con la albahaca sobre el enfermo, primero en la frente, en el pecho, en el vientre, en las rodillas y en los pies. Al finalizar, reza tres Padrenuestros, tres Credos, y tres Avemarías. La vela se deja encendida hasta que se consuma. Este ritual deberá hacerse tres veces y en horas distintas: las personas se santiguan los viernes, que es el día indicado, aunque es beneficioso en todo momento.

Matar la naturaleza

(1)

Bibijagua, comején, molleja de Guinea, azúcar empaquetado, pelo del cuerpo, piedra imán, paramí, amansa guapo, adormidera, sangre del período de tres días, aceite de palo y miel de abejas, el nombre de la persona escrito sobre papel de estraza y se entierra todo.

(2)

Aceite de alacrán y de comer, pimienta China, ocho algodones con el semen de la persona y se entierra todo.

Pedir y que no se niegue

Amansa guapo o cambia voz, se mete en aguardiente durante siete días y se pasa por un sahumerio de canela, valeriana, mirra; se pone al pie de Elegguá durante tres días y después, con ese palito metido en la boca, va uno junto a la persona a quien se le quiere pedir y se le dice lo que aspira.

Potenciar la suerte

(1)

Lechuga, perejil, canela, un huevo, oni y agua florida.

(2)

Hervir lechuga, berro, apio blanco, escarola, maravilla, tres clases de arroz, incienso, benjuí; después del baldeo, se hace un humerio de incienso japonés y se les encienden 12 velas chinas a los doce Santos auxiliares.

Que le aumenten el sueldo

(1)

Se tuesta anís de estrella de la bodega, maní, alumbre y se reduce todo a polvo y se echa todos los días donde uno esté trabajando, hasta que le aumenten el sueldo.

(2)

Se trabaja por un mayombero un grano de pimienta y una ramita de canela. Todo eso se lo pone dentro de la boca cuando vaya a hablar con su superior sobre el aumento de su sueldo.

Que le entre dinero a un hombre o a una mujer

La hierba de la vergonzosa macho si es mujer, y si es hombre la hierba de la vergonzosa hembra, dos semillas de canistel, tres cáscaras de granada; se pone a secar todo bien y después se machaca hasta reducirlo a polvo, se pone sobre Ochún por espacio de cinco días y cada día, cuando den las doce del mediodía se rocía con agua florida y se le «ruega»; al quinto día se levanta y se le pagan a Ochún cinco monedas distintas, después se liga ese polvo con los polvos de la cara y se lo unta uno.

Que no lo cojan preso

Excrementos de vaca que no hayan caído al suelo mientras la vaca defecaba, se «ruega» con Elegguá y se unta en la cara y no lo prenden y, si esto no resulta, a los siete días lo sueltan a uno.

Que no lo olviden

Si la persona fuma, se coge hierba no me olvides y se tuesta hasta hacerla polvo fino, luego se coge un palito fino de dientes y se abre un hueco al puro y se echa dentro un poco de este polvo y se fuma.

Que no se alquile una casa

Mezclar carbón de piedra con benjuí en polvo, soplarlo dentro de la casa y, para deshacer el trabajo, se mezcla la ceniza con albahaca y se sopla dentro también.

Que no se descubra lo que uno no quiere

(1)

Excrementos de cabrón, de carnero, de gato, egue, se tuesta y se hace polvo diciendo al mismo tiempo: «El cabrón que caga, el carnero que caga, el gato que caga en la casa y tapa sus excrementos, así como todo lo que yo haga, esté bien hecho y no se descubra».

(2)

Se coge una mata de pendejera y una de espinillo y ambas se tuestan y se reducen a polvo; este polvo se mezcla con palo torcido y se implora a Eshu que lo proteja mientras se da uno siete baños con este remedio durante siete días.

Que no se le altere el miembro

Una cazuelita, el nombre de la persona escrito a lápiz tres veces en papel cartucho o de estraza, la naturaleza de la persona en un algodón, se le echa el zumo de tres limones, aceite de palo, bálsamo tranquilo, adormidera, tierra de muerto, amansa guapo rayado, tres días prendido al pie de Elegguá y después se llevará al cementerio, echándolo en una fosa vacía.

Que un hombre no halle más dulzura que con una sola mujer

Este trabajo funciona igual de la mujer hacia el hombre.
Se buscan cinco caracoles y un ámbar, se reduce a polvo cada cosa por separado, cinco gotas de oni cinco veces, se va ligando en una jícara delante de Ochún, cantándole al mismo tiempo y echándole el ache del caracol y el ámbar, después hay que llevarlo al río y allí se coge una hoja de achibata, se paga el derecho, esa hoja se pone encima de la jícara o pomo y se vuelve a llevar delante de Ochún durante cinco días; después se coge otra hoja de achibata y se le saca el zumo y se le manda a la mujer que se lave sus partes y, con un algodón mojado en miel, se le dice que se lo introduzca y se lo pase bien por fuera y después hará vida con el hombre. Cuando se esté untando el achibata hay que cantarle a Osaín y a Ochún este canto que dice: «Olliqui quilliqui otalomi aguado ocupa olliqui lliqui otalomi».

Quitar daños

(1)
Se cogen tres ramas de albahaca, un vaso de agua, una vela, una oración a san Luis Beltrán y un crucifijo. Mientras se lee la oración, otra persona va santiguando con una mano de albahaca el cuerpo de la persona mientras que, con la otra, sostiene el crucifijo. El enfermo debe sostener el vaso con agua y la vela.

(2)
Se coge la corteza del piñón de botija de la parte que sólo sale al sol y de donde se pone, se pica un pedacito y se le une pimienta de Guinea de tres lugares distintos, se pone hoja de enredadera y cundeamor, todo se añade al fuego dentro de un caldero hasta que esté tostado completamente teniendo cuidado de que no se haga cenizas; después se pone el caldero en el suelo y se le mata un gallo, se echa la sangre alrededor del caldero y se le canta a Osaín, luego se coge ese polvo del caldero y se le entregará a la persona para que todos los días, en un plato blanco, eche un poco de aceite de comer del bueno con el polvo, le pase la lengua y se lo trague. Esta operación se hace los días que indique el Santo.

(3)
Cuando se desea quitar ampollas o llagas producidas por una brujería, se coge el fruto de una mata de granada, tres clavos de hierro en cruz, se entizan con hilo blanco y rojo, se cortan tres limones y todo eso se hierve. Con esa infusión, una vez refrescada, se le frota a la

persona el lugar que tiene el «daño» varias veces al día, hasta que la lesión desaparezca y lo mate este «trabajo».

Quitar el mal de ojo

Caña brava, semilla de calabaza, raíz de yuca y mazorquilla. Se hace polvo, se mezcla bien y se esparce al viento invocando protección a Elegguá.

Quitar el miedo a una persona

Se hace una cruz con un palo de algarrobo y se lleva encima, colgado del cuello o en un bolsillo; este resguardo debe acompañar a las personas cobardes, indecisas o a quienes carecen de constancia para realizar una tarea.

Quitar prosperidad a una persona

Para este trabajo se utiliza una planta de mucho poder para hacer el mal. Se procede llamando y escribiendo el nombre de la persona con lápiz sobre papel de cartucho o papel de estraza, se ata con espartillo o con hilo negro en un palo baga o palo bobo, un martes o un viernes (a las doce del mediodía o a las seis de la tarde, encendiendo una vela al revés para quitarle la prosperidad y maldiciendo a la persona diciendo que siempre viva en el pantano y que nunca prospere.

Quitarse brebajes del estómago

Cocción de perejil bien hervido con flores de romerillo; tomar un poco durante siete días, por las mañanas.

Recibir una herencia

Cuatro palomas, cáscara de ñame, basura de la casa, plumas de loro, tierra del sumidero, un palo y se le pide que se nos entregue esa herencia.

Reunir a un matrimonio que esté peleado

(1)

Esencia de pompeya, jugo de albahaca, agua de rocío y de azahar, vino seco, oti, el aguardiente de la isla, agua bendita, tres gotas de orín, saliva de la persona, amansa guapo, paramí y se rezan tres Credos.

(2)
Se coge una rama de palo jeringa, se reduce a polvo y éste se espolvorea en las cuatro esquinas del cuarto donde esté la cama matrimonial durante una semana consecutiva y se le ruega a Yemayá por la unión de la pareja.

Rogar la cabeza

Flor de agua, hojas de algodón, culantrillo de pozo, vinagrillo; se «ruega» la cabeza con coco y es para una buena acción.

Romper un matrimonio

Un huevo de pato, tres días donde esté Elegguá, se enciende una vela, se mete en sal y se revienta en la puerta de la casa.

Sahumerio maravilloso

(1)
Incienso en granos, mirra, ajo y clavo de comer; todo se junta y se echa en la candela y se dice esta oración: «Casa de Jerusalén donde Jesucristo entró, el mal al punto salió entrando el bien y te pido Jesús también que el mal se vaya de aquí y el bien venga a mí».

(2)
Hojas de laurel, comino, un grano de sal y pata de gallina.

(3)
Agua del río y del mar, agua de lluvia; se hierve y se dan tres baños, uno cada viernes.

(4)
Apazote, albahaca, rompe saragüey, azúcar blanca, un Credo y un Ave María.

(5)
Un pollito negro, un par de palomas a Ochosi, luego se hace una lámpara al pie de Elegguá con un coco de agua, tres velas y un poco de poso de café, los nombres y apellidos de las personas que se van

a separar escritos con lápiz sobre papel de estraza, tres precipitados, azogue, tres palos rompe saragüey, cinco granos de sal, rosura de venado, epó, aceite de almendras, bálsamo de Guatemala; se prenden tres mechas, después la persona se tendrá que bañar con hierba de abre caminos y «rogarse» la cabeza.

Tener buena suerte

Eku, eyá y epo se llevan a una mata de enredadera, uno lo tira para que se enrede, luego se desenreda y, al mismo tiempo, se va diciendo: «Según yo me desenredo, así se me desenrede la suerte».

Tranquilizar a alguien

Se cogen tres precipitados cargados, bálsamo tranquilo y el nombre de la persona escrito a lápiz sobre papel carbón o de estraza, siete agujas, polvos de paramí, de llamao, y de amansa guapo, se hace una lámpara y se prende durante tres días.

Triunfar sobre cualquier obstáculo

Se coge un gallo, un cesto con calabazas, ñame, plátano y dos o cuatro mazos de leña para quemar la ropa del que hace el «trabajo» junto a una palma real. Después que haga «rogación» a Obatalá, se quitará la ropa y la quemará, luego se vestirá de limpio con ropa blanca.

Unir a dos personas

Del árbol de la bibijagua o campana se corta un gajo en forma de garabato y se le atan los nombres de las personas que se quieren unir escritos sobre papel de estraza.

Volver impotente a una persona

(1)

El zumo de tres limones, aceite de alacrán, agua salada, tres raíces de epazote, el nombre de la persona escrito en papel de estraza o de cartucho, tres gotas de aguardiente, tres días prendida la lámpara y se dice: «Siete soldados de cabaña según murieron con esos nudos, me los prestes para, con ellos, sujetar los órganos genitales de "fulano de tal" y lo deje impotente». A los tres días todo esto se llevará a la fosa de una señorita.

(2):
Se coge el zumo de tres limones distintos, éste se echa en una cazuela donde está escrito sobre papel de cartucho o estraza, y a lápiz, el nombre de la persona a quien queremos dejar impotente, luego se le añade bálsamo, adormidera, amansa guapo y un puñado de tierra de cementerio. Al pie de Elegguá se colocará esta cazuela durante tres días, después se lleva al cementerio y se entierra y se dice: «Aquí te entierro, "fulano de tal", para que nunca más puedas hacer vida con una mujer».

(3):
Se escribe en un papel de estraza o de cartucho el nombre de la persona con lápiz, se coloca en una cazuela al pie de Elegguá durante tres días, se vierte en la cazuela, zumo de tres limones, se añade bálsamo tranquilo, adormidera, tierra de cementerio y amansa guapo. Luego se lleva al cementerio y se tira en una fosa vacía.

Vocabulario (Atendiendo a su fonética) Dialecto lucumí-Español

A

Abe	Navaja
Abiku	Espíritu viajero
Abo faca	Manilla
Abuke	Romperse el espinazo
Aburo	Hermano menor
Acha	Tabaco
Achaba	Cadena de Oggún
Ache	Gracia, bendición
Achelu	Policía
Achere	Güiro
Achiwere	Loco
Acho funfun	Tela blanca
Acho tele	Camisón
Acho	Ropa, género
Ada	Machete
Adi	Aceite
Adie	Aves
Adodi	Hombre afeminado
Afere	Viento o aire
Afocheche	Hacer polvo para brujería
Afofo	Charlatán
Afoma	Curujey
Agbebe	Abanico
Aggo ile	Con permiso de la casa
Aggo	Permiso para entrar
Aggoya	Que pase
Agguona	Muñeco
Agogo	Campana, reloj
Agogono	Cascabel
Agoma	Camaleón
Aguan	Limpieza
Agusi	Almendra
Agutan	Carnero
Agutana	Oveja
Aiku	Salud
Aja	Escoba
Aju	Lengua
Akan	Cangrejo
Akara	Bollito
Akaro	Espíritu de la muerte
Akassa	Papilla de maíz
Akua	Brazos
Akuaro	Codorniz
Akuko jiojio	Pollón o pollito
Akuko	Gallo
Akuoti	Blanco
Alakuata	Lesbiana
Alami	Remo
Alaroye	Rezo, conversación
Aleyo	Creyente
Amala	Guisado de quimbombó
Anago	Espejo
Ano	Enfermedad
Anoche	Polvo mágico para brujería
Aña	Tambor, collar
Apoto	Tinaja
Ara kole	Aura sucia

Araba	Ceiba
Araye	Pelea
Arayee	Maldición o mal de ojo
Aroye	Revolución
Arubo	Anciano, viejo
Asia	Bandera
Atana	Vela
Atare	Pimienta
Atarra	Vela de cera
Ate ni yeun	Mesa para comer
Ate	Tablero, mesa
Atowo	Palma de la mano
Awada	Maíz
Awala	Lucero
Awo	Sacerdote, plato
Awokote	Palangana
Aya	Perra
Ayakua	Hicotea
Ayanaku	Elefante
Aye	Caracol grande

B

Baba locha	Padre de Santo
Baba	Padre
Babalawo	Sacerdote de Ifa
Bataa	Zapato
Bemani	Sí señor, asimismo

C

Chaba	Metal
Chiche	Trabajo
Chileku	Llave
Chilekun	Abre la puerta
Chinichini	Saber la lección, Mastuerzo
Chocoto	Pantalón
Chubo	Caerse
Chun	Luna llena
Coide	Pluma de loro
Cuecueye	Pato
Cuele cuele	Tranquilícese

D

Dake	Silenciar, callar
Dakoduro	Ancla
Dide	Levantar, suspender
Die	Algo, poquito
Diloggun	Caracol
Dodo	Rojo
Dudo	Negro
Duro die	Espérame un rato

E

Ebbo chire	Cosa sencilla que se le pone en ebbo al Santo
Ebbo	Trabajo de santería
Echin	Caballo
Ede	Camarón o langosta
Efun aro	Pintura azul
Efun	Cascarilla
Egbe	Torbellino
Eggun	Espíritu de los muertos
Eko	Tamal de maíz
Ekru	Comida a orisha
Eku	Hutía ahumada
Ekuele	Cadena con ocho cocos para el Tablero de Ifa
Ekuo	Manteca de corojo
Ekute	Ratón
Elede	Cochino
Eleguedde	Calabaza
Elene	Parte interior de la boca

Elose	Pies
Eme	Canistel
Emi ti	A mí qué
Emi	Mamey
Emu	Algodón
Emure	Cabra
Eni	Cama
Enu	Boca
Eñi adie	Huevo de ave
Eñi	Diente
Eran	Carne
Eri	Cabeza
Eru	Esclavo
Erun	Semilla
Esan	Naranja
Eti	Oreja
Etu	Guineo
Eure melli	Dos chivitos
Eure oda	Chivo capón
Ewa	Maní
Ewe atori	Hierba mora
Ewe ayi	Quita la maldición
Ewe ayo	Guacalote
Ewe dundun	Prodigiosa
Ewe ikoko	Hoja de malanga
Ewe ila	Hoja de quimbombó
Ewe kuyekuye	Vinagrillo
Ewe nene	Hierba dañina
Ewe tete	Hierba blanca
Ewe	Hierba
Ewin	Babosa
Eya	Pescado
Eye	Sangre
Eyele	Paloma
Eyo	Majá

F

Finali	Chino
Fumi	Dame

G

Gaga	Muy grande
Guele	Pañuelo

I

Ibae	En paz descanse
Iban bato	Patio
Ibeyis	Jimaguas
Ibo	Blanco
Ibu	Río
Ichan	Chucho
Ichu	Ñame
Idde	Manilla
Idi	Nalgas
Ifa	Tablero de adivinación
Igba	Jícara
Igbadi	Cintura
Igbaguda	Yuca
Igbako	Cuchara
Igbodu	Cuarto del Santo
Iggo	Botella
Igi	Palo
Ika	Maleficio, dedo
Ikare	Tomate
Ikine	Nuez de palma
Ikoko	Cazuela
Iku	Muerte
Ila	Quimbombó
Ile	Casa, habitación de tierra
Ileke	Collar o cuentas
Ilu bata	Tambor
Imu	Barriga
Inale	Comida cocinada que se le pone arriba al Santo
Irawo	Estrella, cometa
Iroko	Ceiba
Irota	Tarro de venado

Iruke	Rabo de caballo blanco
Isoku	Cementerio
Isun	Dormir
Itá	Piernas
Iwere Yeye	Peonía
Iwi	Fantasma
Iwolo	Tú vete
Iworo	santero
Iya	Madre
Iyalocha	Madre del Santo
Iyawo	Santo
Iyefu	Harina

K

Kebofi	Lo que sea con salud
Kikan	Jobo
Kilonche	Qué vas a hacer
Kilonfe	Qué vas a querer o desear
Koide	Pluma de loro
Kokoro	Llave o candado
Korado	Canutillo
Korin	Cantar
Korobi	Rogarse la cabeza o protegerse
Kosika	No hay uno
Kunle	Arrodillarse

M

Maferefu	Realmente deseo su pureza
Manan manan	Relámpago
Mariwo	Hoja de palma
Mofoyade	Yo quiero salir
Molo	Yo me voy
Morbo	Yo oigo
Moyugbar	Saludar al orisha

N

Nganga	Caldero con atributos mágicos
Nibolo	Dónde vas
Nikobo	Concha

O

Ob	Vagina de la mujer
Oba	Rey
Obaye kobaye	Sirve o no sirve
Obba	Cabeza de rey
Obe	Cuchillo
Obi	Coco
Obinrin	Mujer
Oche	Hacha de Changó
Ochinchin	Comida mixta
Ochosi	Flecha de metal
Ochumare	Arco iris
Odaboy	Hasta luego
Odara	Es bueno o está bueno
Oddun	Letra del caracol
Oddus	Caminos del caracol
Ode	Cazador
Odo	Pilón
Oduara	Piedra de rayo
Ofa	Flecha
Ofo	Pérdida
Oggue	Cuerno
Oguede	Plátano
Ogun	Brujería y medicina
Okakan	Corazón
Okan chocho	Un solo camino
Oke	Montaña
Oko	Bote, marido
Okonrin	Hombre
Okuo	Bueno o malo
Okuta	Piedra
Olele	Tamal envuelto en hoja de plátano

Olobotuya	Piñón de botija
Olodumare	Dios, el Omnipotente
Olonu	Embarazo
Olorun	Sol
Omi gbona	Agua caliente, café
Omi tute	Agua fresca
Omi	Agua
Omiero	Preparado de hierbas consagrado a los orishas
Omo keke	Hijo
Omo	Hijo del Santo
Omode	Borracho, hijo de la bebida
Onaa ire	Buen camino
Oni	Miel de abejas
Onichegun	Médico
Onide	Loro
Onifari	Barbero
Opoaye	Bastón de Obatala
Ori	Manteca de cacao
oriate	Sacerdote de ceremonia
Oronbo	Naranja
Oru	Sol
Orun	Rezo, cielo
Orungan	Canto
Ossobo	Mala suerte
Ota	Piedra
Otan yalide	Piedra sagrada
Otan	Se acabó
Oti gbe	Bebida seca o vino
Oti	Bebidas
Owo pupo	Mucho dinero
Owo	Dinero, negocio, permiso
Owoke	Chivo macho
Oya	Pelea
Oyouro	Flor de agua, está lloviendo
Oyu	Ojo

P

Pagugu	Bastón de madera
Panchaga	Prostituta
Pashoro	Bastón de estaño
Peregun	Lirio blanco
Pinaldo	Cuchillo de Oggún
Pupo	Mucho

S

Saro	Hablar
Silekun	Cierra la puerta
Sokun	Llorar

T

Toto tolo	Bobo, tonto

U

Uke	Escoba

W

Wa	Ven
Walami	Remar
Wo mi	Mírame

Y

Yabo	Santo
Yefa	Polvo mágico de ñame
Yoko	Asiento

Bibliografía

ACES, R. P.: *Plantas útiles de las Antillas.* 1939

ANGARICA, Nicolás V.: *Manual del oriate.* 1935

AROSTEGUI, Natalia B.: *Los orishas en Cuba.* 1990

BARNET, Miguel: *Cimarrón.* 1966

CABRERA, Lydia: *La sociedad secreta Abakúa.* 1958

—: *Anagó. Vocabulario lucumí.* 1957

—: *El monte.* 1954

—: *La regla Kimbisa del Santo Cristo del Buen Viaje.* 1957

CASANOVA, José Manuel: *Temas sobre sincretismo religioso* (conferencia). 1992

CORDIES JACKSON, Marta E.: *La épica africana y la comunicación social* (conferencia). 1991

HAICHELIN, Charles: *Los orígenes de la religión.* 1960

HODGE LIMONTA, Ileana y RODRÍGUEZ DELGADO, *Minerva: La labor del «médium» como comunicador* (conferencia). 1991

LÓPEZ VALDÉS, Rafael: *Componentes africanos en el etnio cubano.* 1985

MADUENO BOX, Manuel: *Cultivo de plantas medicinales.* 1966

ODERIGO, Néstor O.: *Macumba. Culturas africanas en Brasil.* 1976

ORTIZ, Fernando: *La fiesta afrocubana del «Día de Reyes».* 1926

ORTIZ, Fernando: *Los instrumentos de la música afrocubana.* 1955

—: *Un catauro de cubanismo. Apuntes lexicográficos.* 1923

PÉREZ, Cirilo: *Itá. Mitología de la religión «Yoruba».* 1986

RODRÍGUEZ REYES, Andrés: *Magia y palabra de la santería cubana* (conferencia). 1991

ROIG y MESA, Juan Tomás: *Plantas medicinales cubanas.* Tomos I, II, III. 1953

—: *Diccionario botánico de nombres vulgares,* Tomos I y II. 1975

RUBRIERA CASTILLO, Daysi: *La ceremonia del último rezo* (conferencia). 1991

RUIZ MIYARES, Raúl: *Simbolismo en las religiones de raíz africana y su relación comunicativa con los creyentes* (conferencia). 1991

SÁNCHEZ, Julio: *La religión de los «orishas». Creencias y ceremonias de un culto afrocaribeño.* 1978

SANDOVAL, Mercedes C.: *La religión afrocubana.* 1975

WILSON FERRER, Ruth M.: *Matemática y comunicación social en África* (conferencia). 1991

OTROS

1.- Consulta Microsoft ENCARTA 2002 e Internet.
2.- Entrevista con especialistas en el Museo Afrocubano de Guanabacoa.
3.- Entrevistas con religiosos, creyentes y «Yerberos» populares.
4.- Notas y libretas de santeros y religiosos.

Índice